中国人民公安大学
法学文库

警察民事调解制度构建研究

JINGCHA MINSHI TIAOJIE ZHIDU GOUJIAN YANJIU

周艳萍 ◇ 著

中国政法大学出版社

2023·北京

声　明　1. 版权所有，侵权必究。

　　　　2. 如有缺页、倒装问题，由出版社负责退换。

图书在版编目（CIP）数据

警察民事调解制度构建研究/周艳萍著. —北京：中国政法大学出版社，2023.9
ISBN 978-7-5764-1105-8

Ⅰ.①警… Ⅱ.①周… Ⅲ.①民事纠纷－调解（诉讼法）－研究－中国 Ⅳ.①D925.114.4

中国国家版本馆 CIP 数据核字(2023)第 175328 号

出版者	中国政法大学出版社
地　址	北京市海淀区西土城路 25 号
邮寄地址	北京 100088 信箱 8034 分箱　邮编 100088
网　址	http://www.cuplpress.com（网络实名：中国政法大学出版社）
电　话	010-58908285(总编室) 58908433（编辑部）58908334(邮购部)
承　印	固安华明印业有限公司
开　本	880mm×1230mm　1/32
印　张	9.5
字　数	245 千字
版　次	2023 年 9 月第 1 版
印　次	2023 年 9 月第 1 次印刷
定　价	45.00 元

序　言
Preface

　　警察民事调解，是指在警察的主持下，对民事纠纷主体进行说服劝导，通过促进自愿协商，达成协议，解决民事纠纷的活动。1995年颁布的《中华人民共和国人民警察法》（以下简称《人民警察法》）规定了警察的帮助义务，该法第21条规定，对公民提出解决纠纷的要求，应当给予帮助。由于该法并未具体限制要求解决纠纷的类型，因此这一规定成为警察民事调解的立法根据，并在实践中开展起来。2016年公安部公布的《人民警察法》（修订草案稿）（以下简称《修订草案稿》），其第12条明确将"调解处理民间纠纷"列入了人民警察的"职责范围"。这一规定意味着警察调解民事纠纷将成为一项明确的警察职权。《修订草案稿》的这一规定，具有一定的导向作用。

　　当前，警察民事调解活动日益增多，解决的民事纠纷数量日益增多。这是由我国所处的社会转型背景所采取的社会治安综合治理政策、社区警务战略的推广，以及矛盾纠纷多元解纷机制所决定的。一方面，社会转型背景下矛盾纠纷多发，社会治安治理形势严峻，为此国家提出党委领导下的诉源治理机制建设，要求坚持和发展新时代"枫桥经验"，坚持系统治理、依法治理、综合治理、源头治理，"坚持把非诉讼纠纷解决机制挺在前面"。在此背景之下，警察逐渐成为基层矛盾纠纷调解的主要力量。此外，公安机关社区警务战略的推广、对"群众路线"的强调，强化了基层警察的调解责任。警察在接触纠纷的一线，及时化解矛盾，有助于避免民事纠纷进一步演变为治安案件，甚至刑事案件，从而在基层社会纠纷综合治理方面发挥更积极作用。

另一方面，社会转型背景下矛盾纠纷多发，一些地方法院出现案件数量上涨，截至2020年呈逐年上升趋势并多年持续，2020年后略有回落。此外，民事立案登记制、法官员额制改革等，进一步加剧了法院"案多人少"的矛盾，法官人均办案数量增加，难承重负。为解决这一问题，法院系统进行了一系列改革，采取了一系列措施，以提高诉讼效率。例如，法院调解制度社会化改革，重视诉讼调解，实行诉前调解，案件繁简分流制度改革，等等。但应对"案多人少"的问题是一个复杂的系统工程，必须诉讼内外形成合力。为此，2006年10月《中共中央关于构建社会主义和谐社会若干重大问题的决定》（以下简称《关于构建社会主义和谐社会的决定》）出台，要求发挥调解作用，由此拉开建立大调解机制，建立多元化纠纷解决机制的大幕。尤其是2011年中央社会治安综合治理委员会等16家单位联合印发《关于深入推进矛盾纠纷大调解工作的指导意见》（以下简称《大调解指导意见》），提出建立大调解机制，联合多部门、多主体的力量共同化解纠纷，将多元解纷推向深入。公安机关作为社会治安管理机关，在治安管理、交通管理等领域直接站在调处民事纠纷前沿，作为大调解机制中的重要一员，在大调解中担当重任并被寄予厚望，在多元化纠纷解决机制中，必然被要求发挥更积极的作用，以推动"案多人少"矛盾的解决。

序　言

实践中，公安机关调解民事纠纷越来越普遍，已经成为一项重要警务活动，其重要性日益凸显，并显示出所具有的独特现实价值。例如：警察民事调解有利于积极化解社会矛盾，构建完善的纠纷解决体系；有利于降低司法成本，提高司法工作效率；有利于巩固警民关系，捍卫人民警察全心全意为人民服务的宗旨；有利于创新社会治理模式等。[1]与此同时，警察民事调解实践也遇到了很多问题。例如，关于警察民事调解是否属于警务活动尚存在不同认识，警察民事调解的范围尚模糊不明，警察民事调解同样存在"案多人少"警力不足的问题，以及警察也不十分擅长调解工作等问题。除此之外，存在警察民事调解立法规范缺失，实践中警察调解规范性差、主要依据经验差异性较大，警察调解法治化不足，调解原则、调解程序与方式不明确，以及警察民事调解与其他调解间关系不畅、与法院诉调对接机制不完善等问题。以上问题直接影响警察民事调解工作的开展，影响警察调解发挥应有的作用。可见，当前警察民事调解具有政策、立法、理论支持，符合现实的需要，实践中警察民事调解工作的开展为该制度构建提供了现实基础。但如前所述警察民事调解存在的问题，使我国的警察民事调解制度从严格意义上说，尚未真正建立起来。因此，"构建警察民事调解制度"问题亟待研究与解决。

笔者作为一名公安院校的教师，长期从事有关民事纠纷调解研究，在公安机关参加业务实践锻炼期间接触到警察调解工作，与警察进行相关交流，逐渐对警察民事调解产生兴趣，并认识到对这一问题的研究具有重要的理论与实践意义。通过查阅文献资料，笔者发现，当前理论界对警察调解研究较少，且已有的研究

---

[1] 参见周艳萍：《新时期警察民事调解研究：意义、挑战与完善路径》，载《湖北警官学院学报》2021年第5期。

主要限于警察治安调解问题上。而对于警察民事调解方面的研究更是寥寥无几，缺乏系统性、深入的研究成果。以上发现促成笔者决定尝试研究这一问题，这也是作为一名警察和理论研究工作者的责任。但囿于研究水平有限，难免有不足之处。希望抛砖引玉，求教于各位同行并获得指正。

《警察民事调解制度构建研究》一书，共分九章。首先，导论部分厘清警察民事调解的内涵与外延，归纳警察民事调解的一般特点，概括相关文献，介绍本书的研究背景、研究意义与研究方法。其次，以警察民事调解的历史为出发点，通过回顾历史发展脉络，剖析警察民事调解的时代特征与主要问题。再其次，对我国警察民事调解实践进行考察，描述警察民事调解机制运行全貌，在肯定其所发挥的积极作用的同时，揭示警察民事调解制度存在的问题。第四，对域外国家警察民事调解制度进行考察，对比我国警察民事调解制度，探索可资借鉴之处。最后，在前述基础上，提出警察民事调解制度构建的正当性，并结合警察民事调解制度存在的问题，分别从立法规范层面、主体层面、范围层面、程序与配套制度等层面，进一步展开论述，搭建警察民事调解制度框架，分析其中应包含的具体内容。从而构建起完整的警察民事调解制度。

本书综合运用规范分析、历史分析、比较分析、实证分析和学理分析等多种研究方法，力求准确描述警察民事调解制度立法及实践运行全貌，全面深入剖析警察民事调解制度存在的问题，并探索提出行之有效的完善之策。通过立法规范分析，了解警察民事调解立法宗旨、存在的问题；通过警察民事调解起源、发展的历史分析，体会构建警察民事调解制度的必要性与时代意义；通过调查问卷、典型案例分析、公安机关提供的警察民事调解数据等实证研究，客观描述警察民事调解运行状况，并分析实践中存在的问题；通过对域外警察民事调解制度的考察比较，拓宽视野，寻找可资借鉴之处；通过警察民事调解主体、对象、程序与正当性等的学理分析，探索警察民事调解制度独立存在的依据。

得益于警察教师的职业，有机会接触到公安工作，接触到从事一线工作的警察，因此获得大量一手调研资料，为本书的研究提供重要支持。在此感谢提供调研资料的各位警界同仁和同学！

周艳萍
2022年8月于北京

目 录
Contents

001　序　言
001　第一章　导　论
001　一、警察民事调解的含义与特点
005　二、警察民事调解的对象
007　三、警察民事调解与其他警察调解间的关系
012　四、警察民事调解与相邻民事调解的关系
016　五、警察民事调解制度构建研究背景
019　六、警察民事调解制度文献综述
025　七、本书结构设计与研究方法
027　第二章　警察民事调解的起源与发展
028　一、警察调解制度的产生
030　二、警察民事调解的确立与发展
033　三、治安调解制度的发展与其他警察调解的确立
036　四、警察调解制度的现状与分析
039　五、警察民事调解的时代意义
045　第三章　警察民事调解实务考察
045　一、警察民事调解问卷调查与分析
064　二、派出所民事调解相关数据与分析

083	三、警察民事调解典型案例与分析
092	四、警察民事调解实务存在的主要问题
101	**第四章 域外警察民事调解制度考察**
102	一、美国警察民事调解制度
108	二、日本警察民事调解制度
112	三、英国警察民事调解制度
117	四、其他国家的警察民事调解制度
121	五、域外警察民事调解制度分析
131	**第五章 警察民事调解制度正当性与立法建议**
132	一、警察民事调解制度的正当性
150	二、构建警察民事调解制度的立法建议
156	**第六章 警察民事调解主体**
156	一、当前警察民事调解主体存在的主要问题
160	二、配置专业人员，建立专门从事民事调解的警察队伍
165	三、发挥辅警力量，辅警独立调解民事纠纷
177	四、吸收社会力量协助警察开展民事调解
189	五、警察民事调解主体间的关系
192	**第七章 警察民事调解范围**
192	一、警察民事调解范围存在的主要问题
196	二、界定警察民事调解范围的标准
201	三、警察民事调解范围的界定
209	四、限制警察民事调解范围与"有困难找警察"间的关系
211	五、正确把握警察民事调解与治安调解间的界限

217	**第八章　构建警察民事调解程序**
217	一、构建独立警察民事调解程序必要性
221	二、警察民事调解程序构建总体思路
224	三、警察民事调解原则——自愿原则
229	四、警察民事调解程序主要阶段与内容
256	**第九章　完善警察民事调解相关保障机制**
257	一、建立专门组织、人员保障机制
264	二、加强专项经费保障
265	三、完善有关绩效考评体系
269	四、加强与相关部门联动机制
275	五、形成系统的警察民事调解教育培训机制
278	六、搭建线上智慧调解平台
283	**主要参考文献**

第一章 导论

对警察民事调解制度的研究，首先应当界定警察民事调解的内涵，掌握警察民事调解的特点与对象。同时，界定警察民事调解的外延，区分与警察民事调解存在密切联系的其他调解，诸如治安调解、轻微伤害案件调解、人民调解、诉讼调解等之间的关系，这是警察民事调解制度研究的前提和基础。本章将对以上问题一一进行阐述，并概括本书研究背景、文献综述和本书的结构设计与研究方法。

一、警察民事调解的含义与特点

（一）民事调解的含义与特点

1. 民事调解的含义

所谓"调解"，是由中立的第三方通过沟通、谈判技巧与策略等专业化知识，协助处于争端状态的双方对所涉事项进行处理，缓和彼此关系、化解冲突状态的行为、过程与制度。日本学者棚濑孝雄指出，调解又称调停，是指具有中立性的第三者通过当事人之间的意见交换或者提供正确的消息，从而帮助当事人达成合意，解决纠纷的活动。[1] 根据调解的对象不同，调解可分为民事

---

[1] 参见［日］棚濑孝雄著，王亚新译：《纠纷的解决与审判制度》，中国政法大学出版社1994年版，第11页。

调解、行政调解等。民事调解，解决的对象是民事纠纷。所谓民事纠纷，是指平等主体间发生的，以民事权利义务为内容的社会纠纷，是最为普遍的一种纠纷。由于民事纠纷具有纠纷主体平等性、内容特定性，以及民事权利可处分性等特点，其解决途径很多，包括和解、调解、仲裁和诉讼等，呈现出一种多元化的纠纷解决机制。民事调解在民事纠纷解决方式中占据重要地位，是较为普遍、重要的民事纠纷解决方式。

概括而言，民事调解，指由中立的第三者根据一定的习俗、道德或者法律规范，对发生民事纠纷的当事人居间调处，促使双方在相互谅解和让步的基础上，达成协议最终解决民事纠纷的一种活动。

2. 民事调解的特点

与和解、仲裁和诉讼等纠纷解决方式相比，民事调解具有以下特点：

（1）民事调解主体是中立的第三方。中立的第三方意味着其与争端各方不存在利益关联，能不偏不倚地介入，协调各方之间的对话与沟通。

（2）民事调解对象是民事纠纷。民事纠纷发生在平等的公民、法人与其他组织之间。民事纠纷的内容是民事权利义务关系争议，基于私法自治原则民事纠纷主体对其民事权利有自由处分的权利，这是民事纠纷可以通过调解解决的法理基础。可进行民事调解的民事纠纷具有普遍性和广泛性，种类多样。包括：各种合同纠纷、侵权纠纷，各种物权纠纷、债权纠纷，各种民间纠纷、商事纠纷等。除了涉及婚姻等身份关系确认性质的纠纷外，一般的民事纠纷，都可以进行调解。

（3）民事调解依据的是习俗、道德或者法律规范。这一点与仲裁、诉讼不同，仲裁、诉讼主要依法律规范解决。此外，民事调解需要运用专业的沟通与谈判技巧和策略。

(4) 民事调解从静态角度看，是一种行为，这种行为如果程序化的话，也便成为一项工作、一种制度；从动态角度看，它又是一个过程。调解从启动到终结，要经历调解前的准备、正式调解，以及调解终结三大阶段。在每个阶段，所涉各方以及调解者都会按照一定的规则参与其中。调解过程会遵循一定的规律，从启动到终结，很难一气呵成。所以，当我们讲"调解"的时候，它包含着具体的调解行为，也可指调解过程或调解制度。

(5) 调解相对诉讼来说成本低、自治性高，而相对于和解又具有效力强的特点，因此成为一种重要的解决民事纠纷的方式。

(二) 警察民事调解的含义与特点

1. 警察民事调解的含义

目前，立法与学界对警察民事调解定义鲜有明确界定，根据以上关于民事调解的界定，结合警察民事调解实践，笔者认为，警察民事调解，是指警察作为中立的第三方根据一定的习俗、道德或者法律规范，对当事人请求调解的民事纠纷所进行的居间调处，促使双方在相互谅解和让步的基础上，达成协议最终解决民事纠纷的一种活动。此外，有学者提出，警察民事调解，是指警察在工作过程中应当事人的请求，通过说服、教育的方法对当事人之间发生的民事纠纷进行调解的过程。[1]

2. 警察民事调解的特点

由于警察作为第三方居中调解，警察民事调解除具有以上一般民事调解的特点之外，还具有以下特殊性：

(1) 警察民事调解的主体是警察。从理论上讲，警察民事调解的主体限于具有正规编制的人民警察。但实践中基于警力不足等原因，存在警察授权或指导下由辅警主持民事调解的情况。此

---

[1] 参见吴道霞：《构建警察执法化解民事纠纷的机制研究》，法律出版社2017年版，第23页。

外,实践中还存在警察特邀或者委托人民调解委员会或律师等主持调解的情况,因此,对警察民事调解的主体应作广义理解,包括警察、辅警,以及受公安机关特邀或者委托的人民调解委员会律师等。

(2)警察民事调解的对象是民事纠纷。但笔者认为,区别于普通民事调解对象,警察调解的民事纠纷并不是普遍意义的民事纠纷,而是需要限定在专属于警察调解范围的部分民事纠纷。警察民事调解仅限于部分民事纠纷,有些民事纠纷从性质上并不适合警察调解。本书后面将会专门论及这一问题。

(3)警察民事调解具有权威性。由于公安机关是国家社会治安管理专门机关,是国家的司法行政机关,肩负打击犯罪和维护社会治安的职责,享有行政治安处罚权、刑事立案侦查权、采取刑事强制措施权和部分刑罚执行权等,因此具有较高的社会权威和强制性。警察作为公安机关的执法代表,其特殊的身份决定了其在社会公众中具有较高的权威性。因此,警察在民事调解中不可避免地带有这种身份优势,对当事人具有权威性。

(4)警察民事调解具有当场性。警察民事调解案件一般源于110警情,警察到达现场后,如果发现要求解决的民事纠纷系事实清楚、权利义务关系明确、争议不大的简单民事纠纷,警察一般选择当场进行调解。当场调解一般是在接到警情后,由值班警察带队到达纠纷现场或将当事人带回派出所值班室进行调解。警察主持调解达成协议后,有一部分能够当场及时履行,并不需要制作书面调解协议书。因此,警察民事调解呈现出当场性的特点。

(5)警察民事调解成本低、效率高。这一特点为学界与实务界所普遍认同。部分学者将其作为警察调解的比较优势。[1]第

---

[1] 参见吴道霞:《警察民事调解之法理和实证分析》,载《理论界》2014年第9期。

一，警察民事调解不收费；第二，警察接到110警情后出警迅速；第三，如前所述，警察到现场后一般当场进行民事调解，警察参与民事调解整个过程快速、高效。此外，调解协议达成后，大部分可以立即履行。由此，警察民事调解具有成本低、效率高的特点。

二、警察民事调解的对象

关于警察民事调解的对象，目前立法上没有明确规定。《人民警察法》第21条仅规定了对公民提出解决纠纷的要求，应当给予帮助。[1]但并没有明确警察调解民事纠纷的范围。理论界与实务中，警察民事调解的对象是民事纠纷，这一点没有争议。但是，是否所有的民事纠纷均是警察民事调解对象？如果不是，如何限定警察民事调解的民事纠纷范围？

如前所述，笔者认为，不同于一般民事调解是以普遍性和广泛意义上的民事纠纷作为调解对象，警察民事调解的对象具有限定性。对于警察民事调解对象，本书将在第六章警察民事调解的范围进行详细论述。概言之，警察民事调解的对象应当限定为部分普通民事纠纷。

这里的民事纠纷，主要是指派出所接报的，或者警察巡逻中遇到的与治安案件无关的民事纠纷。为与治安调解相区别，这类警察民事调解对象，通常又称为单纯民间纠纷。实践中，警察民事调解案件种类多样，包括邻里纠纷、婚姻家庭纠纷、男女感情纠纷、宅基地使用权纠纷、房屋纠纷、债务纠纷、人身财产赔偿纠纷、合同纠纷等。这些纠纷的共同特点是当事人之间仅就民事权益发生争议、但尚未引发行政、刑事等其他法律责任。当事人

---

[1]《人民警察法》第21条第1款规定，人民警察遇到公民人身、财产安全受到侵犯或者处于其他危难情形，应当立即救助；对公民提出解决纠纷的要求，应当给予帮助；对公民的报警案件，应当及时查处。

一旦求助到公安机关，根据《人民警察法》的规定，警察就应当给予帮助。实践中警察提供帮助的主要方式，就是调解[1]。

如前所述，民事纠纷具有普遍性和广泛性，种类多样，但并不是所有的民事纠纷都适合警察调解，警察民事调解须限于部分普通民事纠纷。笔者认为，警察民事调解的对象是部分民事纠纷，即具有限定性。这里的限制应当包括如下三个方面：

（一）警察民事调解纠纷的类型限制

笔者认为，警察调解的民事纠纷，应当限于普通的民事纠纷类型，主要包括：婚姻家庭纠纷和继承纠纷；宅基地和相邻关系纠纷；劳务争议纠纷；合伙协议纠纷；医疗纠纷；物业纠纷；消费者权益纠纷；小额债务纠纷等。

以上纠纷类型适宜警察调解，原因在于纠纷所具有的共同特点：一是属于民间纠纷。一般发生在普通公民之间，与警察的治安管理工作关系较为密切，是警察治安管理中常见的纠纷类型。由于民间纠纷与警察治安管理工作密切相关，警察较为熟悉，因而适宜警察调解。二是属于普通民事纠纷。纠纷性质本身不复杂、专业性不是很强，对调解主体的专业性要求不高，警察调解可以很好地把握。

（二）警察民事调解的对象应当限于简单的民事纠纷

除了属于以上民事纠纷类型外，警察民事调解的纠纷，还应当限于简单的民事纠纷，即纠纷事实清楚、权利义务关系明确、争议不大。这是由警察主体职能决定的。警察承担的职能主要是社会治安管理和刑事案件侦查，警察并不是专职的纠纷解决主体。相比于人民调解委员会、法院等专司争议解决的主体，警察调解的专业能力以及精力均存在不足，因此，警察调解的对象，宜为

---

[1] 参见高文英：《警察调解制度研究》，载《中国人民公安大学学报（社会科学版）》2008年第4期。

简单的民事纠纷。

（三）警察民事调解限于具有一定矛盾升级可能性、紧迫性的纠纷

警察调解的民事纠纷，限于向公安机关报警或求助的，具有一定存在转化为治安或刑事案件风险的案件。

在此，需要指出的是，因道路交通事故引起的民事损害赔偿纠纷从广义上来说，也是警察民事调解的对象。根据《中华人民共和国道路交通安全法》（以下简称《道路交通安全法》）第74条，对交通事故损害赔偿的争议，当事人可以请求公安机关交通管理部门调解，也可以直接向人民法院提起民事诉讼。但由于交通事故损害赔偿纠纷，其调解有专门的法律依据即《道路交通安全法》，有专门的调解主体即交警，故其自成制度与体系，因此，笔者将其排除在警察民事调解的范围之外。本书探讨的警察民事调解范围，限于狭义的普通民事纠纷。

三、警察民事调解与其他警察调解间的关系

根据相关立法与实践，当前，我国以警察为主体进行的调解除民事调解外，还包括治安调解、轻微伤害案件调解、道路交通事故损害赔偿调解，以上四类统称为警察调解。因此，需要厘清警察民事调解与治安调解、轻微伤害案件调解，以及警察民事调解与道路交通事故损害赔偿调解的关系。

（一）警察民事调解与治安调解

根据2007年《公安机关治安调解工作规范》[1]（以下简称《调解规范》）第2条，所谓治安调解是指对于因民间纠纷引起的打架斗殴或者损毁他人财物等违反治安管理、情节较轻的治安案件，在公安机关的主持下，以国家法律、法规和规章为依据，

---

[1] 共17条，细化规范了治安调解程序、原则等。

在查清事实、分清责任的基础上，劝说、教育并促使双方交换意见，达成协议，对治安案件作出处理的活动。派出所调解主要包括民事调解与治安调解两类，对二者之间关系的把握，直接影响到民事调解制度构建的核心问题，例如，民事调解的范围、原则、程序等，加之实践中常出现二者混淆导致"以调代罚"或不该罚的加以强制等问题，所以，厘清二者关系具有重要意义。

1. 二者区别

（1）调解对象不同。如前所述，警察民事调解的对象是普通民事纠纷，不具有行政违法性。而治安调解的对象是因民间纠纷引起的侵害他人人身权、财产权的治安违法行为。依据《中华人民共和国治安管理处罚法》（以下简称《治安管理处罚法》）第9条规定，对于因民间纠纷引起的打架斗殴或者损毁他人财物等违反治安管理行为，情节较轻的，公安机关可以调解处理。这种调解即我们通常所说的治安调解。所调解的治安案件基本上集中在《治安管理处罚法》第9条所明确列举的打架斗殴或者毁损他人财物两类案件上，并要求具备违反治安管理情节较轻和因民间纠纷所引起这两个条件。

（2）调解依据规范不同。治安调解主要依据《公安机关办理行政案件程序规定》（以下简称《程序规定》），例如，该规定第178条第1款详细列举治安调解的适用范围，规定了治安调解的程序、方式等。此外，还有专门的《调解规范》。

而警察民事调解除《人民警察法》第21条外，具体调解依据规范不明，尚无单独的行政法规规范。

（3）是否启动行政处罚权不同。这是警察民事调解与治安调解最明显的区别。治安调解针对的违法行为虽然危害性较轻，但从本质来讲，仍然属于违法行为。对于这种民间纠纷，如果调解中适用处罚，也就意味着公权力的介入，这种调解自然成为治安调解的范畴。反之，如果是民事调解，那其针对的行为只是普通民事纠纷,并不具有行政违法性,警察调解的目的也仅仅是缓和和消除民事纠纷,处罚权不能介入此类矛盾纠纷。行政处罚权的应用与否是界定民事调解与治安调解的分水岭。简单理解就是既可以调解,也可以行政处罚的为治安调解,只能调解不能处罚则为民事调解。[1]

(4)调解后果不同。治安调解达成协议的,签订《治安调解协议书》,免除行为人的治安责任,不予治安处罚。调解不成的,对行为人违反治安管理的行为进行治安处罚。此外,对于虽达成调解协议但事后不履行的,则需对行为人追加治安处罚。可见,治安调解未达成协议或调解协议未履行的处罚具有强制性。

警察民事调解达成协议的,签订《民事调解协议书》。调解不成的,告知当事人向法院起诉或向人民调解组织申请调解处理。因此,警察民事调解不具有强制力。

此外,笔者认为,二者所体现的警察职能也不同。治安调解体现的是行政职能,是警察执法的表现;而民事调解体现的是服务职能,是警察服务社会的表现。

以上区别,使调解过程也表现出不同的特点。民事调解中,警察主要角色是帮助解决纠纷,调解氛围轻松,不具有强制色彩;而治安调解中,由于行为人的行为同时触及行政违法,面临调解不成或不履行调解协议时,则需要承担治安处罚的强制,因此,调解相对严肃,具有强制色彩。

2. 二者联系

警察民事调解与治安调解都是警察主持下进行的调解。实践中,由于没有专门从事民事调解的人员,派出所警察一般身兼数职,既从事治安调解,也进行民事调解。此外,二者主持下所签

---

[1] 参见周丽萍:《浅析人民警察执法中存在的民事调解问题》,载《西部法学评论》2013年第3期。

订的调解协议的效力，均没有司法强制执行效力这一点上是相同的。

（二）警察民事调解与轻微伤害案件调解

1. 二者区别

（1）调解对象不同。轻微伤害案件调解对象是刑事案件中的轻微伤害案件，性质上是因民间纠纷引发的刑事犯罪行为。《公安机关办理伤害案件规定》第30条规定了轻微伤害案件调解范围，即对于因民间纠纷引发的殴打他人或者故意伤害他人身体的行为，情节较轻尚不够刑事处罚，具有下列情形之一的，经双方当事人同意，公安机关可以依法调解处理：①亲友、邻里或者同事之间因琐事发生纠纷，双方均有过错的；②未成年人、在校学生殴打他人或者故意伤害他人身体的；③行为人的侵害行为系由被害人事前的过错行为引起的；④其他适用调解处理更易化解矛盾的。

而如前所述，警察民事调解的对象是普通民事纠纷。

（2）调解依据规范不同。轻微伤害案件调解，主要依据《中华人民共和国刑法》（以下简称《刑法》）、《中华人民共和国刑事诉讼法》（以下简称《刑事诉讼法》）、《公安机关办理伤害案件规定》，以及《公安机关办理刑事案件程序规定》等相关规定的范围和程序进行。例如，《刑事诉讼法》第288条规定了刑事和解范围。《公安机关办理刑事案件程序规定》第335条第1款规定，审查案件事实是否清楚、被害人是否自愿和解、是否符合规定的重要条件。

而如前所述，警察民事调解除《人民警察法》第21条外，具体调解依据规范不明，尚无单独的行政法规规范。

（3）调解后果不同。对民间纠纷引发轻微伤害案件，符合法定条件，公安机关主持调解达成协议的，制作《和解协议书》，并按照《公安机关办理刑事案件程序规定》第338条，在向人民检察院移送审查起诉案件时，提出从宽处理建议。

而如前所述，警察民事调解达成协议的，签订《民事调解协议书》。调解不成的，告知当事人向法院起诉或向人民调解组织申请调解处理。

3. 二者联系

警察民事调解与轻微伤害案件调解都是警察主持下进行的调解，这一点是相同的。

实践中，存在警察民事调解与治安调解、轻微伤害案件调解界限不清，相互混淆的问题，例如，对普通民事调解做治安处罚、以调代罚、以调代刑等，或者侵犯当事人的合法权益，或者放纵行政违法行为甚至犯罪行为。因此，厘清警察民事调解与治安调解、警察民事调解与轻微伤害案件调解间的关系，具有重要意义。

（三）警察民事调解与道路交通事故损害赔偿调解

如前所述，道路交通事故损害赔偿调解从广义上讲，也是警察民事调解对象。但由于其调解有专门的范围、专门的法律依据、专门的调解主体，因此，与狭义上的警察民事调解存在许多区别。

1. 二者的区别

（1）调解对象不同。如前所述，警察民事调解对象为部分普通民事纠纷，而道路交通事故损害赔偿调解的对象，是因道路交通事故引起的民事损害赔偿纠纷，具有特定性。

（2）调解主体不同。虽然二者同属于警察为主体进行的调解，但分属于不同警种的警察主持。普通民事调解的主体是治安警察或者社区警察，而道路交通事故损害赔偿调解的主体是交警，同样具有特定性。

（3）调解依据规范不同。如前所述，公安机关尚未就警察民事调解出台专门的行政规范，而道路交通事故损害赔偿调解可依《道路交通安全法》进行。

2. 二者的联系

（1）调解对象上均具有民事纠纷性质。虽然道路交通事故损害赔偿纠纷调解对象具有特定性,但从性质上来说,仍然是民事纠纷,符合民事纠纷的特征。其属于特殊的民事纠纷类型,与警察调解的其他民事纠纷之间,是特殊与一般的关系。

(2)调解依据上有相同之处。正是基于二者调解对象上的特殊与一般关系,警察民事调解虽然没有单独的行政规范,但其可以适用的一般民事实体法,如《中华人民共和国民法典》(以下简称《民法典》),以及程序法,如《中华人民共和国人民调解法》(以下简称《人民调解法》)、《中华人民共和国民事诉讼法》(以下简称《民事诉讼法》)等,对于道路交通事故损害赔偿调解在没有特别规定的情况下,同样可以适用。

(3)调解结果相同。警察民事调解与道路交通事故损害赔偿调解后达成协议后,签订的均为民事调解协议书,在效力上均不具有强制司法执行力。没有达成协议的,当事人均可向法院起诉。

四、警察民事调解与相邻民事调解的关系

以民事纠纷为调解对象,根据调解的主体不同,民事调解又可分为人民调解、专门调解组织专业调解、行政机关主持的调解、法院调解等。因此,需要厘清警察民事调解与相邻调解间的关系。下文将主要梳理警察民事调解与人民调解,以及警察民事调解与法院调解的关系。

(一)警察民事调解与人民调解的关系

1. 二者的区别

(1)调解主体与性质不同。警察民事调解的主体是警察,广义上包括警察、辅警,以及受公安机关特邀或者委托的人民调解委员会、律师等;公安机关作为行政机关,对接警的普通民事纠纷主持调解,参与民事纠纷解决;性质上属行政机关主持的调解。而人民调解的主体是人民调解委员会,具体调解人员是人民调解员。现行的人民调解制度是人民群众在土地革命时期创立,经过抗日战争时期以及新中国成立后几十年逐渐发展和完善起来的，是独具中国特色的调解方式。人民调解委员会性质是群众自治性组织，其主持的调解性质上属社会调解。

（2）调解依据不同。警察民事调解除《人民警察法》第21条外，具体调解依据规范欠缺。而人民调解依据的是《人民调解法》。

（3）调解启动方式不同。警察民事调解的启动大多数情况下是纠纷当事人以报警的方式申请调解，也可能是警察在巡逻或者办理其他案件时发现，为了维稳，征询当事人双方意愿后进行调解。而人民调解的启动一般是由当事人提出申请。

（4）调解协议是否可申请司法确认不同。警察民事调解达成的协议，当事人是否可以向法院申请司法确认，目前立法上无明确规定。2021年《民事诉讼法》修改将司法确认适用范围扩展至"依法设立的调解组织"，但警察调解是否属于此类，尚不明确。而《人民调解法》第33条明确规定，经人民调解委员会调解达成调解协议后，双方当事人认为有必要的，可以自调解协议生效之日起30日内共同向人民法院申请司法确认，人民法院应当及时对调解协议进行审查，依法确认调解协议的效力。

2. 二者的联系

警察民事调解与人民调解二者存在如下相同之处：

（1）均属于非讼调解。属于民事纠纷的诉讼外解决。广义上讲，非讼调解是一种社会救济，主持调解的第三方，为法院以外的社会力量，包括人民调解委员会、行政机关、各种行业或专业委员会，以及个人等。其中，具有典型和代表意义的是人民调解委员会。

（2）二者调解后达成的协议，均无司法上的强制执行效力。当事人之间就调解协议的履行或者调解协议的内容发生争议的，一方当事人可以向人民法院提起诉讼。这是因为二者均属于非讼调解。但经人民法院依法确认有效的人民调解协议，一方当事人拒绝履行或者未全部履行的，对方当事人可以向人民法院申请强制执行。

（3）调解的对象基本相同。警察民事调解对象，限于普通民事纠纷，广义上也包括道路交通事故民事损害赔偿纠纷。而人民调解委员会既可以调解普通的民间纠纷，也可以调解交通事故民事损害赔偿纠纷。由于当前警察民事调解对象立法上尚无明确限制性规定，因此，从理论上和立法上，与人民调解对象基本相同。但从实践上看，人民调解对象更加广泛。

（4）二者均不收取任何费用。

此外，警察民事调解与人民调解二者的另一个联系在于，公安机关对适宜通过人民调解方式解决的纠纷，可以在受理前告知当事人向人民调解委员会申请调解。

警察民事调解与人民调解同属于诉讼外调解，具有较多共同之处。人民调解立法相对比较成熟，对警察民事调解的立法有借鉴作用。此外，在当前警察民事调解立法规范缺乏的情况下，警察民事调解实践操作，可以借鉴人民调解的相关程序规定。再者，相比于警察民事调解，人民调解专业性较强，在当前警察民事调解警力不足的情况下，可以寻求与人民调解合作，吸收、调动、发挥人民调解的力量。

（二）警察民事调解与法院调解的关系

1. 二者的区别

（1）调解主体不同。警察民事调解的主体狭义上是警察，广义上包括警察、辅警，以及受公安机关特邀或者委托的人民调解委员会、律师等。而法院调解的主体是法官。随着法院调解社会化改革，法院调解的主体范围也在逐渐扩大，广义上包括法官、法官助理、受法院委派或委托调解的特邀人民调解、律师等。

（2）性质不同。警察民事调解，是行政调解，属非讼调解。

而法院调解,是诉讼调解。二者是两种性质不同的调解。

(3) 调解依据程序规范不同。警察民事调解,主要依据《人民警察法》,以及公安机关发布的行政法规、部门规章。而法院调解依据的是《民事诉讼法》,以及最高人民法院发布的相关司法解释。

(4) 调解协议效力不同。警察民事调解达成的协议,不具有司法上的既判力、强制执行效力。当事人事后反悔的,可以向法院起诉解决。一方当事人不履行,另一方当事人不能向法院申请强制执行。而法院生效的调解协议或法院调解书,具有与生效判决相同的效力,即具有既判力、强制执行力。生效的法院调解书终局地确定当事人之间争议的实体权利义务关系,任何一方当事人不得再就同一纠纷向法院提起诉讼。当事人必须履行协议确定的义务,负履行调解书义务的一方不履行义务时,权利人可以向法院申请强制执行。

(5) 调解不成时的后果不同。警察在参与民事调解的过程中只是担任调解员的身份,调解不成时,告知当事人寻求其他途径,如人民调解或者诉讼解决。警察没有对民事纠纷的裁判权。而法官主持调解在达不成调解协议时,法官会对民事争议进行裁判解决,以判决形式确定双方当事人的权利义务关系。法官对民事纠纷具有最终的裁判权。

2. 二者的联系

警察民事调解与法院调解的对象均是民事纠纷,这一点二者是相同的。只不过法院调解的民事纠纷范围更广。在大调解、多元解纷机制背景下,二者在诉讼内外对民事纠纷进行解决,形成合力,共同化解案多人少的矛盾。此外,如果明确对于警察民事调解协议,当事人可以向法院申请司法确认,则将赋予该调解协议以司法效力,即既判力、强制执行力。

在大调解、多元解纷机制的背景下,警察调解与诉讼调解,在诉讼内外共同调解民事纠纷。一方面，警察民事调解作用的发挥，可以减少诉讼至法院的民事纠纷数量，缓解案多人少的矛盾。另一方面，诉讼调解专业性更强、并具有强制执行力，因此，二者间可以加强合作与对接：一是法院对公安机关民事调解工作给予专业指导；二是警察民事调解协议的效力通过向法院申请司法确认，予以司法审查，并赋予其司法强制执行力。

五、警察民事调解制度构建研究背景

研究警察民事调解制度构建，基于以下背景：

（一）当前社会治安综合治理政策客观上要求警察积极参与民事调解

当前，社会转型背景下矛盾纠纷多发，社会治安治理形势严峻，为此，国家提出建设和谐社会的目标，开展党委领导下诉源治理机制建设，要求坚持和发展新时代"枫桥经验"，坚持系统治理、综合治理、源头治理，"坚持把非诉讼纠纷解决机制挺在前面"，在此背景之下，警察逐渐成为基层矛盾纠纷调解的主要力量，在基层社会纠纷综合治理方面发挥积极作用。警察在接触纠纷的一线源头，及时化解矛盾，有助于避免民事纠纷进一步演变为治安案件，甚至刑事案件，从而在基层社会纠纷综合治理方面发挥更积极作用。

（二）在大调解机制、多元化纠纷解决机制下警察民事调解日益增多，具有独特的现实价值

社会转型背景下矛盾纠纷多发，出于维稳的考量，2006年10月《中共中央关于构建社会主义和谐社会若干重大问题的决定》出台，要求发挥和解调解的积极作用，2008年12月，中央政法委发布《中央政法委员会关于深化司法体制和工作机制改革若干问题的意见》，提出建立大调解机制，人民调解、行政调解与诉讼调解"三调联合"。2011年中央社会治安综合治理委员会等16家单

位联合印发《大调解指导意见》,其中明确了公安机关调处民事纠纷的责任。该指导意见第 9 条规定,公安机关 110 报警服务台对接报的可以进行调解的纠纷,及时通过大调解组织分流到相关责任单位进行处理。公安派出所参与乡镇(街道)综治工作中心矛盾纠纷调处工作,并可设立驻所人民调解室,邀请人民调解员参与矛盾纠纷联合调解工作。县级公安机关交通管理部门要会同司法行政机关建立道路交通事故人民调解工作机制,并可邀请人民法院在公安机关交通管理部门设立道路交通事故法庭,及时受理、调处交通事故纠纷案件。可见,从国家层面上建立的大调解机制,要求包括公安机关在内的司法内外、多部门多主体力量共同参与化解纠纷。

与此同时,地方法院出现"诉讼爆炸",加之民事立案登记制、法官员额制改革等,法院"案多人少"的矛盾加剧。为解决这一问题,法院系统进行了一系列改革,以提高诉讼效率。例如,法院调解制度社会化改革,重视诉讼调解,实行诉前调解,案件繁简分流制度改革,等等。2021 年《民事诉讼法》修改则进一步从人力资源和程序简化两个方面出发,扩大独任制适用的案件范围,扩大小额诉讼程序的适用范围,以解决"案多人少"的问题。但是,仅仅依靠法院诉讼改革是不够的,以上致力于提高诉讼效率的改革措施,必须以不牺牲或者不得触碰到司法公正的程序正义这一民事诉讼首要价值要求为合理限度。解决"案多人少"的矛盾是一个复杂的系统工程,必须诉讼内外形成合力,共同解决矛盾纠纷。

公安机关具有社会治安管理机关的特殊身份,在治安管理、交通管理等领域直接站在调处民事纠纷前沿,在大调解、多元化纠纷解决机制中,能够发挥独特的作用,以推动矛盾纠纷源头化解即"诉源治理",缓解法院"案多人少"的压力。

（三）公安机关社区警务战略的推广、对"群众路线"的强调，强化了基层民警的调解责任

当前，我国公安系统普遍推行社区警务，社区警务战略的推广，公安机关服务意识、群众路线的强调，要求警察对于公民提出的解纷诉求积极给予回应。实践中，"有困难找警察"的观念深入人心，向公安机关求助解决的民事纠纷日益增多，警察调解民事纠纷已成为新常态。笔者调研的6个基层派出所（详见本书第三章"警察民事调解实务考察"）中，近几年来所接警的民事纠纷数量均不断增加，呈上升趋势。例如，济南市公安局某派出所，2020年，接警民事纠纷数量为216件，2021年则增长至424件，增幅高达96.3%。而有些派出所不仅接警民事纠纷数量增加，而且远远超过接警治安案件。例如，山东省招远市公安局A派出所，2020年，接警民事纠纷数量为1112件，接警治安案件则为325件；2021年接警民事纠纷增长至2321件，增幅达108.7%，接警治安案件则为268件；2022年1月至5月，接警民事纠纷865件，接警治安案件只有71件。可见，基层警察民事调解工作压力之大。

（四）警察民事调解立法与实践中存在的问题，迫切需要理论界加以重视

当前，警察民事调解立法缺乏，仅见于《人民警察法》第21条中的一句话——"对公民提出解决纠纷的要求，应当给予帮助。"——的模糊规定，无法满足实践需要。笔者对山东省6个基层派出所调研显示（详见本书第三章"警察民事调解实务考察"），实践中，公安机关调解民事纠纷越来越普遍，已经成为一项重要警务活动，其重要性日益凸显，并显示出所具有的独特现实价值。但与此同时，警察民事调解实践遇到了很多问题。例如，笔者对警察的调查问卷显示（详见本书第三章"警察民事调解实务考察"），对当前警察民事调解，警察普遍反映存在以下问题：

对警察民事调解是否属警务活动尚存在不同认识，警察民事调解的范围尚模糊不明，警察民事调解同样存在案多人少警力不足的问题，以及警察对调解工作也不擅长，警察调解规范性差、主要依据经验差异性较大，警察调解原则、调解程序与方式不明确，以及警察民事调解与其他调解间关系不畅等问题。以上问题直接影响警察民事调解工作的开展，影响警察调解发挥应有的作用，亟待研究与解决。

（五）警察民事调解的理论研究缺乏

如前所述，当前我国建立完善警察民事调解制度的重要性凸显，并且已初步具备构建警察民事调解制度的政策与法律基础，各地在推动警察民事调解工作实践探索并取得的积极成果，也为该制度构建提供了现实基础。但以上诸多问题的存在，说明严格意义上我国当前并未真正建立起警察民事调解制度，因此，研究构建警察民事调解制度十分必要。目前理论界对警察民事调解的研究尚处于初期，研究成果寥寥无几，更缺乏系统性、深入性研究。有关警察调解的研究，主要侧重于治安调解。面对实践中日益增多的民事调解，以及困扰公安机关和一线警察的诸多问题，理论界尚不能给出积极解答与回应。因此，研究探讨警察民事调解制度构建，不仅具有重要的理论意义，而且，对于充分发挥公安机关调解民事纠纷的优势，使之成为长效机制并恒久地发挥作用，对保护民生、维护社会稳定、节约司法资源等具有重大、迫切的现实意义。

六、警察民事调解制度文献综述

尽管警察民事调解制度在我国从法律和实践层面都已初具雏形，但实践中存在的一些问题在理论上并未厘清。警察进行民事调解这个现象虽然在实践中广泛存在，但理论研究仍然比较匮乏。截至2022年8月，在中国知网中以"警察"和"民事调解"作为关键词或主题词进行检索，剔除关联性不大的文献，检索结果只有 8 篇文献比较集中地讨论了警察民事调解问题。在这 8 篇文献中，有 3 篇硕士学位论文、5 篇期刊论文。张磊在其硕士学位论文《公安派出所调解研究》中研究的公安派出所调解工作，主要是治安调解。他认为公安派出所的调解有三种类型，即治安调解、民事调解、刑事调解。该文分析了公安派出所调解存在范围不明确、调解态度不积极、调解内容不全面、调解操作不规范等问题，并分析了这些问题产生的原因。文章的最后提出了相应的对策建议。[1]向一苗的硕士学位论文《基层公安机关调解制度研究——以深圳市 A 派出所为例》和李磊的硕士学位论文《整体性治理视角下社区警察参与民事纠纷调解机制研究——以上海 M 镇为例》都是个案性研究，前者基于法学的视角，以深圳市某派出所为个案，研究了基层公安机关调解制度从治安调解转变为人民调解的转型问题；[2]后者基于政治学整体政府理论，以上海市某镇派出所为个案，研究了警察参与基层调解的现实背景、理论依据、存在的问题和解决对策等。[3]

除了上述 3 篇硕士学位论文之外，学者高文英、吴道霞、周丽萍，以及本书作者共发表 7 篇期刊论文，分别论述了警察调解制度，运行机制，法理基础，法律性质，程序要求，警察民事调解的意义，挑战与完善，以及警察民事调解人才培养与教育等问题。高文英教授较早开展了警察调解方面的研究，她于 2008 年在《警察调解制度研究》一文中，认为警察调解是一种典型的诉讼外纠纷解决方式，警察调解的纠纷主要有两大类：一类是治安纠

---

[1] 参见张磊：《公安派出所调解研究》，湘潭大学 2017 年硕士学位论文。
[2] 参见向一苗：《基层公安机关调解制度研究——以深圳市 A 派出所为例》，西南政法大学 2019 年硕士学位论文。
[3] 参见李磊：《整体性治理视角下社区警察参与民事纠纷调解机制研究——以上海 M 镇为例》，上海交通大学 2018 年硕士学位论文。

纷及与治安纠纷相关联的民事纠纷；另一类是普通的民事纠纷。该文还结合新中国成立以来公安机关的发展历史和职能转变，指出警察调解制度的发展经历了从无到有、从窄到宽、从权威型调解手段到合意型调解手段的演变过程；并提出警察调解的标准、方式和程序，警察调解的监督和救济等缺少明确的规定，警察在是否运用调解手段、如何调解以及调解的适用范围上有很大的自由裁量权。[1]在另外一篇论文中，高文英教授指出，警察参与调解纠纷并非我国独创，一些国家如美国、英国、德国、法国、日本等，警察参与纠纷的调解不仅早于我国，而且范围也比我国的警察调解范围要广。[2]首次从比较研究的视角简单介绍了域外警察调解制度。吴道霞2014年发表论文《警察民事调解之法理和实证分析》，对警察民事调解制度提出了不同的看法，她认为目前我国没有警察调解民事纠纷的法律制度。此外，她在文章中将警察民事调解与人民调解、法院调解三者放在一起进行比较分析，认为警察民事调解具有高效、便捷、简易、权威等诸多优势，从而为建立制度化的警察民事调解提供了可能性与必要性。[3]周丽萍在《浅析人民警察执法中存在的民事调解问题》一文中，与高文英教授在前文中的观点一样，把民事纠纷调解也分两类：一类是能够进行实质调解的民事纠纷，另一类是进行非实质调解的民事纠纷，而且认为警察民事调解可以采取正式程序或非正式程序。该文明确地主

---

[1] 参见高文英：《警察调解制度研究》，载《中国人民公安大学学报（社会科学版）》2008年第4期。

[2] 参见高文英：《我国警察调解运行机制的现状与展望》，载中国法学会行政法学研究会编：《服务型政府与行政法 中国法学会行政法学研究会2008年年会论文集》（下册），浙江工商大学出版社2009年版，第676页。

[3] 参见吴道霞：《警察民事调解之法理和实证分析》，载《理论界》2014年第9期。

张,警察民事调解的性质应理解为一种非警务活动。[1]郑海和陈嘉鑫在其论文《公安派出所调解的改进路径研究》中针对人民群众的调解期待与警力不足之间的矛盾、为人民服务的宗旨与减少民事调解的呼吁之间的矛盾,提出公安派出所核心调解职能是治安调解,派出所应当立足于核心调解职能,兼顾民事调解。此外,提出借鉴人民调解有益经验,充分利用大数据、云计算等技术,构建公安派出所智慧调解系统,改进调解效果的建议。[2]

笔者聚焦警察民事调解,于2021年发表了《新时期警察民事调解:意义、挑战与完善路径》一文,专门以警察民事调解为研究为对象,在厘清警察民事调解基本内涵与外延基础上,论述了警察民事调解所具有的现实意义和法律基础,为警察民事调解作为警务活动提供正当性根据。在此基础上,系统指出当前警察民事调解所面临的挑战,包括:警察民事调解职能定位模糊直接影响警察民事调解工作的开展;从警务资源配置和绩效考核机制方面看,警察民事调解在基层警务工作中被赋予的资源不足;从公安机关专业化建设的要求看,警察民事调解需要从经验型调解转变为以知识为基础的专业化调解;从公安机关规范化建设的要求看,警察民事调解应当从基于自由裁量权的调解转变为基于规则和目标的调解等。文中针对以上挑战提出,应当从立法、人才培养、技能训练、调解制度衔接等方面加强相关工作,包括:在立法上,进一步明确警察民事调解的适用范围、程序、规范、基本原则、自由裁量权及其监督等问题;在人才培养方面,应当重视公安院校学生相关专业在警察民事调解方面的专业教育,同时加大对在职警察开展民事调解工作的技能训练;在制度建设方面,

---

[1] 参见周丽萍:《浅析人民警察执法中存在的民事调解问题》,载《西部法学评论》2013年第3期。

[2] 参见郑海、陈嘉鑫:《公安派出所调解的改进路径研究》,载《湖北警官学院学报》2019年第6期。

应加强警察民事调解与人民调解、法院诉前调解等制度的有机结合。[1]此外，笔者于2021年发表了《公安院校开设"警察调解规范与训练"课程之构想》一文，提出"从人才培养源头入手，通过在公安院校开设'警察调解规范与训练'相关课程，以期解决实践中存警察调解存在的突出问题，补足培养人才在调解知识上的短板，回应和满足现实的需要。"文中指出对警察调解培训的必要性，源于实践中警察调解主要靠经验，差异性较大；警察调解规范性较差，民事调解与治安调解等界限模糊；警察调解技术落后，调解程序设计缺乏等问题。文中详细阐述了关于课程设置的初步构想，即在公安院校本科层次开设"警察调解规范与训练"课程，对公安法治、治安学、交通管理学等专业学生，设置为必修课，对其他专业学生作为公共选修课程，课程内容包括理论与实务两方面，等等。[2]将警察民事调解的研究进一步推进。

综合来看，上述文献从法学、政治学等不同学科视野或专业角度探讨了警察民事调解的概念、类型、起源、性质、程序、现实背景、法律依据、新时期警察民事调解面临的一些挑战和问题等，提出了各自的看法与观点，但该专题的研究仍然需要进一步梳理和充实，对警察民事调解制度尚缺乏全面、系统性研究。一是警察民事调解的正当性认识尚需要明确，一些说法存在比较明显的欠妥之处。比如，把警察民事调解定性为非警务活动的说法就欠妥。二是一些基本概念尚需要界定，相邻制度间的关系需要厘清。例如，警察民事调解与警察治安调解、轻微刑事调解之间的关系，警察民事调解与人民调解、诉讼调解间的关系等。三是警察民事调解的范围需要清晰具体限定，而不是

---

[1] 参见周艳萍：《新时期警察民事调解：意义、挑战与完善路径》，载《湖北警官学院学报》2021年第5期。

[2] 参见周艳萍：《公安院校开设"警察调解规范与训练"课程之构想》，载《公安教育》2021年第9期。

概括的民事纠纷。四是警察民事调解的主体方面,需要结合实践,以广义的角度去分析研究。五是警察民事调解的法治化、规范化和程序化方面,需要从立法上,以及实务等方面进行论证。六是对于警察民事调解缺少域外比较研究,视野不够开阔。七是对警察民事调解实务,缺少深入完整的实证研究,不能准确描述警察民事调解实践运行,揭示警察民事调解存在的问题。八是在对策分析上,尚需要进行仔细推敲与论证,例如,对于警察调解与人民调解的合作、与诉讼调解的衔接以推动诉讼内外形成合力等问题,尚无深入探讨。

在前述研究的基础上,2022年笔者相继发表了《新时期警察民事调解机制问题的比较法思考》[1]和《新时期构建有中国特色的警察民事调解制度初探》[2]两篇文章。前者对美国、日本、英国等域外警察民事调解机制进行了考察,力求开拓视野,补齐警察民事调解比较法研究的短板,并结合我国实际,提出了完善建议,包括:对警察民事调解职权予以立法上明确、认识上统一,对调解范围进行合理界定,提高警察民事调解规范化,拓宽调解主体及解决纠纷方式等。后者则对基层调研获取的大量数据实证分析研究,从本土实践出发,在论证构建警察民事调解制度正当性的基础上,进一步提出警察民事调解制度构建的具体内容:即从立法上明确警察民事调解职权,合理界定调解的范围,同时要拓宽警察民事调解与其他调解的流转与协同,建立相应的警察民事调解程序规范与保障机制,进而构建有中国特色的警察民事调解制度。

---

[1] 参见周艳萍、李晨曦:《新时期警察民事调解机制问题的比较法思考》,载《公安教育》2022年第10期。

[2] 参见周艳萍:《新时期构建有中国特色的警察民事调解制度初探》,载《中国人民公安大学学报(社会科学版)》2022年第5期。

七、本书结构设计与研究方法

《警察民事调解制度构建研究》一书，共分九章。第一章，导论部分，首先界定警察民事调解的内涵与外延，概括警察民事调解的特点。其次，对警察调解的不同种类加以比较，厘清警察民事调解与治安调解、与轻微伤害刑事案件调解等的关系。再其次，对均以民事纠纷为对象的不同调解进行比较，厘清警察民事调解与人民调解，警察民事调解与法院调解的关系。第四，概括警察民事调解相关文献，总结警察民事调解理论研究成果与不足。最后，介绍本书的研究背景与研究方法。

第二章，以警察民事调解的历史为出发点，通过回顾历史发展脉络，剖析警察民事调解的时代特征与主要问题，引申出构建警察民事调解制度的时代意义。

第三章，对我国警察民事调解实践进行考察，描述警察民事调解机制运行全貌，总结警察民事调解制度实践框架。在肯定警察民事调解实践积极效果的同时，揭示警察民事调解制度构建存在的问题。

第四章，对域外国家警察民事调解制度进行考查，对比我国警察民事调解制度，探索可资借鉴之处。

第五章至第九章，在前述基础上，结合警察民事调解制度存在的问题，提出构建警察民事调解制度的正当性，并分别从立法规范、主体、范围、原则与程序、配套制度等层面，进一步搭建起警察民事调解制度框架，并具体论述该制度所应包含的具体内容，从而构建起真正意义上的警察民事调解制度，并对相关问题提出完善路径与建议。

本书综合运用规范分析、历史分析、实务研究、比较研究、学理分析等多种研究方法，力求准确描述警察民事调解制度立法及实践运行全貌，全面深入剖析警察民事调解制度存在的问题，并探索提出行之有效的完善之策。具体包括：一是规范分析方法。通过立法规范分析，了解警察民事调解立法宗旨、存在的问题。二是历史分析方法。通过警察民事调解起源、发展的历史分析，体会警察民事调解的实质、必要性与时代意义。三是实务研究方法。通过调查问卷、典型案例分析、公安机关提供的警察民事调解数据分析等，客观描述警察民事调解运行状况，并分析实践中存在的问题。四是比较研究方法。通过对域外警察民事调解制度的考察比较，拓宽视野，找到具有普遍意义的规律，寻找可资借鉴之处。五是学理分析方法。通过警察民事调解主体、对象、原则、程序与正当性等的学理分析，探索警察民事调解制度独立存在的依据，搭建警察民事调解制度的主要内容，完善警察民事调解制度。

第二章 警察民事调解的起源与发展

我国警察调解制度中,首先出现的是治安调解,并且无论在立法,还是在实践中,一直处于不断发展与完善当中,理论界给予的关注也较多。治安调解已经成为警察调解制度的主要内容,甚至是警察调解的代名词。在笔者与基层警察访谈时,提及警察调解很多警察就将其等同于治安调解,也只了解治安调解。的确,如前所述,治安调解与民事调解间存在着极其密切的关系。因此,研究警察民事调解的历史发展,必然要从警察调解制度,尤其是治安调解制度的历史发展开始。

由于警察民事调解的立法规定出现得较晚,且规定较为模糊,以至于至今学界对于我国警察民事调解制度是否确立、警察民事调解是否属于警务活动仍没有完全统一意见。例如,有学者提出目前我国没有警察调解民事纠纷的法律制度,[1]警察民事调解的性质应理解为一种非警务活动[2]。实践中,同样存在认识上的分歧,与行动上的不同做法。通过笔者对基层警察调查问卷和对

---

[1] 参见吴道霞:《警察民事调解之法理和实证分析》,载《理论界》2014年第9期。

[2] 参见周丽萍:《浅析人民警察执法中存在的民事调解问题》,载《西部法学评论》2013年第3期。

派出所相关民事调解数据情况的调研，可以清楚地看到这一点（详见本书第三章"警察民事调解实务考察"）。因此，我国当前是否已经确立了警察民事调解制度？如果没有确立，是否需要单独建立警察民事调解制度？治安调解是否可以代替警察民事调解？建立警察民事调解制度，应当从哪些方面入手？警察民事调解制度主要包含哪些内容？要回答以上问题，涉及很多方面，显然不是本章能全部解决的。但对警察调解制度，尤其是对警察民事调解制度产生、发展进行梳理，可以从一个方面，从纵向历史发展的角度回答以上问题。

一、警察调解制度的产生

（一）警察调解制度的起源

关于我国警察调解职能的起源、发展，高文英教授在其"警察调解制度研究"一文中作了较为详细准确的介绍。[1]

警察调解制度是伴随着公安机关治安管理职能的确立而逐步孕育和发展起来的。20世纪50年代末期公安机关的职能发生了从专政到管理的变化，治安管理职能的作用凸显，公安机关开始参与纠纷的解决。1957年6月颁布的《中华人民共和国人民警察条例》第3条规定，人民警察必须遵守宪法和法律，努力为人民服务。在"为人民服务"这一公安工作基本宗旨的指导下，公安机关的职能扩大了。

最初公安机关参与解决的纠纷，对象限于所办理的治安案件引发的民事纠纷，解决方式是职权式的行政裁决，仰赖的是公开的警察权力，是以强制力为基本特征的"权威型纠纷解决"。纠纷当事人无法积极参与其中进行有效的对话、协商，只能作为裁决的被动客体，因此尚不能称之为调解。1957年10月22日颁布

---

[1] 参见高文英：《警察调解制度研究》，载《中国人民公安大学学报（社会科学版）》2008年第4期。

的《中华人民共和国治安管理处罚条例》（以下简称《治安管理处罚条例》）第 29 条规定，因违反治安管理造成的损失或者伤害，由违反治安管理的人赔偿或者负担医疗费用；如果造成损失、伤害的是不满 18 岁的人或者精神病人，由他们的家长、监护人负责赔偿或者负担医疗费用。按照这一规定，因治安违法行为造成的民事纠纷一律由公安机关解决而不是通过诉讼或者调解。从纠纷解决程序启动来看采取"不告而理"的职权式做法，只要涉及民事赔偿，即使被害人没有提出要求，公安机关也必须在作出治安处罚裁决的同时一并处理。

警察调解制度正式产生于 20 世纪 80 年代，标志是 1986 年颁布的《治安管理处罚条例》。随着治安管理功能和手段的变化，1986 年 9 月 5 日发布的《治安管理处罚条例》在保护公民合法权益的功能上增加了对治安纠纷的调解程序。该条例第 5 条规定，对于因民间纠纷引起的打架斗殴或者损毁他人财物等违反治安管理行为，情节轻微的，公安机关可以调解处理。以上对轻微违反治安行为的治安调解的规定，标志着我国警察调解制度从无到有。

（二）产生初期警察调解的主要特点

1986 年《治安管理处罚条例》第 5 条所规定的治安调解，主要有以下几个特点：

1. 调解范围限于民间纠纷引起的治安违法行为治安调解的对象，具体来说有以下几个条件：

（1）从纠纷的起因看，是因民间纠纷引起的。《治安管理处罚条例》将治安纠纷分为因民间纠纷引起的治安纠纷和非民间纠纷引起的治安纠纷两类。对非民间纠纷引起的治安纠纷，不予调解，直接采取相应的治安处罚。对于民间纠纷引起的治安纠纷则进行调解解决。

（2）调解的对象是民间纠纷引起的治安违法行为。

（3）从违法行为种类看，是因民间纠纷引起的殴打他人、故意伤害、侮辱、诽谤、诬告陷害、故意损毁财物、干扰他人正常生活、侵犯隐私、非法侵入住宅等违反治安管理行为。主要是因民间纠纷引起的侵犯他人人身权、财产权的行为，侵犯的客体是个体的人身权、财产权。

（4）案件情节较轻。违反治安管理的行为性质较轻、手段不恶劣、后果不严重、社会危害性不大。

2. 调解手段主要依靠警察权威

治安调解中警察权威对于促进当事人选择调解，以及达成调解协议并履行起到了积极作用。主要表现在：一是主持调解的警察，兼有调解权和治安处罚权。既可以进行调解，也可以实施治安处罚。二是治安处罚的威慑。如前所述，对于调解解决的纠纷，如果调解成功并履行了调解协议，则对违反治安管理的当事人不再予以处罚。反之，则予以治安处罚。这对于促成当事人调解解决纠纷，具有一种威慑作用。

二、警察民事调解的确立与发展

（一）警察民事调解的确立

随着社区警务模式得到认可与推行，警察执法理念从管理到管理与服务并重转变，为充分体现人民警察为人民服务的根本宗旨，适应新的治安管理模式需要，1995年《人民警察法》规定了警察的帮助义务，扩大了警察调解的纠纷范围，将普通民事纠纷纳入警察调解对象之中，从而确立了警察民事调解制度的开端。

《人民警察法》第3章"义务和纪律"中第21条规定，对公民提出解决纠纷的要求，应当给予帮助。[1]由于该法并未具体限

---

[1] 1995年《人民警察法》第21条第1款规定，人民警察遇到公民人身、财产安全受到侵犯或者处于其他危难情形，应当立即救助；对公民提出解决纠纷的要求，应当给予帮助；对公民的报警案件，应当及时查处。2012年修正的《人民警察法》原文保留。

制要求解决纠纷的类型，因此，依学理解释，《人民警察法》的这一规定，将警察调解的范围扩大至普通的民事纠纷。至于帮助的方式，该规定中没有具体指明，但对于纠纷来说，调解是一种主要的解决方式，很显然，也是主要的帮助方式。实践中，警察对于公民提出解决纠纷的要求，也主要是调解。此外，该条将警察对于解纷要求给予帮助，是作为义务性规范规定的，即"应当"给予帮助，而不同于可选择的任意性规范，这种规范方式说明了对于解决纠纷要求给予帮助是警察的一项职权。基于以上分析，笔者认为该条的内容可以理解为警察民事调解职权的正式确立，虽然确立得有些模糊。理论界对于该条的内容，绝大多数解读为警察民事调解职权或者是一项职能的确立。正如高文英教授所指出的，如果说在《人民警察法》之前对诉至公安机关的各类民事纠纷公安机关还要作一下区分以甄别是否与治安纠纷相关联，对于纯粹的民事纠纷公安机关通常采取"推"或者"转"的方式予以应付，在《人民警察法》之后依法解决各类纠纷已成为公安机关的一项重要职能。[1]

综上所述，《人民警察法》第 21 条关于警察"对公民提出解决纠纷的要求，应当给予帮助"的规定，标志着警察民事调解在立法上得以确立。但是作为一项法律制度，由于《人民警察法》第 21 条对于公安机关解决纠纷的规定过于原则和抽象，也过于简单粗略，因此，严格说来警察民事调解制度尚未充分建立起来。该项立法仅仅确立了一项职权，再无其他作为一项制度所应当包含的具体内容的相关规定。既缺少调解范围、调节主体，以及具体程序、方式的规定，也缺少相应的法律责任，因此，只能说，《人民警察法》第 21 条确立了警察民事调解制度的开端。但这一规

---

[1] 参见高文英：《警察调解制度研究》，载《中国人民公安大学学报（社会科学版）》2008 年第 4 期。

定,为构建警察民事调解制度提供了依据,也为理论研究指明了方向。更为重要的是,这一规定使警察民事调解在实践中得以开展起来,经过实践的发展,为发展和完善警察民事调解制度提供了坚实的现实基础。

(二)《人民警察法》(修订草案稿)对警察民事调解职权的明确

继1995年《人民警察法》第21条规定了警察民事调解职权后,20多年来立法上没有进一步对警察民事调解作出相关规定。值得一提的是,2016年12月1日公安部在其官方网站发布了《修订草案稿》,并向社会公开征求意见。针对《人民警察法》职权规定不明确的问题,该修改草案稿对警察职权的原则条文进行了大幅修改,并对警察职权进行了扩充性规定。其中一项重要的扩充就是对警察调解处理民间纠纷职权的规定。该修订草案稿第12条明确将"调解处理民间纠纷"列入了人民警察的"职责范围"。[1]学者认为,其立法理由在于,新时期的警务改革要求公安机关做好社区警务工作,要将警力更多投入基层。城市化迅速发展导致社会矛盾越来越多,如果民间纠纷得不到妥善处理,不能解决在萌芽状态,将极易导致行政案件甚至刑事案件的发生,不利于社会的稳定。《修订草案稿》的这一规定,落实了人民警察从人民群众中来到人民群众中去的本质特征,贯彻人民警察为人民服务的宗旨,同时也能够拉近警民关系,更加符合西方国家把警察当作"守夜人"形象的要求。[2]

《修订草案稿》的这一规定,意味着警察调解民事纠纷不再是一种职能定位,而是一项明确的警察职权。虽然至今《人民警

---

[1] 详见2016年公安部发布的《修订草案稿》,第12条"公安机关依法履行下列职责"中,第十一项为"调解处理民间纠纷"。

[2] 参见吕利明等:《刍议警察职权的新发展——基于〈人民警察法〉(修改草案)论起》,载《荆楚学术》2017年第7期。

察法》的修改尚未最终实现，但《修订草案稿》的这一规定，具有立法导向作用。显而易见，民事纠纷帮助解决义务有望最终获得立法明确规定。这一明显的立法导向，使警察调解民事纠纷在实践中更普遍广泛地开展起来，使警察调解民事纠纷成为公安机关的一项新的警务活动，警察调解民事纠纷也成为警务工作的新常态。

三、治安调解制度的发展与其他警察调解的确立

（一）治安调解制度的发展

1. 治安调解"双轨制"模式的确立

2006年《治安管理处罚法》沿袭原1986年《治安管理处罚条例》第5条的规定，继续确认治安调解，并开启公安机关对治安纠纷以及所关联民事纠纷的解决采取"双轨制"的模式。该法第9条规定，对于因民间纠纷引起的打架斗殴或者损毁他人财物等违反治安管理行为，情节较轻的，公安机关可以调解处理。经公安机关调解，当事人达成协议的，不予处罚。经调解未达成协议或者达成调解协议后不履行的，公安机关应当依照本法的规定对违反治安管理行为人给予处罚，并告知当事人可以就民事争议依法向人民法院提起民事诉讼。

这种对治安纠纷以及所关联的民事纠纷采取"双轨制"处理模式，具有以下特点：

（1）治安处罚的行政裁决模式。一是对非民间纠纷引起的治安纠纷，不予调解，直接采取相应的治安处罚。二是对因民间纠纷引起但无法调解或者调解不成的治安纠纷予以治安处罚。此种为传统的权威型纠纷解决。

（2）调解解决。对于因民间纠纷引起的治安纠纷则进行调解解决。

对于调解解决的，如果调解成功并履行了调解协议的，则对

违反治安管理的当事人不再予以处罚。也就是说，对于因民间纠纷引起的治安纠纷可以调解代替行政处罚，进行"处罚交易"。此种为新创设的"合意型纠纷解决"模式。警察是调解的主持者，调解过程遵循当事人自愿、合法的原则，当事人成为调解的主体。

2. 出台具体的治安调解程序规范

为具体规范治安调解程序，2006年8月24日公安部颁布了《程序规定》，设专章对治安调解进行规范，规定了适用调解的范围、适用调解的原则和程序。[1]此外，2007年公安部出台《调解规范》部门规章，进一步细化规范治安调解工作。该《调解规范》共17条，细化了治安调解的案件范围、调解原则，增加调解期限的规定，统一《治安调解协议书》内容与格式，增加调解协议履行期满后办案警察应当了解协议履行情况，对无正当理由不履行协议的，依法对违反治安管理行为人予以处罚的规定。此外，明确现场调解适用情况，并统一《现场治安调解协议书》格式。

2012年《程序规定》修改，"治安调解"仍为第十章，自第153条~第161条，共9个条文，在原有规定的基础上增加了当场调解规定，新增2种不适用治安调解的情形，规定二次调解的期限，调解需制作调解笔录，细化调解协议应当载明的案件情况的具体内容，以及调解达成协议须保存证据材料入案卷，并规定当事人达成和解协议并履行，经公安机关认可的，可以不予治安管理处罚。[2]

---

〔1〕 2006年《程序规定》第十章，即为"治安调解"，自第152条~第158条，共7个条文，规定了治安调解范围、原则和程序等内容。

〔2〕 2012年《程序规定》修改，"治安调解"仍为第十章，自第153条~第161条，共9个条文，在原有规定的基础上，增加了当场调解的调解方式（见第153条第3款），以及不适用调解处理的两种情形（见第154条），新增对调解达成协议的，应当保存案件证据材料，与其他文书材料和调解协议书一并归入案卷（见第159条第3款）。以及当事人自行和解并履行和解协议，双方当事人书面申请并经公安机关认可的，公安机关不予治安管理处罚等内容（见第161条）。

但值得一提的是，原 2006 年《程序规定》第 152 条第 2 款规定，对不构成违反治安管理行为的民间纠纷，应当告知当事人向人民法院或者人民调解组织申请处理。这与 1995 年《人民警察法》规定的警察的帮助义务相矛盾。2012 年《程序规定》第 153 条第 2 款继续保留这一规定。《调解规范》第 3 条第 2 款也有同样的规定。这也说明了实务部门对于警察民事调解是否属警务活动存在不同认识。同时，也客观上妨碍了警察民事调解工作的开展，一定程度上造成警察民事调解的停滞。

(二) 其他警察调解的确立

除以上治安调解和民事调解外，立法上还对轻伤害案件的调解，以及交通事故损害赔偿争议的调解，予以确立。

1. 对轻伤害案件予以调解的确立

根据《刑法》《刑事诉讼法》的相关规定，2005 年，公安部出台《公安机关办理伤害案件规定》，将轻微伤害案件纳入警察调解范围。根据该规定第 30 条，对于因民间纠纷引起的殴打他人或者故意伤害他人身体的行为，情节较轻尚不够刑事处罚，具有法定情形之一，经双方当事人同意，公安机关可以依法调解处理。

2. 交通事故损害赔偿纠纷调解的确立

除治安案件外，2004 年《道路交通安全法》第 74 条第 1 款规定[1]，对交通事故损害赔偿的争议，当事人可以请求公安机关交通管理部门调解。从此，交通事故损害赔偿纠纷纳入交警部门调解的案件范围。由于此类案件专属于交警调解，与派出所警察治安调解和民事调解基本不发生交集，且有专门的法律规范，因此自成体系。由于交通事故损害赔偿纠纷是较常见的纠纷类型，在法院受理案件中占据的比例也较高，案件数量也较多，因此实

---

[1] 《道路交通安全法》后经 2007 年、2011 年两次修改，第 74 条第 1 款的规定一直予以保留。

践中，有些交警部门还与法院建立固定工作联系，致力于诉源治理、诉前解决。例如，上海市浦东区交警部门与浦东新区人民法院合作，是法院诉调对接中心诉前调解工作的合作单位。上海市浦东区交警部门处理交通事故时，对于当事人提出的民事损害纠纷，积极予以调解。此外，对于诉至法院的交通事故损害赔偿纠纷，诉前接受法院委派特邀调解。通过以上合作，使交警部门在多元解纷、诉源治理方面，发挥了积极作用，协助化解法院"案多人少"的压力。

四、警察调解制度的现状与分析

通过前述历史考察可见，在全心全意为人民服务这一公安机关工作的基础宗旨下，服务便成为警察的一项重要职能。而我国警察调解制度是贯彻警察服务职能的具体体现。我国警察调解制度立法上从无到有，警察调解对象从窄到宽不断扩大，调解范围从治安调解，逐步扩大到交通事故调解、轻微伤害案件调解，以及普通的民事纠纷调解。调解手段从权威型调解手段向合意型调解手段演变。调解相关规范不断细化完善，调解制度逐步成熟。警察调解制度的出现和发展是当代中国社会需求的产物，反映了警察权的扩大以及警察治安管理功能和方式的转变。这种变化反映出警察权向服务性功能和价值取向的转化。[1]

当前，警察调解制度，包括治安调解、民事调解、轻微伤害案件调解，以及交通事故损害赔偿纠纷调解。其中，治安调解相对比较成熟。由前述可见，治安调解作为警察调解制度的代表，起源最早，发展过程也较受重视。立法上陆续出台了相关法规，使治安调解进一步发展与完善。在立法的推动下，实践中，治安调解工作开展得较为普遍。正如笔者前面所述，笔者在讲授警察

---

〔1〕 参见高文英：《警察调解制度研究》，载《中国人民公安大学学报（社会科学版）》2008年第4期。

调解课程，与一线学生访谈时，很多学生对治安调解较为熟悉，且有办理治安调解的工作经验。此外，相关理论研究也较充分，对警察调解的研究主要集中在治安调解方面。

相比之下，轻微伤害案件调解、交通事故损害赔偿纠纷调解确立的时间较晚。对于轻微伤害案件调解一度在理论界和实际工作部门均有较大争议。直到2005年《公安机关办理伤害案件规定》正式确定轻微伤害案件可以调解，指导实践才开展起来。交通事故损害赔偿纠纷调解虽然立法上确立时间不长，理论上研究成果不多，但在实践中开展得较为顺利。笔者调研的实务数据显示，交通事故损害赔偿民事调解率较高，调解成功率也较高。[1]

而警察民事调解的历史发展表现出立法、理论研究与实践脱节的矛盾。具体来说，是立法与理论研究滞后，与实践快速发展之间的矛盾。一方面，警察民事调解确立的时间虽然并不晚，但在立法上没有进一步发展与完善，仍然停留在《人民警察法》第21条的原则性、模糊性的规定。这种立法现状，在一定程度上，影响了警察民事调解在实践中的开展。尤其是2006年《程序规定》第152条第2款"对不构成违反治安管理行为的民间纠纷，应当告知当事人向人民法院或者人民调解组织申请处理"——这一规定与《人民警察法》第21条所规定的警察的帮助义务相矛盾，客观上一定程度上造成警察民事调解的停滞与阻碍。此外，如前文献综述部分所述，警察民事调解理论研究的缺乏，也没有对警察民事调解制度的构建与发展起到明显促进作用。

另一方面，当前社会治安综合治理政策的背景，以及大调解机制、多元化纠纷解决机制的构建，"诉源治理"的强调，要求警察积极参与民事调解，客观上警察民事调解日益增多。公安机关

---

[1] 有关交通事故民事损害赔偿调解调研数据，将在第三章实务研究中一并阐述。

社区警务战略的推广、对"群众路线"的强调,强化了基层警察的调解责任。求助于公安机关调解的民事纠纷,以及警察民事调解纠纷的数量,均呈现出一种上升趋势,且上升速度较快。警察逐渐成为基层矛盾纠纷调解的主要力量,民事调解已成为警务日常工作的一部分。与此相对,调解成功的民事纠纷数量越来越多,[1]对于促进社会和谐,多元解纷机制的建立,缓解法院"案多人少"矛盾客观上发挥了积极作用。与此同时,警察民事调解实践中遇到诸多问题,如前所述,实务中对警察民事调解是否属警务活动尚存在不同认识,警察民事调解的范围尚模糊不明,警察民事调解同样存在案多人少警力不足的问题,以及警察对调解工作也不擅长,警察调解规范性差、主要依据经验差异性较大,警察调解法治化不足,调解原则、调解程序与方式不明确,以及警察民事调解与其他调解间关系不畅、缺乏相关配套保障机制等问题。以上问题直接影响警察民事调解工作的开展,影响警察调解发挥应有的作用。综上,与实践的蓬勃开展相比,立法与理论研究相对滞后,亟待丰富完善、研究与解决。

从总体上来说,实践中公安调解工作一直不被作为公安机关工作的重心,警察调解制度的发展较为缓慢。然而,"有困难找警察""有警必接、有难必帮、有险必救、有求必应"(即"四有四必")等观念深入人心,人民群众在矛盾纠纷调解方面对公安机关的惯性依赖程度不断攀升,使得派出所接警要求解决的矛盾纠纷越来越多,基层警察在矛盾迷茫中疲于应对,调解工作较为被动。如何化解部分领导干部选择性不重视调解工作与人民群众在调解活动方面与公安机关形成黏性之间的矛盾,积极发挥警察调解作用,公安机关亟须作出制度抉择。[2]立法与理论界也亟须作

---

〔1〕 相关调研数据,详见本书第三章实务研究。

〔2〕 参见郑海、陈嘉鑫:《公安派出所调解的改进路径研究》,载《湖北警官学院学报》2019年第6期。

出制度构建与安排。

五、警察民事调解的时代意义

警察民事调解解决纠纷具有独特的现实价值，对此学界已基本达成共识并有详细阐述，例如，警察民事调解有利于积极化解社会矛盾，构建和谐稳定的社会局面；有利于构建完善的纠纷解决体系；有利于降低司法成本，提高司法工作效率；有利于巩固警民关系；有利于捍卫人民警察全心全意为人民服务的宗旨；有利于创新社会治理模式。[1]此外，警察民事调解作为一种非讼多元解决纠纷机制，有助于缓解法院"案多人少"的矛盾。[2]例如，最高人民法院公布的统计数据显示，2020年通过诉前多元调解，大量矛盾纠纷在诉前高效化解，全国法院民事诉讼案件以年均10%的速度持续增长15年后出现首次下降。2021年，法院诉前调解成功案件610.68万件，同比增长43.86%，体现了联调减讼、联治化讼的显著成效。[3]

---

〔1〕 参见周艳萍：《新时期警察民事调解：意义、挑战与完善路径》，载《湖北警官学院学报》2021年第5期。

〔2〕 根据最高人民法院工作报告公布数据，地方各级法院受案数呈逐年上升趋势。而这一上升趋势在2020年得到了抑制。例如，2020年，受案数3080.5万余件，比上年下降了77.1万余件，2021年，受案数3010.4万余件，比上年下降了70万余件。最高人民法院2021年工作报告称：2020年全国法院受理诉讼案件数量在2016年、2019年先后突破2000万件和3000万件关口的情况下，出现2004年以来的首次下降，特别是民事诉讼案件以年均10%的速度持续增长15年后首次下降，充分体现了在各级党委领导下推进一站式多元解决纠纷机制建设，促进矛盾纠纷源头治理、多元化解的显著成效。警察调解是多元解决纠纷、诉前非讼解决纠纷机制的重要一环。

〔3〕 《人民法院一站式多元纠纷解决和诉讼服务体系建设（2019-2021）》，载https://www.chinacourt.org/article/detail/2022/02/id/6543854.shtml，最后访问日期：2022年7月5日。

(一) 警察民事调解有利于积极化解社会矛盾、构建和谐稳定的社会局面

改革开放以来，我国保持了社会稳定的大局，为改革开放和社会主义建设营造了良好的环境。但是，在经历了改革开放以来的经济快速增长后，经济发展的动力和后劲明显下降，加之疫情的影响，经济下行压力逐渐严峻，持续深化改革对现存利益结构形成冲击，长期累积的深层次矛盾和问题逐渐显露。在此背景下，传统安全威胁与非传统安全威胁叠加，国际政治因素更加复杂多变。百年未有之大变局下，国内社会主要矛盾也出现了一些新特点。许多社会发展进程中的利益冲突导致民事纠纷的性质日趋激烈与复杂化。根据最高人民法院公布的2010年~2019年近10年来地方各级人民法院受理、审结案件数据，法院收案数量呈现逐年上升趋势。[1]此外，一些由民事纠纷引发的恶性刑事案件时有发生。据笔者调研，近年来，公安实践中由家庭婚姻、经济纠纷、邻里纠纷、琐事矛盾等引发的命案越来越多，民事纠纷如果得不到及时妥善处理，极有可能上升为违法治安事件，甚至引发刑事案件。实践中，很多治安案件以及刑事案件，其开端即民事纠纷。因此，如何将矛盾消灭在萌芽中，诉源治理对于社会稳定具有重要意义。警察民事调解，有助于把矛盾化解在源头、在基层，扼杀在萌芽状态，有助于构建和谐稳定的社会局面。

(二) 警察民事调解有利于构建完善的纠纷解决体系、降低司法成本、提高司法工作效率

党的十八大以来，建设社会主义法治国家成为新时期国家建设的一项新任务。全面依法治国、推进国家治理体系和治理能力现代化建设过程中，必须构建全面、合理、有效的解决纠纷、化

---

[1] 参见周艳萍：《法院调解制度改革研究》，中国政法大学出版社2020年版，第26页。

解社会矛盾的体系。调解、仲裁、行政裁决、行政复议、诉讼等构成了当前我国解决纠纷、化解矛盾体系中的重要环节。习近平总书记提出"把非诉讼纠纷解决机制挺在前面"的重要指示精神,凸显了调解作为非诉讼纠纷解决机制的重要性。在当前法院"诉讼爆炸""案多人少"的困境之下,法院系统进行了一系列改革,采取了一系列措施,以提高诉讼效率。例如,法院调解制度社会化改革,重视诉讼调解,实行诉前调解,案件繁简分流制度改革等。而2021年《民事诉讼法》修改则进一步从人力资源和程序简化两个方面出发,扩大独任制适用的案件范围,扩大小额诉讼程序的适用范围,以解决"案多人少"的问题。但是,仅仅依靠法院诉讼改革是不够的,以上致力于提高诉讼效率的改革措施,必须以不牺牲或者说不触碰到司法公正的程序正义这一民事诉讼首要价值要求为合理限度。而"案多人少"的应对是一个复杂的系统工程,必须诉讼内外形成合力。2011年中央社会治安综合治理委员会等16家单位联合印发《大调解指导意见》,提出建立大调解机制,联合多部门、多主体的力量共同化解纠纷,将多元解纷推向深入。实践中,许多地方政法委成立专门的矛盾纠纷领导小组,指导协调公安、司法机关矛盾纠纷解决工作,并已经形成常态化工作机制。公安机关作为大调解多元解纷机制中的重要一员,在社会治理中发挥着十分独特的作用,具有其他行政机关难以替代的地位与优势。通过警察民事调解有助于充实非诉讼纠纷解决机制建设。

此外,警察民事调解有利于降低司法成本、提高司法工作效率。相较人民调解、专业调解等非讼调解形式,警察民事调解具有超前性、及时性、便捷性、权威性等特点,因而,警察民事调解应当成为诉源治理体系中前端、基础的环节。在执法和司法实践中,警察民事调解也有助于分散司法资源配置过度集中在司法过程后端与正式程序方面的压力,有利于降低司法成本,提高司法工作效率。

（三）警察民事调解有利于巩固警民关系、维护人民警察全心全意为人民服务的宗旨

公安是什么？警察是什么？"公安"与"警察"有区别吗？这些问题涉及公安与警察的性质和职能。无论在国外还是国内，对于警察的性质和职能都存在各种各样的看法。西方资本主义国家，警察长期以来，要么扮演"监管人"的角色，要么扮演"守夜人"的角色。在二战前的大陆法系国家中（如德国、日本），扮演"监管人"角色的警察是国家权力的化身，警察代表着国家意志。但西方自由主义传统和契约精神最终动摇了这种基于国家主义的"监管人"警察模式。作为"守夜人"的警察模式大行其道。在"守夜人"模式中，警察权力被限制，"监管人"模式中常见的集权化警察体制被分割。警察在政治上保持中立，警察变成了法律的"守夜人"。

新中国成立之前，我国的警察制度基本上借用了大陆法系的警察模式，具有比较典型的"监管人"特点。1949年之后，社会主义中国的政权性质给警察赋予了新的特色和要求。新中国的警察被称为"人民警察"，旧社会的"警察局"被"公安局"所取代。这些变化都意味着新中国的公安机关在性质和职能方面发生了重大变化。"为人民服务"成为公安机关的根本任务和宗旨。顺应这种新要求，中国公安机关已逐渐打造出"服务型"警察模式。"服务型"警察模式摒弃了"监管人"或"守夜人"模式，开创了具有中国特色的公安治理模式。

但是，近年来，一些人对"服务型"公安模式产生了疑问、批评。质疑和批评者以专业主义为依据，以"警务活动"和"非警务活动"的绝对分割为突破口，试图把我国公安机关退回到"监管人"或"守夜人"模式之中。这种做法既不符合我国的国情与传统，也背离了我国公安机关的法定任务与宗旨。对于民众

在日常生活中因权益受到侵犯或其他原因导致的纠纷，如果民众有求于警察，但警察采取推诿甚至拒绝的做法，以"非警务活动"为由，不予回应，那么，就会影响警民关系。相反，警察积极回应民众的求助，在民事纠纷以及其他事项中依法依规给予帮助，警民关系就会得到巩固。公安派出所纠纷解决职能，契合了底层民众解纷的现实需求。公安派出所往往处在社会矛盾的前沿，其解纷功能充分体现了我国当今社会基层法治的实践样态。从这个角度讲，警察民事调解有助于践行人民警察全心全意为人民服务的宗旨。

（四）警察民事调解有利于创新社会治理模式

调解在我国具有悠久的历史，也是基层社会矛盾纠纷解决方式之一。近年来，多元解纷逐渐达成共识并成为解决民事纠纷的主导策略，即调动民间、行政以及司法等多种力量共同参与解决民事纠纷，"诉源治理"鼓励诉前调解先行解决民事纠纷。此外，调解也是基层国家治理的一环，是维护社会秩序、实现社会治理的重要方式。《关于构建社会主义和谐社会若干重大问题的决定》、中央社会治安综合治理委员会等16家单位联合印发《大调解指导意见》等高规格文件的密集出台，均为民事纠纷的解决以及社会纠纷综合治理指明了方向，即发挥调解在化解社会矛盾、维护社会稳定、促进社会和谐方面的作用。在我国，警察承担着治安行政与刑事执法的双重责任，在社区警务工作中，警察在基层社区治理中发挥着巨大的作用。公安实务中必须面对的一个现实是，在当前基层社会纠纷调解实践中，大量民事纠纷主要是由警察来调解的，警察参与民间纠纷调处已成为警察的一项日常、重要工作。在"有困难，找警察"的理念灌输下，许多人遇到难以化解的纠纷时会选择报警，警察往往是第一时间赶到现场的。警察已成为基层纠纷调解的主要力量，警察调解民事纠纷已嵌入基层法治建设和国家治理实践中。

"枫桥经验"是具有中国特色的社区警务模式的经验总结。1963年我国基层政法工作中总结形成的"枫桥经验"其核心内容就是政法机关坚持群众工作路线，发动和依靠群众，积极化解社会矛盾，保障社会治安秩序，实现社会稳定的目标。"枫桥经验"在当今时代仍然具有强大的活力，习近平总书记及党中央对新时期继续探索和发挥"枫桥经验"工作模式提出了新的指示与要求。在"枫桥经验"工作模式中，警察调解民事纠纷是一项重要的工作内容。警察民事调解不仅及时有效地化解社会矛盾，维护社会和谐稳定，同时，也有利于创新基层社会治理模式。[1]

---

[1] 参见周艳萍：《新时期警察民事调解：意义、挑战与完善路径》，载《湖北警官学院学报》2021年第5期。

第三章 警察民事调解实务考察

为更清晰、准确地了解警察民事调解实践，笔者组织设计发放调查问卷，并收集了一些警察民事调解典型案例，以及派出所调解工作相关数据等。通过以上调查研究，基本掌握了警察民事调解的具体实务运行情况。

一、警察民事调解问卷调查与分析

围绕警察民事调解的核心问题，2022年5月，笔者设计了警察民事调解调查问卷。调查问卷共7个问题，主要围绕警察调解意愿，愿意调解或不愿意调解背后的原因，对警察民事调解是否属于警务活动的认识，调解依据，如何对待当事人的意愿，以及当前警察民事调解存在的主要问题进行调查，最后征求警察对于民事调解工作的建议。调查问卷发放对象均为在职一线派出所警察，从事治安工作，许多有民事调解的经验。为使调查结果更具有普遍性，笔者分两批，针对不同地区的警察发放调查问卷。第一批接受调查问卷的警察主要分布于山东省各地公安机关，共发放调查问卷112份，回收112份，获有效回答112份。第二批接受调查问卷的民警主要分布于河南省各地公安机关。此外，还有北京市、广东省、四川省、重庆市、江西省、云南省、湖北省、安徽省、天津市、江苏省、河北省、海南省、新疆维吾尔自治区等地的警察积极参与调研,共发放调查问卷 247 份,回收 247 份,获有效回答 247 份。两批调查问卷共收到有效回答 359 份。

以下分别对两批调查问卷中 7 个问题的内容与调查结果逐一进行展示、分析。

(一)您在接警处理民事纠纷时,是否愿意主持调解?[单选]

表 3-1

选项	小计(人)	比例
是	82	73%
否	14	13%
一般	16	14%
本题有效填写人次	112	
选项	小计(人)	比例
是	180	73%
否	16	6%
一般	51	21%
本题有效填写人次	247	

分析:回答显示,警察对于民事纠纷的调解意愿,第一批调查问卷,112 人中从高到低分别是:第一,愿意进行调解的有 82 人,占比 73%。第二,持无所谓一般态度的有 16 人,占比 14%。第三,不愿意进行调解的有 14 人,占比 13%。

第二批调查问卷,247 人中从高到低分别是:第一,247 人中愿意进行调解的有 180 人,占比 73%。第二,持无所谓一般态度的有 51 人,占比 21%。第三,不愿意进行调解的有 16 人,占比6%。

综合两批调查问卷数据可见,实践中,警察对民事纠纷愿意进行调解的占比较高,73%的警察对调解持支持态度。

从下面的饼形图中,可以清楚地看到两批问卷359人中,三种不同调解意愿的人数及其占比情况。

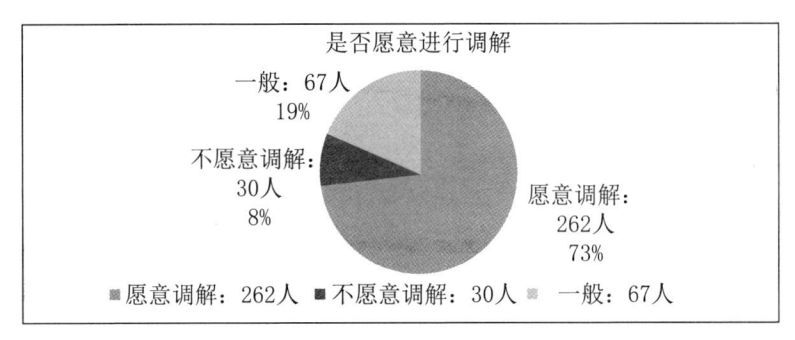

是否愿意进行调解

一般:67人 19%
不愿意调解:30人 8%
愿意调解:262人 73%

■愿意调解:262人 ■不愿意调解:30人 ■一般:67人

图 3-1

(二)调解意愿一般,或者不愿意主持调解的原因是什么?[可多选]

表 3-2

选 项	小计(人)	比例
调解不是正规警务活动	21	19%
当事人要求调解的民事纠纷太多,调解不过来	45	40%
其他警务工作任务太重,没有太多精力进行调解	60	54%
调解工作不计入工作量	18	16%
调解工作不好做	51	46%
调解风险大,费力不讨好	52	46%

续表

选项	小计（人）	比例
调解书效力不高	20	18%
其他	17	15%
本题有效填写人数	112	

表 3-3

选项	小计（人）	比例
调解不是正规警务活动	33	13%
当事人要求调解的民事纠纷太多，调解不过来	91	37%
其他警务工作任务太重，没有太多精力进行调解	112	45%
调解工作不计入工作量	26	11%
调解工作不好做	98	40%
调解风险大，费力不讨好	132	53%
调解书效力不高	45	18%
其他	25	10%
本题有效填写人数	247	

分析：笔者对于不愿意调解或调解意愿一般的原因，尽可能全面地寻找出来，设计了8个选项。除列出具体原因外，考虑到可能存在其他原因，列出了"其他"这一选项。此外，考虑到原因可能有多个，设计了多选。回答数据显示，警察不愿意调解或调解意愿一般的原因，第一批112人中，自高到低回答主要集中在以下几个方面：第一，其他警务工作任务太重，没有太多精力进行调解。选择这个原因的警察最多，有60人，占比达54%，超

过半数。第二，调解风险大，费力不讨好，有 52 人，比例也很高，为 46%。第三，因为调解工作不好做的，有 51 人，占比 46%。第四，因为当事人要求调解的民事纠纷太多，调解不过来的，有 45 人，占比 40%。第五，因为调解不是正规警务活动的有 21 人，占比 19%。第六，因为调解书效力不高的，有 20 人，占比 18%。第七，因为调解工作不计入工作量的，有 18 人，占比 16%。第八，因为有其他原因的，有 17 人，占比 15%。

第二批 247 人中，自高到低回答主要集中在以下几个方面：第一，调解风险大，费力不讨好，选择这个原因的警察最多，有 132 人，占比达 53%，超过半数。第二，其他警务工作任务太重，没有太多精力进行调解，有 112 人，比例也很高，为 45%。第三，因为调解工作不好做的，有 98 人，占比 40%。第四，因为当事人要求调解的民事纠纷太多，调解不过来的，有 91 人，占比 37%。第五，因为调解书效力不高的，有 45 人，占比 18%。第六，调解不是正规警务活动的，有 33 人，占比 13%。第七，因为调解工作不计入工作量的，有 26 人，占比 11%。第八，因为有其他原因的，有 25 人，占比 10%。

由于对其他原因的选择人数较少，可以认为，前七个原因基本囊括了警察调解意愿不高的原因。此外，以上原因，另一个侧面也可以理解是警察认为当前警察民事调解实践存在的问题。

综合两批调查问卷数据，从下面的柱形图中，可以清楚地看到警察不愿意进行调解的原因，从高到低的分布情况，以及原因与人数的一一对应关系。

```
不愿意进行调解的原因(单位：人)
```

调解风险大，费力不讨好	其他警务工作任务太重，没有太多精力进行调解	调解工作不好做	当事人要求调解的民事纠纷太多，调解不过来	调解书效力不高	调解不是正规警务活动	调解工作不计入工作量	其他原因
184	172	149	136	65	54	44	42

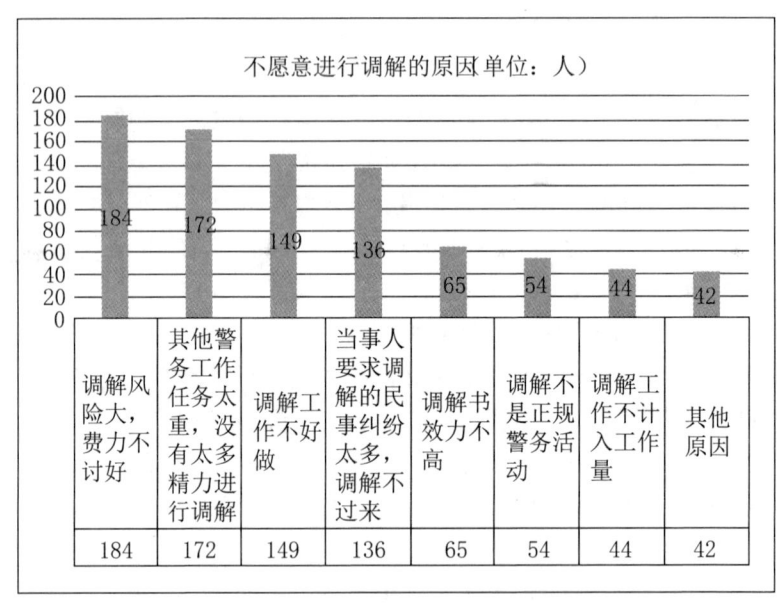

图 3-2

（三）愿意主持调解的原因是什么？[可多选]

表 3-4

选 项	小计（人）	比 例
公安调解速度更快，调解成本低	82	73%
在治安处罚权威慑下调解协议容易达成	52	46%
调解协议履行得好	28	25%
调解能消除治安隐患控制犯罪	26	23%

续表

选　项	小计（人）	比　例
其他	5	4%
本题有效填写人数	112	
公安调解速度更快，调解成本低	140	57%
在公安权威下调解协议容易达成	98	40%
调解协议履行得好	39	16%
调解能消除治安隐患控制犯罪	39	16%
其他	42	17%
本题有效填写人数	247	

分析：笔者对于愿意调解的原因，也设计了多个选项。除列出具体原因外，考虑到可能存在其他原因，同样列出了"其他"这一选项。此外，考虑到原因可能有多个，设计了多选。回答数据显示，警察愿意调解的原因，第一批112人中，自高到低主要集中在以下几个方面：第一，因为公安调解速度更快，调解成本低的，有82人，占比73%，为绝大多数。第二，因为在治安处罚权威慑下调解协议容易达成的，有52人，占比46%。第三，因为调解协议履行得好的，有28人，占比25%。第四，调解能消除治安隐患控制犯罪的，有26人，占比23%。第五，因为其他原因的，有5人，占比4%。

第二批247人中，自高到低主要集中在以下几个方面：第一，因为公安调解速度更快，调解成本低的，有140人，占比57%，为绝大多数。第二，因为在治安处罚权威慑下调解协议容易达成的，有98人，占比40%。第三，因为调解协议履行得好的，有39人，占比16%。第四，调解能消除治安隐患控制犯罪的，有39人，占比16%。第五，因为其他原因的，42人，占比17%。

同样，由于对其他原因的选择人数较少，可以认为，前四个原因基本囊括了警察调解意愿高的原因。此外，以上几个方面，也可以理解为警察认为警察主持民事调解的优势。

综合两批调查问卷数据，从下面的柱形图中，可以清楚地看到警察愿意进行调解的原因，从高到低的分布情况。

愿意调解的原因（单位：人）

选项	公安调解速度更快，调解成本低	在治安处罚权威慑下调解协议容易达成	调解协议履行得好	调解能消除治安隐患控制犯罪	其他
人数	222	150	67	65	47

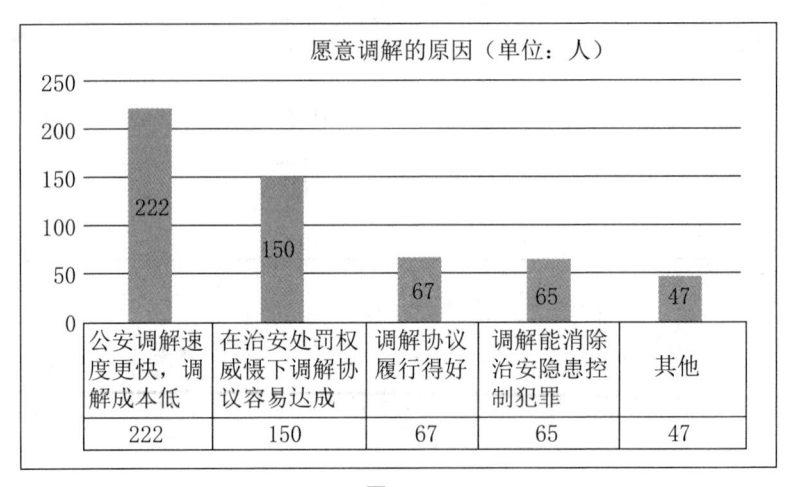

图 3-3

（四）您认为警察调解民事纠纷是否是警务工作的一部分？[单选]

表 3-5

选　项	小计（人）	比　例
是	74	66%
否	32	29%

续表

选 项	小计（人）	比 例
不清楚	6	5%
本题有效填写人次	112	

表 3-6

选 项	小计（人）	比 例
是	154	62%
否	75	30%
不清楚	18	7%
本题有效填写人次	247	

分析：根据回答，警察对于调解民事纠纷是否属于警务活动的认识，第一批次，112 人中，从高到低分别是：第一，认为是的，有 74 人，占比 66%。第二，认为不是的，有 32 人，占比 29%。第三，回答不清楚的，有 6 人，占比 5%。可见，绝大部分警察认同警察民事调解属警务活动，但也有相当部分的警察不认同。后两项均属不认同民事调解是警务活动，两项相加，共 38 人，占比 34%。

第二批次，247 人中，从高到低分别是：第一，认为是的，有 154 人，占比 62%。第二，认为不是的，有 75 人，占比 30%。第三，回答不清楚的，有 18 人，占比 7%。与第一批调查问卷相似，绝大部分警察认同警察民事调解属警务活动，但也有相当部分的警察不认同。后两项均属不认同民事调解是警务活动，两项相加，共 93 人，占比 37%。

综合两批调查问卷数据，从下面的饼形图中，可以清楚地看到三种对警察民事调解是否属警务活动的不同认识的人数及其占比情况。

对调解是否属于警务活动的认识

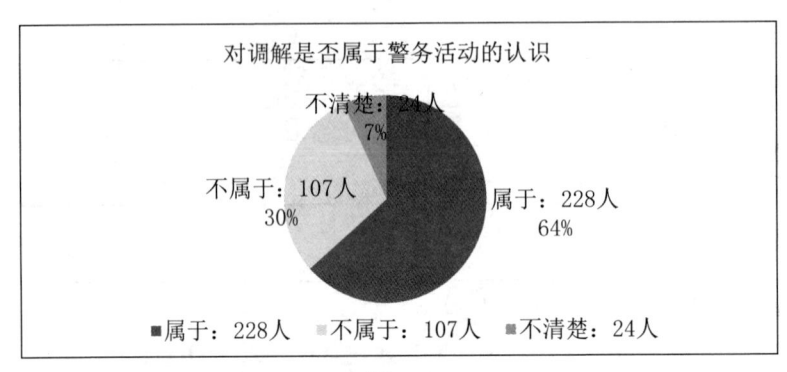

- 属于：228人 64%
- 不属于：107人 30%
- 不清楚：24人 7%

图 3-4

（五）您主要依据什么进行调解，如何对待当事人的意愿？[可多选]

表 3-7

选项	小计（人）	比例
主要凭经验调解，程序方式灵活掌握	49	44%
主要依法定的程序和方式进行调解	73	65%
如果当事人提出申请，则进行调解，当事人不提申请，则不主动调解	32	29%
不管当事人是不是提出申请，认为符合条件的，均主动进行调解	29	26%
调解协议内容一般是由警察提出	3	3%
调解协议由双方当事人协商确定	45	40%

续表

选 项	小计(人)	比 例
本题有效填写人数	112	
选 项	小计(人)	比 例
主要凭经验调解,程序方式灵活掌握	106	43%
主要依法律规定的程序和方式进行调解	139	56%
如果当事人提出申请,则进行调解,当事人不提申请,则不主动调解	71	29%
不管当事人是不是提出申请,认为符合条件的,均主动进行调解	63	26%
调解协议内容一般是由警察提出	7	3%
调解协议由双方当事人协商确定	101	41%
本题有效填写人数	247	

分析：对于警察民事调解依据和警察调解时如何对待当事人意愿问题，笔者尽可能将警察调解实践中可能存在的多种情况列举出来，也设计了多个选项。这一问题的提出，一是想了解实践中警察民事调解的规范性问题，即是否依据法定的程序和方式调解；二是想了解警察民事调解中，是否遵守当事人自愿原则的问题。

根据回答数据显示，对于调解依据，第一批次有效回答112人，自高到低回答为：第一，主要依法定的程序和方式进行调解的，有73人，占比65%。第二，主要凭经验调解，程序方式灵活掌握，有49人，占比44%。第二批次有效回答247人，自高到低回答为：第一，主要依法定的程序和方式进行调解的，有139人，占比56%。第二，主要凭经验调解，程序方式灵活掌握，有106人，占比43%。可见，绝大多数警察的法律意识较强，调解时意识到应当依法定程序和方式进行。但也有相当大的部分，几乎达到一半的警察，主要依靠经验调解，在调解程序方式等方面，采取灵活掌握的策略。

综合两批调查问卷数据，从下面的饼形图中，可以清楚地看到警察民事调解依据，分别选择依法定的、依经验的两种不同人数及其占比情况。

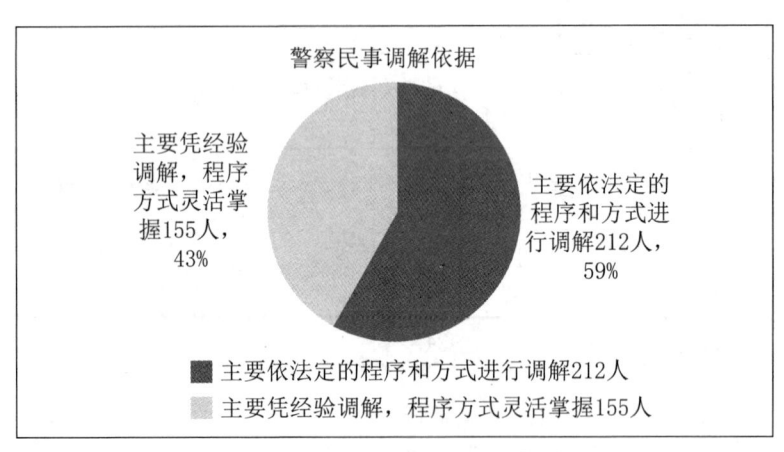

图 3-5

而对于调解自愿性问题则进行了分解，问卷分别从调解启动程序和调解协议的提出程序两个方面，分别设计了两个问题。首先，从调解启动程序方面对待当事人自愿性问题上，第一批次，有效回答61人，回答如下：第一，选择如果当事人提出申请，则进行调解，当事人不提申请，则不主动调解的，有32人，占比52%。第二，选择不管当事人是不是提出申请，认为符合条件的，均主动进行调解的，有 29 人，占比 48%。

第二批次，有效回答 134 人，回答如下：第一，选择如果当事人提出申请，则进行调解，当事人不提申请，则不主动调解的，有 71 人，占比 53%。第二，选择不管当事人是不是提出申请，认为符合条件的，均主动进行调解的，有 63 人，占比 47%。

可见，在调解启动上，尊重当事人自愿的虽然人数略多，占比略高，但与选择依职权强制启动调解的相比，相差并不多。甚至可以说，势均力敌。可见，在实践中，在警察调解的启动是否应当尊重当事人自愿问题上，存在较大分歧。

从下面的饼形图中，可以清楚地看到警察调解时对待当事人意愿的不同态度的人数及其占比。

启动调解程序时对待当事人自愿问题

不管当事人是不是提出申请，认为符合条件均主动进行调解 92 人，47%

如果当事人提出申请则进行调解，当事人不提申请则不主动调解 103 人，53%

■ 如果当事人提出申请则进行调解，当事人不提申请则不主动调解 103 人
■ 不管当事人是不是提出申请，认为符合条件均主动进行调解 92 人

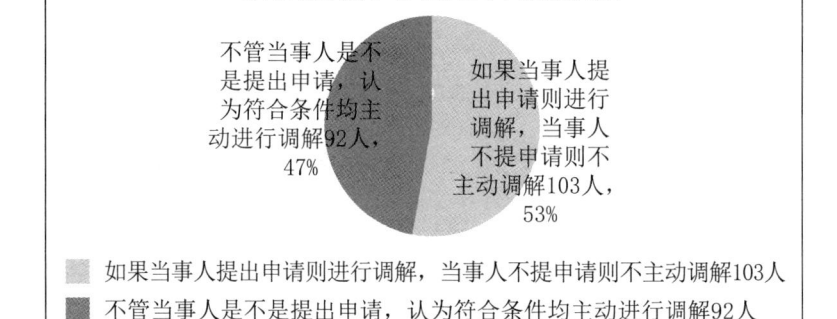

图 3-6

其次，从调解协议的提出程序对待当事人自愿性问题上，第一批次有效回答 48 人，分别回答如下：第一，选择调解协议由双方当事人协商确定，有 45 人，占比 94%。第二，选择调解协议内容一般是由警察提出的，有 3 人，占比 6%。

第二批次有效回答 108 人，分别回答如下：第一，选择调解协议由双方当事人协商确定，有 101 人，占比 94%。第二，选择

调解协议内容一般是由警察提出的，有 7 人，占比 6%。

可见，警察调解时，在调解协议的提出这一问题上，一般情况下警察都是尊重当事人自愿的，警察并不主动提出调解协议，而是由当事人自主协商，自行提出调解协议。

综合两批调查问卷数据，从下面的饼形图中，可以清楚地看到警察调解时对待当事人意愿的不同态度的人数及其占比。

调解协议提出主体

调解协议内容一般是由警察提出10人，6%

调解协议由双方当事人协商确定146人，94%

■ 调解协议内容一般是由警察提出10人
■ 调解协议由双方当事人协商确定146人

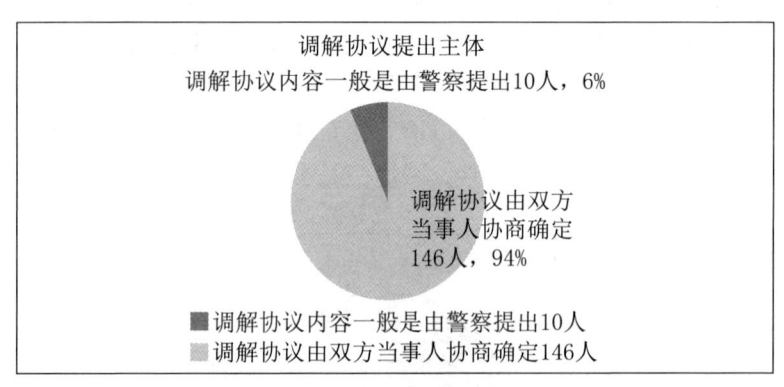

图 3-7

（六）您认为当前警察民事调解存在的主要问题是什么？[可多选]

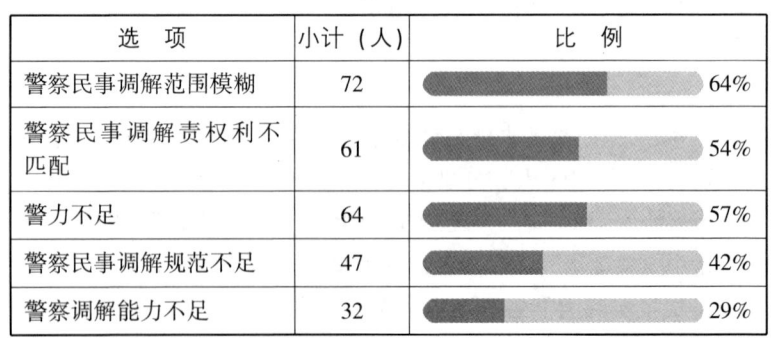

表 3-8

选 项	小计（人）	比 例
警察民事调解范围模糊	72	64%
警察民事调解责权利不匹配	61	54%
警力不足	64	57%
警察民事调解规范不足	47	42%
警察调解能力不足	32	29%

续表

选 项	小计（人）	比 例
与其他调解、法院联动不足	52	46%
其他	3	3%
本题有效填写人数	112	

选 项	小计（人）	比 例
警察民事调解范围模糊	131	53%
警察民事调解责权利不匹配	128	52%
警力不足	130	53%
警察民事调解规范不足	88	36%
警察调解能力不足	64	26%
与其他调解、法院联动不足	125	51%
其他	18	7%
本题有效填写人数	247	

分析：对于当前警察民事调解存在的主要问题，笔者尽可能全面地寻找出来，设计了七个选项。除此之外，考虑到可能存在其他问题，列出了"其他"这一选项。此外，考虑到存在的问题可能有多个，设计成多选。根据回答数据显示，警察认为当前警察民事调解存在的主要问题，第一批次112人，自高到低主要包括：第一，认为警察民事调解范围模糊的，有72人，占比64%。第二，认为警力不足的，有64人，占比57%。第三，认为警察民事调解责权利不匹配的，有61人，占比54%。第四，与其他调解、法院联动不足，有52人，占比46%。第五，认为警察民事调

解规范不足的，有47人，占比42%。第六，认为警察调解能力不足的，有32人，占比29%。第七，有其他问题的，有3人，占比3%。

第二批次247人，认为当前警察民事调解存在的主要问题，自高到低主要包括：第一，认为警察民事调解范围模糊的，有131人，占比53%。第二，认为警力不足的，有130人，占比53%。第三，认为警察民事调解责权利不匹配的，有128人，占比52%。第四，与其他调解、法院联动不足的，有125人，占比51%。第五，认为警察民事调解规范不足的，有88人，占比36%。第六，认为警察调解能力不足的，有64人，占比26%。第七，有其他问题的，有18人，占比7%。

可见，调查问卷中所明确列举的六个问题，基本上涵盖了实践中警察民事调解存在的主要问题。两个批次对于主要问题回答人数的高低排列上，完全相同。

综合两批调查问卷数据，从下面的柱形图中，可以清楚地看到警察对当前民事调解存在主要问题的认识，以及不同问题所占比例从高到低的分布情况。

警察民事调解存在的问题（单位：人）						
警察民事调解范围模糊	警力不足	警察民事调解责权利不匹配	与其他调解、法院联动不足	警察民事调解规范不足	警察调解能力不足	其他
203	194	189	177	135	96	21

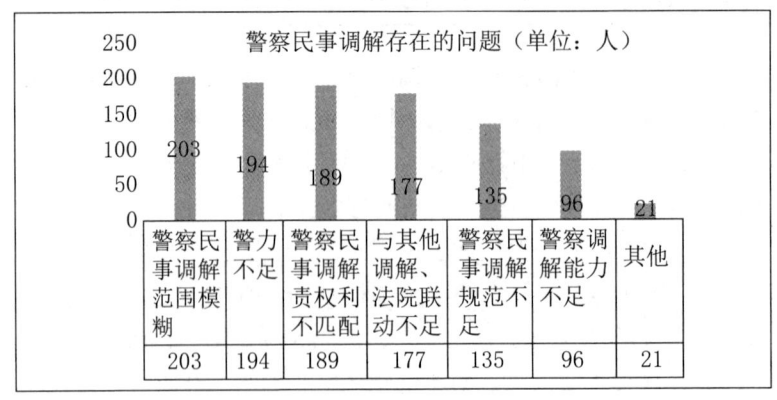

图3-8

(七) 对于警察调解工作您有何建议？

问卷最后这一项是开放式的调查。对于警察民事调解工作，警察们纷纷提出自己的建议。由于是开放式的调查，可以提也可以不提。因此，给出建议的警察应当是对民事调解问题更加熟悉和关心的，并且所提出的建议，应当代表自己的真实想法。因此，虽然参与的人数不多，但由于都是主动参与，且真实性较高，因此，这一组数据具有重要的研究价值。

第一批调查问卷共收到建议16份，第二批调查问卷共收到建议79份。对两批共95份建议的内容，按照建议人数的多少，进行归纳分析如下：

1. 对警察调解主体问题上的建议

这方面的建议最多。第一批16份建议中，10人建议集中在调解主体上。第二批次79份建议中，32人对调解主体提出建议。说明一线警察在警察民事调解问题上，最关注的还是调解主体。

2. 警察调解规范方面

第一批16人中有2人提出，应该规范警察调解工作。第二批79人中，有20人提出规范调解程序。

3. 警察调解责任权利、机制保障方面

第一批中有1人提出，应当增加绩效考评和奖励机制。第二批中有14人提出，调解应当与工作绩效挂钩，避免警察出力不讨好，风险大。

4. 调解范围方面

第一批中有1人提出，应适量放宽调解范围。第二批中有6人提出，合理划分警察调解范围。

5. 提高警察调解能力方面

第一批中有2人提出，应当加强对警察调解能力的培训。第二批中，有4人提出，应当对警察开展调解方面培训。

6. 调解自愿性方面

第二批中有3人提出,调解应尊重双方意愿,不可强加干涉。

综合以上建议,绘制下面饼形图,图中可见,警察对民事调解提出建议的分布情况。第一,建议较集中分布在调解主体方面,占比高达44%;第二,是对增加调解规范方面的建议,占比达23%;第三,是调解责权利方面的建议,占比为16%;第四,是对调解范围的建议,占比为7%;第五,是调解能力方面的建议,占比为6%;第六,是对调解自愿性的建议,占比为3%。

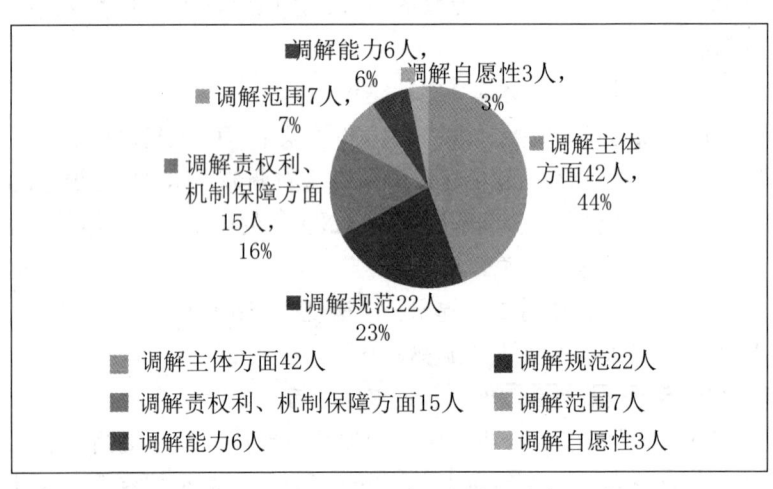

图3-9 警察关于民事调解建议分布图

令笔者吃惊的是,关于警察调解主体的建议中,绝大部分警察提出并不赞成警察调解。例如,第一批10份有关调解主体建议中,有6人表示不赞成警察从事民事调解。其中有1人明确提出,不愿意主持调解;有5人表示警察不应当进行民事调解,而应当移交其他部门主持。例如,建议公安部门取消调解,由司法局调解,或者移交社区居委会等基层群众组织。建议希望搭配专门的调解员,或者乡镇出面调解。还有的警察提出,警察的职责就是打击犯罪维护社会治安，现状是太多属于街道办、居委会村委会、卫生健康部门、民政部门的工作也一并压在公安部门。笔者相信如果责任分配合理，公安机关也会出现更多的好人好事，只有这样才能提高群众满意度。此外，1名警察提出，安排专门工作人员负责调解。1名警察提出警力不足。只有2人表示赞成警察主持民事调解。

第二批32份有关调解主体的建议中，有19人提出由警察调解存在各种现实障碍，例如：有10人提出警力不足，有5人提出由专人调解，4人提出移交其他单位或部门调解。此外，其他13份建议中，有4人提出建议与其他部门联动等，还有4人明确表示不赞成调解，只有5人明确表示赞成警察调解。

换言之，关于此方面的建议，表明一线警察，对于警察民事调解并不认同。这是应当值得充分关注的问题。

综合两批调查问卷中关于调解主体方面的建议，绘制下图。图中清楚表明，关于警察民事主体的42份建议中，除有10人明确提出不赞成调解的占24%外，其他另有11人，占比26%的警察提出警力不足；有9人，占比21%的警察提出移交其他单位调解，这两项其实也是不赞成警察民事调解的。以上三项，共71%的警察不赞成警察民事调解。此外，有6人，占比14%的警察提出的安排专人调解是针对警力不足提出的建议。还有4人，占比10%的警察提出的与其他单位联动，解决的也是公安机关不适宜单独进行调解的问题。最后，只有7人，占比17%的警察表示赞成警察民事调解。

警察民事调解制度构建研究

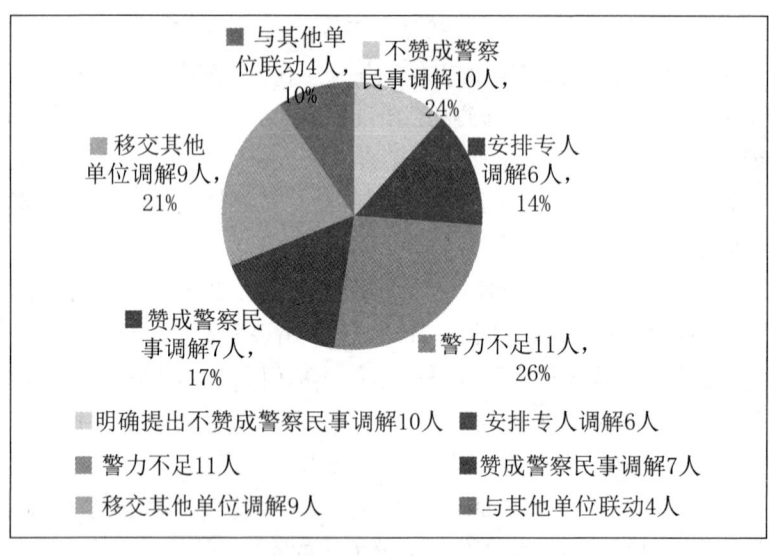

图 3-10　警察关于民事调解主体建议分布图

- 明确提出不赞成警察民事调解 10 人
- 安排专人调解 6 人
- 警力不足 11 人
- 赞成警察民事调解 7 人
- 移交其他单位调解 9 人
- 与其他单位联动 4 人

（饼图数据：不赞成警察民事调解 10 人，24%；安排专人调解 6 人，14%；警力不足 11 人，26%；赞成警察民事调解 7 人，17%；移交其他单位调解 9 人，21%；与其他单位联动 4 人，10%）

二、派出所民事调解相关数据与分析

为从宏观上掌握当前警察民事调解情况，笔者在 2020 年至 2022 年 5 月 26 日这一时间段，组织一线警察收集了山东省济南市某派出所调解案件数据，这个派出所位于省会城市，较为繁华路段，该数据对于反映较大城市中心城区派出所民事调解情况具有代表性和典型意义。此外，为更全面掌握派出所民事调解情况，笔者还收集了山东省招远市公安局下辖的 A、B、C 共 3 个街道派出所，以及 D、E 共 2 个乡镇派出所，总计 5 个派出所调解案件统计数据。招远是山东省直辖的县级市，由烟台代管，总人口 55.6 万，下辖 5 个街道、9 个镇。其中，罗峰街道是招远市政府所在地。5 个派出所分布于招远市城区和乡镇等地。通过对 5 个派出所民事调解数据的考察，不仅能够了解到招远市中心城区，以及其他城区派出所民事调解情况，而且能够了解所辖乡镇地区派出所

民事调解情况,具有代表性和典型意义。此外,该数据亦基本能反映县级市公安机关民事调解的总体情况。

除以上派出所民事调解工作相关数据外,笔者也收集了各派出所治安调解的相关数据,以便进行对比分析。通过调研,从宏观上分别掌握了基层派出所治安调解和普通民事调解的接警数量、纠纷类型,进行调解的案件数量、调解主体,以及调解成功的案件数量等情况。用数据描绘出我国基层派出所民事调解工作的宏观画卷。

(一)济南市某派出所调解案件数据统计调查

通过调研获得的相关数据,绘制以下柱形图表,清晰呈现济南市某派出所民事调解案件相关数据。

济南市某派出所民事调解案件相关数据图(单位:件)

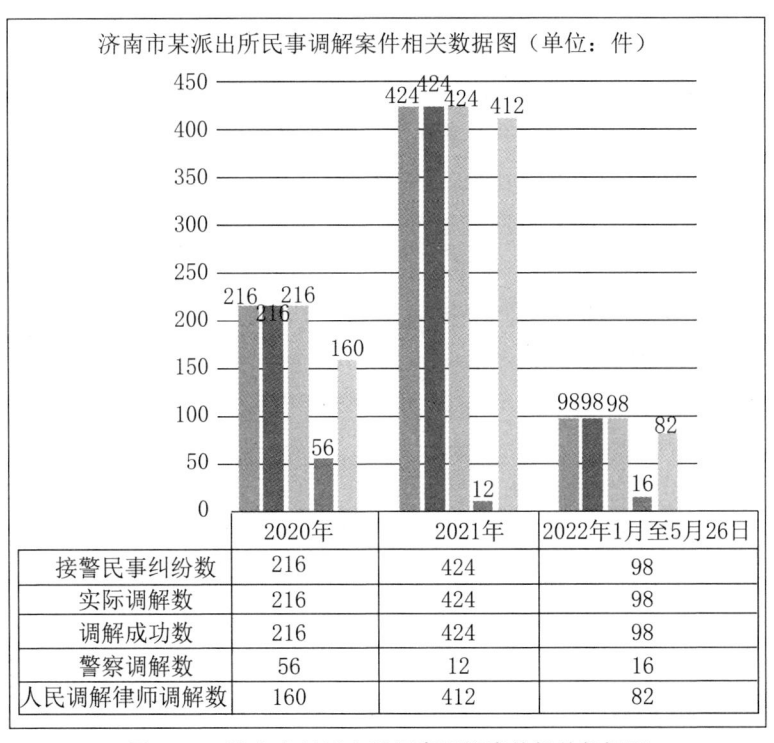

	2020年	2021年	2022年1月至5月26日
接警民事纠纷数	216	424	98
实际调解数	216	424	98
调解成功数	216	424	98
警察调解数	56	12	16
人民调解律师调解数	160	412	82

图 3-11 济南市某派出所民事调解案件相关数据图

说明：1. 该所警察主持调解民事纠纷数量，与民事调解总量相同。这是因为所有调解警情要求必须为警察主持调解，辅警不得独立主持调解。特邀人民调解、律师主持的调解，以及辅警辅助调解，全部计在警察调解工作量中。为此，笔者将所有民事调解数量，除按系统显示将辅警独立主持调解设为0外，减去特邀人民调解、律师主持的调解数量后，得出警察实际主持的调解数量。

2. 该所治安调解数量和治安调解成功数量上，存在总量与其中不同主体人员调解数量相加后矛盾的现象。这是由于将其他调解主体调解的案件数量也计入警察调解案件数量形成的。为此，笔者同样将所有治安调解数量，除按系统显示将辅警独立主持调解设为0外，减去警察特邀人民调解、律师主持的调解数量后，得出警察实际主持的调解数量。

通过数据分析可见：近两年来，警察民事调解的案件数量呈较快增长趋势。2020年，受理民事调解纠纷数量为216件，2021年则增长至424件，增幅高达96%。

3. 接警申请民事调解案件数量，与派出所实际调解案件数量，以及调解成功数量持平，从数字上显示是完全相同的。例如，2022年均为216件，2021年均为424件，2022年1月至5月26日，均为98件。也就是说，对于接警申请调解的民事纠纷，警察100%地进行了调解，并且警察调解的成功率为100%。

4. 派出所民事调解的主持者中，特邀人民调解、律师主持调解的数量较快增长。2020年为160件，2021年快速增长至412件，增幅高达158%。2022年1月至5月26日进行调解的98件民事纠纷中，有高达82件是由特邀律师调解的，比例高达84%。可见，特邀人民调解、律师调解已经成为警察民事调解的主要主体。其中的主要原因是，2020年，该所人民调解员较少；2021年2月，该所所在的高新公安分局聘请驻所律师，提供"法律顾问、法律解释、纠纷调解"等服务。

与此相对应的，警察主持调解的数量快速下降。2020 年为 56 件，警察所调解案件仅占全部调解案件总数的 26%；2021 年降至 12 件，调解案件数量降幅高达 79%，警察所调解案件仅占全部调解案件总数的 3%。2022 年 1 月至 5 月 26 日警察主持调解的案件为 16 件，占全部调解案件总数的 16%。

5. 警察民事调解的纠纷类型多样。依数量多少依次主要集中在：损害赔偿纠纷、宅基地和邻里纠纷、合同纠纷、婚姻家庭纠纷等。

例如，2020 年：损害赔偿纠纷 32 件、宅基地和邻里纠纷 8 件、合同纠纷 6 件、婚姻家庭纠纷 2 件。2021 年：损害赔偿纠纷 62 件、宅基地和邻里纠纷 24 件、合同纠纷 5 件。2022 年 1 月至 5 月 26 日：合同纠纷 16 件、宅基地和邻里纠纷 8 件、损害赔偿纠纷 6 件。

6. 无论治安调解，还是民事调解，该所调解主体除警察外，均特邀人民调解、律师主持调解。此外，所有调解警情要求必须为警察主持调解，辅警不得独立主持调解。

此外，为便于对治安调解与民事调解之间的关系进行把握、比较研究，笔者提取相关数据，绘制以下柱形图表，从中可以清楚呈现济南市某派出所治安调解与民事调解相关数据对比。

	2020年	2021年	2022年1月至5月26日
治安调解数	5944	8103	2741
民事调解数	216	424	98
治安调解成功数	5612	7824	2741
民事调解成功数	216	424	98

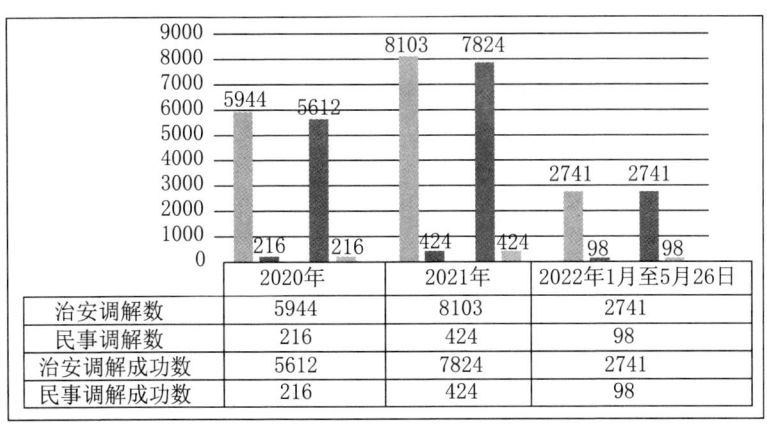

图 3-12　济南市某派出所治安调解与民事调解数据对比（1）（单位：件）

	2020年	2021年	2022年1月至5月26日
警察治安调解数	5254	5003	2410
警察民事调解数	56	12	16
人民调解律师调解治安调解数	690	3100	331
人民调解律师调解民事调解数	160	412	82

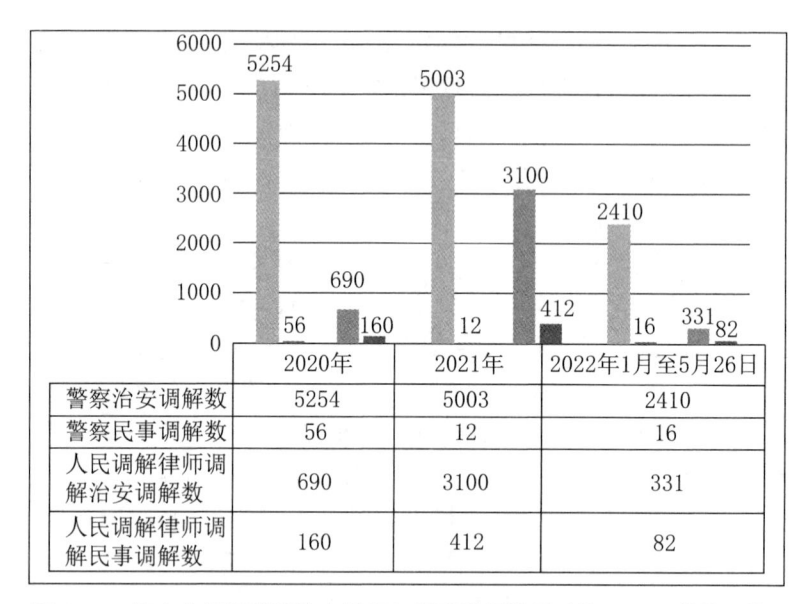

图 3-13 济南市某派出所治安调解与民事调解数据对比（2）（单位：件）

分析：1. 限于图表布局，该所接警治安案件数量与接警申请调解民事纠纷数量未在上图中呈现。具体为：2020 年：接警治安案件 40 060 件，接警申请调解民事纠纷 216 件。2021 年：接警治安案件 51 203 件，接警申请调解民事纠纷 424 件。2022 年 1 月至 5 月 26 日：接警治安案件 19 618 件，接警申请调解民事纠纷 88 件。

2. 对比数据显示，治安案件数量明显高于民事调解案件数量，呈较悬殊的差异。无论在治安调解与民事调解接警数量上、治安调解成功数量与民事调解成功数量上，还是民警主持治安调解数量与民事调解数量上，以及特邀人民调解律师调解主持调解数量与民事调解数量上，治安调解均明显高于民事调解，二者呈较悬殊的差异。说明该所对治安调解较为重视。

3. 治安调解与民事调解同步增长。从治安调解案件数量上，2020 年，治安调解 5944 件，民事调解 216 件；2021 年，治安调解

8103件，民事调解424件。此外，治安调解成功数量亦呈同步增长。2020年，治安调解成功5612件，民事调解成功216件；2021年，治安调解成功7824件，民事调解424件。二者调解成功率均较高，且民事调解成功率更高于治安调解成功率，达100%。

4. 治安调解与民事调解均显示，警察主持调解数量明显下降，特邀人民调解、律师调解数量明显上升。2020年，警察主持治安调解5254件，特邀人民调解、律师调解690件。2021年，在接警治安案件上升，治安调解案件由2020年的5944件上升至8103件的情况下，警察主持治安调解下降至5003件，而特邀人民调解、律师调解则快速上升到3100件。

（二）山东省招远市公安局A派出所调解案件数据统计调查

通过调研获得的相关数据，绘制以下柱形图表，清晰呈现山东省招远市公安局A派出所民事调解案件相关数据。

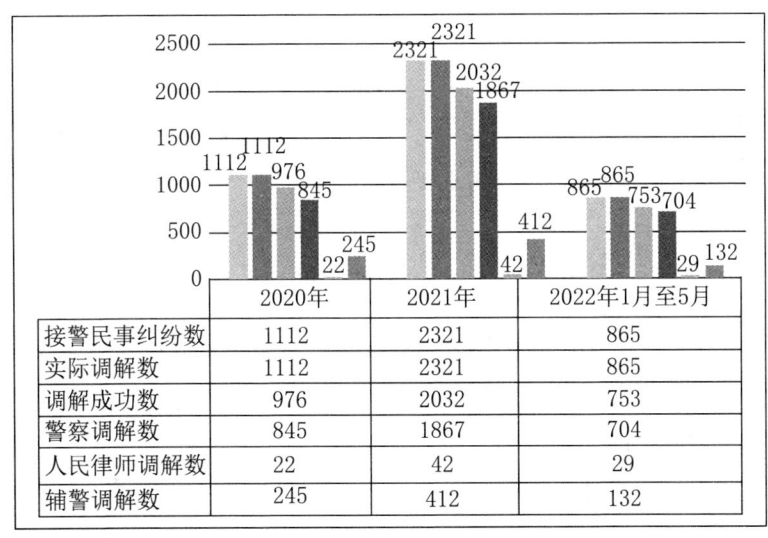

	2020年	2021年	2022年1月至5月
接警民事纠纷数	1112	2321	865
实际调解数	1112	2321	865
调解成功数	976	2032	753
警察调解数	845	1867	704
人民律师调解数	22	42	29
辅警调解数	245	412	132

图3-14 山东省招远市公安局A派出所民事调解案件相关数据图（单位：件）

通过数据分析可见：1. 近两年来，该所警察民事调解的案件数量呈较快增长趋势。2020年，受理民事调解纠纷数量为1112件，2021年则增长至2321件，增幅达109%。

2. 对接警申请调解的民事纠纷，全部进行了调解。例如，2020年，接警申请调解的民事纠纷1112件，派出所实际调解数量为1112件，调解率为100%。2021年，接警申请调解的民事纠纷2321件，派出所实际调解数量为2321件，调解率为100%。2022年1月至5月，接警申请调解的民事纠纷865件，派出所实际调解数量为865件，调解率为100%。

此外，调解成功率数据显示调解成功率较高。2020年，派出所实际调解数量为1112件，调解成功数量976件，成功率为88%。2021年，派出所实际调解数量为2321件，调解成功数量2032件，成功率为88%。2022年1月至5月，派出所实际调解数量为865件，调解成功数量753件，成功率为87%。

3. 警察民事调解主体中，该所以警察调解为主，辅警、特邀人民调解、律师主持调解为辅，调解主体较为多样。2020年，派出所实际调解数量为1112件。其中，由警察亲自调解的案件为845件，占全部调解案件的76%。辅警协助调解的案件为245件，占全部调解案件的22%。特邀人民调解、律师主持调解案件22件，占全部调解案件的2%。

2021年，派出所实际调解数量为2321件。其中，由警察亲自调解的案件为1867件，占全部调解案件的80%。辅警协助调解的案件为412件，占全部调解案件的18%。特邀人民调解、律师主持调解案件42件，占全部调解案件的2%。

2022年1月至5月，派出所实际调解数量为865件。其中，由警察亲自调解的案件为704件，占全部调解案件的81%。辅警协助调解的案件为132件，占全部调解案件的15%。特邀人民调解、律师主持调解案件29件，占全部调解案件的3%。

4. 警察民事调解的纠纷类型多样。依数量多少依次主要集中在：婚姻家庭纠纷、损害赔偿纠纷、宅基地和邻里纠纷、合同纠纷、农民工工资纠纷等。

例如，2020年：婚姻家庭纠纷440件、损害赔偿纠纷372件、合同纠纷134件、宅基地和邻里纠纷112件、农民工工资纠纷54件。2021年：婚姻家庭纠纷781件、损害赔偿纠纷621件、宅基地和邻里纠纷533件、合同纠纷285件、农民工工资纠纷101件。2022年1月至5月：婚姻家庭纠纷298件、损害赔偿纠纷253件、宅基地和邻里纠纷167件、合同纠纷86件、农民工工资纠纷61件。

5. 治安调解与民事调解一样，在调解主体上表现出多样化。即以警察调解为主，辅警、特邀人民调解、律师主持调解为辅，三种调解主体共同解决纠纷。

此外，为便于对治安调解与民事调解之间的关系进行把握、比较研究，笔者提取相关数据，绘制以下柱形图表，从中可以清楚呈现山东省招远市公安局A派出所治安调解与民事调解相关数据对比。

	2020年	2021年	2022年1月至5月
治安调解数	162	143	43
民事调解数	1112	2321	865
治安调解成功数	42	51	16
民事调解成功数	976	2032	753

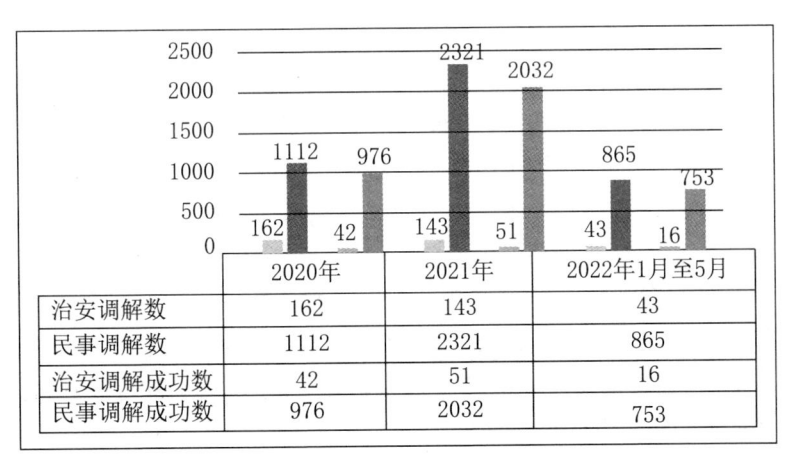

图3-15　山东省招远市公安局A派出所治安调解与民事调解数据对比图（1）（单位：件）

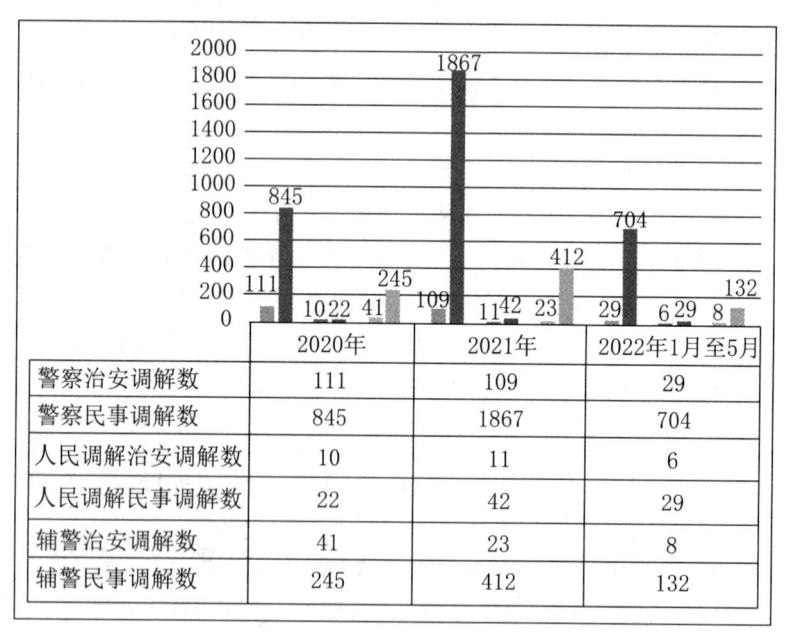

	2020年	2021年	2022年1月至5月
警察治安调解数	111	109	29
警察民事调解数	845	1867	704
人民调解治安调解数	10	11	6
人民调解民事调解数	22	42	29
辅警治安调解数	41	23	8
辅警民事调解数	245	412	132

图 3-16 山东省招远市公安局 A 派出所治安调解与民事调解数据对比图（2）（单位：件）

分析：1. 限于图表布局，接警治安案件数量与接警申请调解民事纠纷数量未在上图中呈现。具体为：2020 年，接警治安案件 325 件，接警申请调解民事纠纷 1112 件；2021 年，接警治安案件 268 件，接警申请调解民事纠纷 2321 件；2022 年 1 月至 5 月，接警治安案件 71 件，接警申请调解民事纠纷 865 件。对比上图中实际调解的案件数量，2020 年，治安调解 162 件，民事调解 1112 件；2021 年，治安调解 143 件，民事调解数量为 2321 件；2022 年 1 月至 5 月，治安调解 43 件，民事调解 865 件。经对比可以看到，该所近三年民事调解率为 100%，明显高于治安调解率。

2. 与济南市某派出所治安调解与民事调解数据显示相反，山东省招远市公安局 A 派出所对比数据显示，该所治安案件数量明显低于民事调解案件数量，呈较悬殊的对比关系。无论在治安调解与民事调解接警数量上、治安调解成功与民事调解成功数量上，还是警察主持治安调解与民事调解数量上，以及特邀人民调解律师调解主持治安调解与民事调解数量上，治安调解均明显低于民事调解，二者呈较悬殊的差异。这说明了该所治安状况良好，也说明了重视民事调解，民事调解的强化与完善，对治安秩序的维护、治安工作的减负具有直接、正向、积极的促进作用。

3. 该所近年来，治安调解案件明显减少呈下降趋势，例如，2020年，接警治安案件325件，2021年接警治安案件268件，2022年1月至5月，接警治安案件71件。相反，接警民事调解案件明显增长，呈显著上升趋势。例如，2020年接警申请调解的民事纠纷1112件，2021年接警申请调解的民事纠纷2321件，2022年1月至5月接警申请调解的民事纠纷865件。此外，数据显示，该所对接警申请调解的民事纠纷，全部进行了调解。例如，2020年派出所实际调解数量为1112件，调解率为100%。2021年，派出所实际调解数量为2321件，调解率为100%。2022年1月至5月，派出所实际调解数量为865件，调解率为100%。

4. 治安调解与民事调解均显示，警察主持调解数量明显下降，辅警以及特邀人民调解、律师调解数量明显上升。2020年，警察主持治安调解111件，辅警协助调解41件，特邀人民调解、律师调解10件；警察主持民事调解845件，辅警协助调解245件，特邀人民调解、律师调解22件。

2021年，警察主持治安调解109件，辅警协助调解23件，特邀人民调解、律师调解11件；警察主持民事调解1867件，辅警协助调解412件，特邀人民调解、律师调解42件。

2022年1月至5月，警察主持治安调解29件，辅警协助调解8件，特邀人民调解、律师调解6件；警察主持民事调解704件，辅警协助调解 132 件，特邀人民调解、律师调解 29 件。

（三）山东省招远市公安局 B 派出所调解案件数据统计调查

通过调研获得的相关数据，绘制以下柱形图表，清晰呈现山东省招远市公安局 B 派出所民事调解案件相关数据。

	2020年	2021年	2022年1月至5月
接警民事纠纷数	629	785	248
实际调解数	629	650	248
调解成功数	311	433	120
警察调解数	600	650	240
其他主体调解数	29	0	8

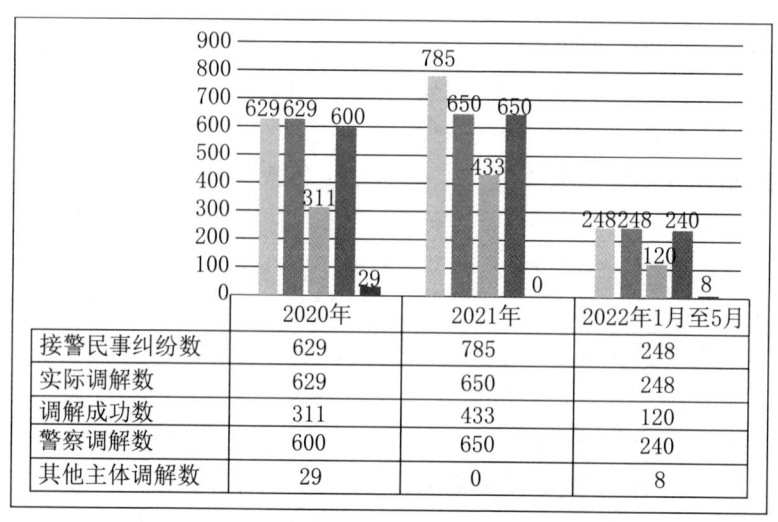

图 3-17　山东省招远市公安局 B 派出所民事
调解案件相关数据图（单位：件）

通过数据分析可见：1. 近两年来，警察民事调解的案件数量呈较快增长趋势。2020 年，受理民事调解纠纷数量为 629 件，2021 年则增长至 785 件，增幅达 25%。

2. 对接警申请调解的民事纠纷，绝大部分进行了调解。例如，2020 年，接警申请调解的民事纠纷 629 件，派出所实际调解数量为 629 件，调解率为 100%。2021 年，接警申请调解的民事纠纷 785 件，派出所实际调解数量为 650 件，调解率为 83%。2022 年 1 月至 5 月，接警申请调解的民事纠纷 248 件，派出所实际调解数量为 248 件，调解率为 100%。

此外，从调解成功率看，2020年，派出所实际调解数量为629件，调解成功数量311件，成功率为49%；2021年，派出所实际调解数量为650件，调解成功数量433件，成功率为67%。2022年1月至5月，派出所实际调解数量为248件，调解成功数量120件，成功率为48%。

3. 警察民事调解主体中，该所主要由警察主持调解，其他调解主体调解案件数量较少。此外，该所没有特邀人民调解、律师主持调解。2020年，派出所实际调解数量为629件，其中，由警察亲自调解的案件为600件，占全部调解案件的95%。只有29件，是由其他调解主体调解的，占比仅为5%。2021年，派出所实际调解数量为650件，全部为警察主持的调解，占全部调解案件的100%。2022年1月至5月，派出所实际调解数量为248件，其中警察主持的调解为240件，占全部调解案件的97%。由其他调解主体调解的仅有8件，占比为3%。

4. 警察民事调解的纠纷类型多样。依数量多少依次主要集中在：损害赔偿纠纷、宅基地和邻里纠纷、婚姻家庭纠纷、农民工工资纠纷、合同纠纷等。

例如，2020年：损害赔偿纠纷102件、宅基地和邻里纠纷48件、婚姻家庭纠纷30件、农民工工资纠纷11件、合同纠纷6件。2021年：损害赔偿纠纷256件、宅基地和邻里纠纷67件、婚姻家庭纠纷33件、农民工工资纠纷9件，合同纠纷5件。2022年1月至5月：损害赔偿纠纷78件、宅基地和邻里纠纷49件、婚姻家庭纠纷31件、合同纠纷17件、农民工工资纠纷9件。

5. 由于所有调解警情要求必须为警察主持调解，辅警不得独立主持调解，故辅警协助调解数据为0。

（四）山东省招远市公安局C派出所调解案件数据统计调查

通过调研获得的相关数据，绘制以下柱形图表，清晰呈现山东省招远市公安局C派出所民事调解案件相关数据。

	2020年	2021年	2022年1月至5月
接警民事纠纷数	766	743	413
实际调解数	766	743	413
调解成功数	766	743	413
警察调解数	752	737	411

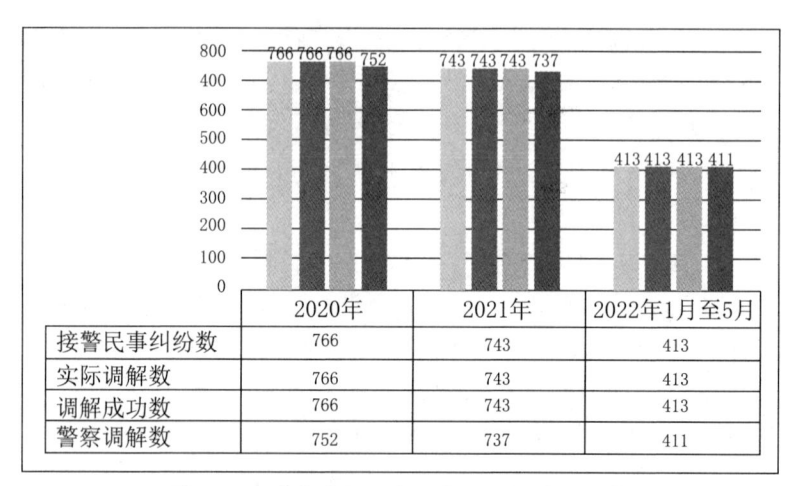

图 3-18　山东省招远市公安局 C 派出所民事
调解案件相关数据图（单位：件）

通过数据分析可见：1. 近两年来，该所警察民事调解的案件数量基本持平。2020 年，受理民事调解纠纷数量为 766 件，2021 年为 743 件。2022 年 1 月至 5 月，接警申请调解的民事纠纷 413 件，预计 2022 年全年民事调解案件数量将有所上升。

2. 对接警申请调解的民事纠纷，全部进行了调解，并且全部由警察主持调解，调解成功率较高。例如，2020 年，接警申请调解的民事纠纷 766 件，派出所实际调解数量为 766 件，调解率为 100%；调解成功数量 766 件，调解成功率为 100%。2021 年，接警申请调解的民事纠纷 743 件，派出所实际调解数量为 743 件，调解率为 100%；调解成功数量 743 件，调解成功率为 100%。2022 年 1 月至 5 月，接警申请调解的民事纠纷 413 件，派出所实际调解数量为 413 件，调解率为 100%；调解成功数量 413 件，调解成功率为 100%。

3. 警察民事调解主体较为单一，全部由警察主持调解，该所没有特邀人民调解、律师主持调解。

4. 警察民事调解的纠纷类型多样。依数量多少依次主要集中在：婚姻家庭纠纷、宅基地和邻里纠纷、损害赔偿纠纷、合同纠纷、农民工工资纠纷等。

例如，2020年：婚姻家庭纠纷429件、宅基地和邻里纠纷103件、损害赔偿纠纷72件、合同纠纷35件、农民工工资纠纷3件。2021年：婚姻家庭纠纷396件、宅基地和邻里纠纷98件、损害赔偿纠纷69件、合同纠纷32件、农民工工资纠纷1件。2022年1月至5月：婚姻家庭纠纷143件、损害赔偿纠纷91件、宅基地和邻里纠纷67件、合同纠纷12件。

5. 由于所有调解警情要求必须为警察主持调解，辅警不得独立主持调解，故辅警协助调解数据为0。

（五）山东省招远市公安局D镇派出所调解案件数据统计调查

通过调研获得的相关数据，绘制以下柱形图表，清晰呈现山东省招远市公安局C派出所民事调解案件相关数据。

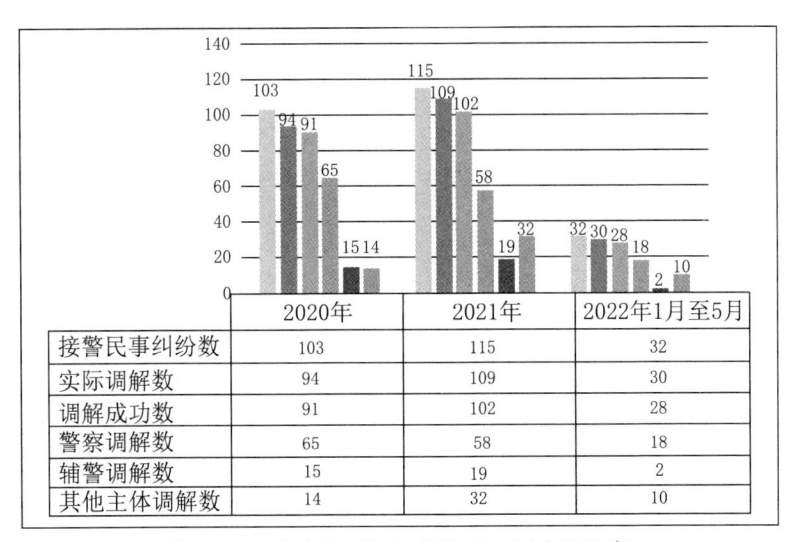

	2020年	2021年	2022年1月至5月
接警民事纠纷数	103	115	32
实际调解数	94	109	30
调解成功数	91	102	28
警察调解数	65	58	18
辅警调解数	15	19	2
其他主体调解数	14	32	10

图3-19　山东省招远市公安局D派出所民事
调解案件相关数据图（单位：件）

通过数据分析可见：1. D 镇派出所属于招远市公安局乡镇派出所，近年来，该所警察民事调解的案件数量平稳增长。2020年，受理民事调解纠纷数量为 103 件，2021 年则为 115 件。

2. 对接警申请调解的民事纠纷，绝大部分进行了调解。例如，2020 年，接警申请调解的民事纠纷 103 件，派出所实际调解数量为 94 件，调解率为 91%；其中调解成功数量 91 件，成功率为 97%。2021 年，接警申请调解的民事纠纷 115 件，派出所实际调解数量为 109 件，调解率为 95%；其中调解成功数量 102 件，成功率为 94%。2022 年 1 月至 5 月，接警申请调解的民事纠纷 32 件，派出所实际调解数量为 30 件，调解率为 94%；其中调解成功数量 28 件，成功率为 93%。

3. 警察民事调解主体情况。虽然为乡镇派出所，但该所调解主体较为多样，包括警察、辅警，以及村干部作为其他调解人员等，以警察调解为主，其他调解主体为辅。此外，该所没有特邀人民调解、律师主持调解。其他调解人员一般为村干部。

2020 年，派出所实际调解数量为 94 件，其中，由警察亲自调解的案件为 65 件，占全部调解案件的 69%；辅警协助调解的案件为 15 件，占全部调解案件的 16%；村干部作为其他调解人员调解的案件为 14 件，占全部调解案件的 15%。

2021 年，派出所实际调解数量为 109 件，其中，由警察亲自调解的案件为 58 件，占全部调解案件的 53%；辅警协助调解的案件为 19 件，占全部调解案件的 17%；村干部作为其他调解人员调解的案件为 32 件，占全部调解案件的 29%。

2022 年 1 月至 5 月，派出所实际调解数量为 30 件，其中，由警察亲自调解的案件为 18 件，占全部调解案件的 60%；辅警协助调解的案件为 2 件，占全部调解案件的 7%；村干部作为其他调解人员调解的案件为 10 件，占全部调解案件的 33%。

4. 警察民事调解的纠纷类型多样。依数量多少依次主要集中在：宅基地和邻里纠纷、婚姻家庭纠纷、合同纠纷、农民工工资纠纷、损害赔偿纠纷等。

例如，2020年宅基地和邻里纠纷46件、婚姻家庭纠纷28件、损害赔偿纠纷19件、农民工工资纠纷8件、合同纠纷2件。2021年宅基地和邻里纠纷59件、婚姻家庭纠纷32件、合同纠纷18件、农民工工资纠纷4件、损害赔偿纠纷2件。2022年1月至5月宅基地和邻里纠纷25件、合同纠纷4件、婚姻家庭纠纷3件。

此外，为便于对治安调解与民事调解之间的关系进行把握、比较研究，笔者提取相关数据，绘制以下柱形图表，从中可以清楚呈现山东省招远市公安局D镇派出所治安调解与民事调解相关数据对比。

	2020年	2021年	2022年1月至5月
治安调解数	4	2	2
民事调解数	94	109	30
治安调解成功数	2	2	1
民事调解成功数	91	102	28

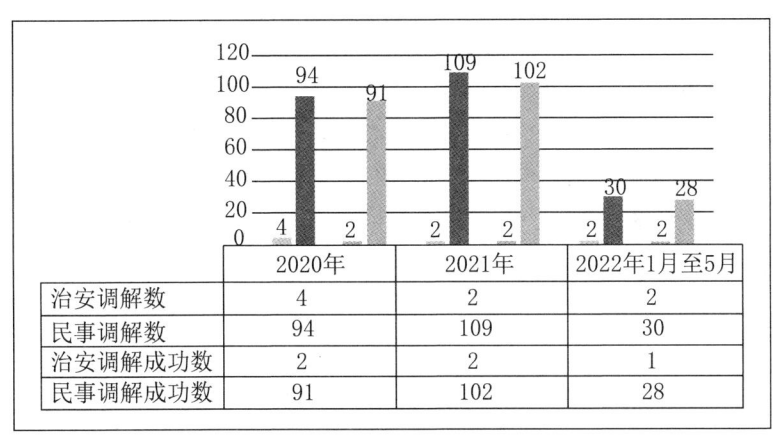

图3-20　山东省招远市公安局D镇派出所治安调解与民事调解数据对比图（1）（单位：件）

	2020年	2021年	2022年1月至5月
警察治安调解数	4	2	2
警察民事调解数	65	58	18
其他主体治安调解数	0	0	0
其他主体民事调解数	14	32	10
辅警治安调解数	0	0	0
辅警民事调解数	15	19	2

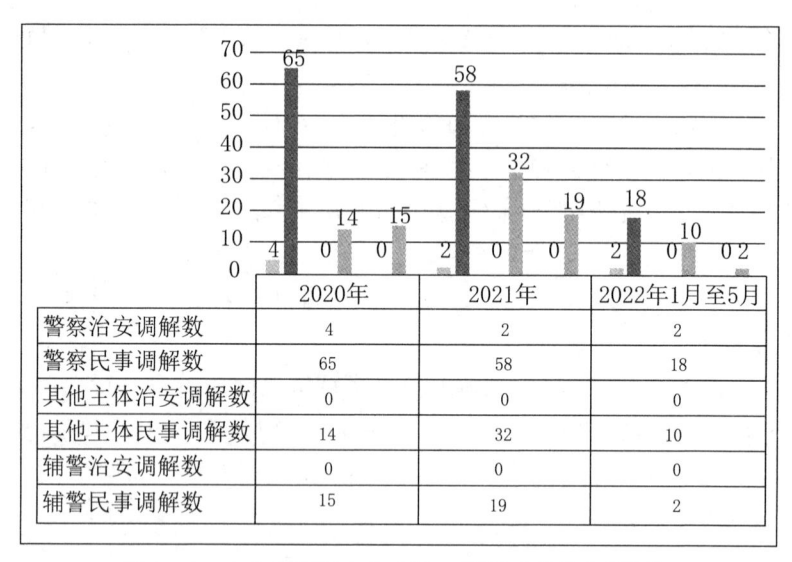

图 3-21 山东省招远市公安局 D 镇派出所治安调解与民事调解数据对比图（2）（单位：件）

分析：1. 限于图表布局，接警治安案件数量与接警申请调解民事纠纷数量未在上图中呈现。具体为：2020 年，接警治安案件 39 件，接警申请调解民事纠纷 103 件；2021 年，接警治安案件 31 件，接警申请调解民事纠纷 115 件；2022 年 1 月至 5 月，接警治安案件 6 件，接警申请调解民事纠纷 32 件。对比上图中实际调解的案件数量，2020 年，治安调解数量为 4 件，民事调解数量为 94 件；2021 年，治安调解 2 件，民事调解数量为 109 件；2022 年 1 月至 5 月，治安调解 2 件，民事调解数量为 30 件。

经对比可以看到，该所近三年接警治安案件相比接警申请民事调解案件数量较少，治安调解案件数量也较少。相比之下，接警民事调解案件数量较多，且民事调解率也较高，民事调解案件数量明显高于治安调解数量。此外，民事调解案件成功率较高，调解成功的案件数量也较高。例如，2020 年接警民事纠纷案件

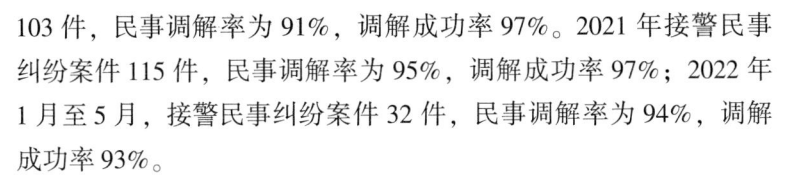

103 件，民事调解率为 91%，调解成功率 97%。2021 年接警民事纠纷案件 115 件，民事调解率为 95%，调解成功率 97%；2022 年 1 月至 5 月，接警民事纠纷案件 32 件，民事调解率为 94%，调解成功率 93%。

2. 与山东省招远市公安局 A 派出所相同，山东省招远市公安局 D 派出所对比数据显示，该所治安案件数量明显低于民事调解案件数量，呈较悬殊的对比关系。无论在接警数量上，实际调解案件数量上，还是在调解成功案件数量上、警察主持调解数量上，以及特邀人民调解、律师调解数量上，治安调解均明显低于民事调解，二者呈较悬殊的差距。这说明了该所治安状况良好，也说明了重视民事调解，对治安工作具有正向、积极的作用。

3. 治安调解案件数量减少，有下降趋势；民事调解案件数量增长，呈上升趋势。从治安调解案件数量上，2020 年，治安调解 4 件，民事调解 94 件；2021 年治安调解 2 件，民事调解 109 件。此外，治安调解与民事调解成功数量也呈此消彼长之势。例如，2020 年，治安调解仅成功 2 件，民事调解成功 91 件；2021 年治安调解成功仅 2 件，民事调解成功 102 件。

4. 治安调解与民事调解均显示，警察主持调解数量明显下降，辅警、村干部主持调解数量明显上升。2020 年，警察主持治安调解 65 件，辅警协助调解 15 件，村干部主持调解 14 件。2021 年，警察主持治安调解 58 件，辅警协助调解 19 件，村干部主持调解 32 件。2022 年 1 月至 5 月，警察主持治安调解 18 件，辅警协助调解 2 件，村干部主持调解 10 件。可见，辅警、村干部在调解中发挥了较积极的作用。

(六) 山东省招远市公安局 E 镇派出所调解案件数据统计调查

通过调研获得的相关数据，绘制以下柱形图表，清晰呈现山东省招远市公安局 E 派出所民事调解案件相关数据。

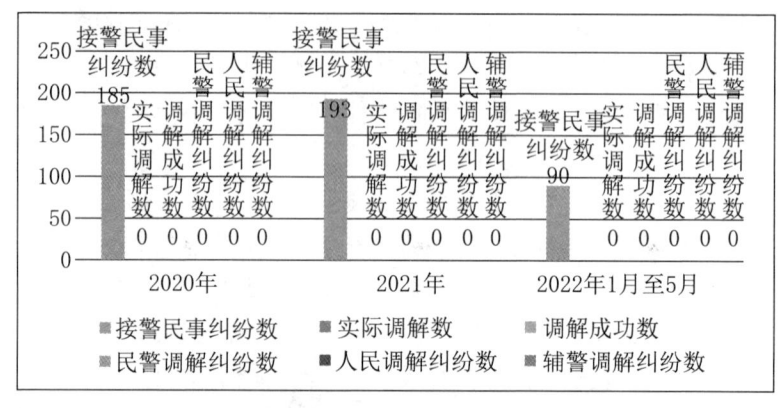

图 3-22 山东省招远市公安局 E 镇派出所民事
调解案件相关数据图（单位：件）

通过数据分析可见：1. 近年来，该所接警申请警察民事调解的案件数量平稳增长。2020 年，受理民事调解纠纷数量为 185 件，2021 年则为 193 件。2022 年 1 月至 5 月，为 90 件。

2. 该所对接警申请调解的民事纠纷，不予调解，而是直接告知当事人找村委解决或向法院提起诉讼。故图表除显示接警申请调解的民事纠纷外，派出所实际调解数量、调解成功案件数量、警察主持调解案件数量、特邀人民调解律师调解案件数量、辅警协助调解案件数量，以及村干部调解案件数量等数据，均为 0。在收到的调查表中，该派出所在表后标注"注：E 派出所是乡镇派出所，其不调解民事纠纷，一般民事纠纷直接告知当事人找村委解决或向法院提起诉讼"。但同为乡镇派出所，上面 D 派出所与该所的做法并不相同。如前所述，在此不赘。

3. 警察民事调解的纠纷类型多样。依数量多少依次主要集中在：损害赔偿纠纷、宅基地和邻里纠纷、婚姻家庭纠纷、农民工工资纠纷、合同纠纷等。

例如，2020 年：损害赔偿纠纷 90 件、宅基地和邻里纠纷 48

件、婚姻家庭纠纷 30 件、农民工工资纠纷 11 件、合同纠纷 6 件。

2021 年：损害赔偿纠纷 79 件、宅基地和邻里纠纷 67 件、婚姻家庭纠纷 33 件、农民工工资纠纷 9 件，合同纠纷 5 件。

2022 年 1 月至 5 月：损害赔偿纠纷 40 件、宅基地和邻里纠纷 29 件、婚姻家庭纠纷 11 件、合同纠纷 7 件、农民工工资纠纷 3 件。

三、警察民事调解典型案例与分析

在经过调查问卷和派出所民事调解数据调查，获得了警察民事调解总体情况之外，笔者收集了一些警察民事调解案例，从中选取几个具有典型性和代表性的案件，对其进行具体分析。通过案例分析，具体了解警察民事调解案件来源、纠纷类型、调解过程、调解主体、调解方式与地点、调解次数，以及事后调解协议履行情况等，以上情况真实反映、描绘了警察民事调解程序状况，对于发现警察民事调解程序方面存在的问题、探求产生的原因，以及解决相关问题，提供了事实依据。

（一）警察民事调解典型案例

1. 租房合同民事纠纷调解

案件来源：110 接处警

基本案情：2022 年 2 月 1 日，于某在七天酒店租了一间房间，双方约定，租期为一周，租金为 1000 元，押金 200 元，一次性交付。租赁合同到期，于某要求退房，房东王某某检查屋内设施时发现空调毁损，要求于某赔偿 300 元修理费用，根据当时合同约定，若屋内设施毁损要扣留押金。于某辩解说空调损坏是在承租期间由一次突然停电导致，当时已经告知房东的妻子，自己属于正常使用，不应承担赔偿责任。房东妻子称毫不知情。双方发生争执，情绪激动之下，于某摔碎了前台桌上的一个水杯。众多顾客围观。王某某报警。

调解过程：警察接到报警电话后立即出警。到达现场后，警察首先要求七天酒店老板出示营业执照，以便了解酒店是否存在违法经营行为。其次了解纠纷相关事实情况。一是询问相关知情人员调查纠纷争议的相关事实。警察向宾馆其他长住顾客询问近一周有无停电一事，其他顾客反映确有此事。二是查看双方签订的租赁合同，以了解双方权利义务关系。警察在获取以上事实信息，弄清纠纷基本事实后，结束调查。在现场双方各执一词，情绪激动，警察对双方调解无果的情况下，将于某和王某某带回派出所进行调解，在所内对双方进行说服教育。

调解结果：警察将双方带至派出所调解室，委托特邀律师进行调解。为防止双方激化矛盾，发生肢体冲突，警察在旁边协助，双方情绪有所缓和。律师询问了双方当事人，查看了双方签订的租赁合同，并请警察通知其他了解情况的顾客到派出所，录取了证人证言。之后，律师向房东讲解了双方的权利和义务，称现有证据证明，空调毁损不是于某的责任，要求他赔偿修理费没有法律依据。同时，对于某讲，摔碎水杯属故意损坏财物，要进行赔偿。在律师的调解下，房东王某某答应不需要于某另行支付300元修理费用，于某答应不要回200元押金，用此押金维修空调。双方达成以上口头调解协议，握手言和。于某回宾馆收拾行李退房。

调解主体：警察，特邀律师

调解方式：双方均在场，当面调解

调解地点：现场调解+所内调解

调解、次数：1次

事后情况：当事人履行调解结果

是否申请司法确认：无

2. 拖欠工程款民事债务纠纷调解

案件来源：110接处警

基本案情：2022年1月31日，报警人王某称蔡某欠其工程款，其年前多次向蔡某索要未果，今日将欠钱不还的蔡某堵在家中，双方对峙，情绪紧张，怕冲突升级，请求警察帮助解决。

调解过程：警察接警后，第一时间到达现场的同时，通知附近辅警马上赶到现场控制局面。到达现场后，警察首先调查了解纠纷事实。经询问双方事情经过了解到，王某于2021年3月至12月，为蔡某在招远市温泉街道办事处崔家村建筑工地上承包光缆工程。完工后，王某向蔡某索要工程款，蔡某却以各种理由拒绝结清工程款，因年关将至工人索要工资，包工头王某没办法只能出此下策向蔡某索要钱款。经过警察询问，蔡某承认其有工程款没有结清的事实，但解释称其资金链紧张，确实目前掏不出钱来，欠钱不还的感觉很不好受，但是也无能为力。

警察查清基本事情后，对双方现场进行调解。首先对蔡某进行批评教育，从商业道德角度，批评其人无信不立，商无信不行，只有讲信誉，买卖才能做长久。其次，考虑到疫情的影响，蔡某资金的确紧张的事实，提出调解方案，建议蔡某部分给付拖欠的工程款。警察对蔡某晓之以理，动之以情，劝导蔡某："快过年了，你看能不能先给兄弟们发一半的钱，好让人家回家过个年，年后资金到位赶快补全，毕竟这也不是一锤子买卖，你要是还想今后买卖长久，要注重自己的口碑，口碑好了，买卖自然兴隆。"最后，辅警对王某将人堵在家中要钱的不当做法进行教育，对王某说："有理不在声高，就算你有理也不应该采取这种方式要钱，限制他人人身自由会违反法律构成非法拘禁，大过年的有事好商量。"

在警察的批评教育、说服劝导下，双方经过协商，决定私下解决。

调解结果：蔡某表示愿意筹措一部分钱，给付王某拖欠的工程款。双方达成一致决定私下解决，双方表示会采取合法合理的方式解决民事纠纷，不会采取过激行为。警察出警结束，结案。

调解主体：警察，辅警协助调解

调解方式：双方均在场，当面调解

调解地点：现场调解

调解次数：1次

事后情况：当事人双方表示要私下解决，是否达成调解协议，是否履行等情况，警察无事后跟踪，亦未再接到相关报警

是否申请司法确认：无

3. 人身侵权纠纷民事调解

案件来源：110接处警

基本案情：在某市某游乐场，杜某的孩子与孙某某的孩子在游乐场打滑梯的过程中不小心发生碰撞，双方家长发生言语争执。路人报警。

调解过程：警察到达现场后第一时间查看受伤儿童的伤情。发现孙某某的孩子腿部膝盖处有擦伤，但属表皮伤，比较轻微，双方纠纷属民事纠纷。于是，警察首先安抚受伤儿童的情绪，其次疏解围观群众，让大家别围在一起看热闹，疏散群众。最后，找到双方家长了解事情发生的经过。双方家长见到警察来到现场言语有所缓和，愿意在警察的主持下进行调解。

警察了解事情经过后，摆事实讲道理，从情、理、法角度劝导双方当事人。警察首先向杜某表明，其孩子将孙某某的孩子从滑梯上撞倒属于事实，谁家都有孩子，孙某某的情绪过激也可体谅；随后，警察又向孙某某表明孩子之间玩乐难免有磕磕碰碰，况且对方并不是故意的，批评其言语过激会激化矛盾，同时也会给孩子树立坏榜样，以后孩子们一起在游乐场玩，低头不见抬头见，还是应妥善处理此事，握手言和。

调解结果：双方达成和解，杜某让其孩子给受伤的孩子道歉，孙某某因自己言语过激向杜某道歉，杜某答应带领孙某某的孩子

去医院清洗伤口并承担医疗费用。双方达成口头调解协议。民警离开现场时，杜某驾驶私家车带领孙某某的孩子去医院处理伤口。民警出警结束，结案。

  调解主体：民警

  调解方式：双方均在场，当面调解

  调解地点：现场调解

  调解次数：1次

  事后情况：当事人履行调解结果

  是否申请司法确认：无

  4. 相邻纠纷调解

  案件来源：110接处警

  基本案情：某年某月某日23时，在某市某小区对面的梦之茶楼，有居民报警称该茶楼有人赌博，吵吵嚷嚷影响到居民休息。警察接到报警后迅速出警。

  调解过程：警察到达该茶馆后发现是附近居民正在打麻将娱乐，经过调查没有发现赌博行为。警察告知娱乐群众打麻将娱乐可以，严禁赌博。同时要注意切勿大声喧哗，不要打扰到周围居民休息。

  调解结果：打麻将娱乐的群众表示知法守法，绝对不会赌博，之所以会有人报警称存在赌博行为，大概率是因为其声音较大，打扰到其他居民休息，其表示今后一定注意。夜深不打麻将了，打麻将群众向居民道歉并散去，报警居民表示谅解。警察出警结束，结案。

  调解主体：警察

  调解方式：双方均在场，当面调解

  调解地点：现场调解

  调解次数：1次

  事后情况：当事人履行调解结果

是否申请司法确认：无

5. 婚姻家庭抚养纠纷调解

案件来源：110接处警

基本案情：在某市某村，马某报警称前妻杜某私自将银行卡内的4万元转走，报警寻求警察帮助。

调解过程：警察联系马某和杜某，将其二人带至派出所调解室内。经向双方询问，了解到马某与杜某之间虽然已经在法律上处于离婚状态但仍存在经济纠纷。依据离婚时双方达成的财产分割协议，马某每月按时支付2000元的抚养费。但马某每月未按时支付，此外，杜某认为当时离婚时财产分割不公平，认为自己带着小孩生活理应多分钱，一想到财产分割得不公平，加之马某总以没有钱为由，拖欠抚养费，就委屈，一时脑热私自将马某银行卡内的4万元转走。警察调查了解后首先对杜某进行批评教育，告知其行为已经涉嫌盗窃，若马某追究是可以立案侦查的，成年人要对自己的行为负责，抚养孩子并不是自己做错事的挡箭牌。其次，又对马某说服教育，告知其一个离婚女子带着孩子生活不易，何况在财产分割时存在不公平，即使离婚其也对孩子有抚养义务，其有能力支付却不支付是不对的。劝其和前妻通过和解的方式解决问题。

调解结果：双方经过警察的调解达成调解协议，马某每月按时支付2000元的抚养费，并立即支付杜某拖欠的抚养费2万元。杜某退还私自划走马某银行卡内的4万元。二人达成协议，杜某今后对于二人之间的经济纠纷采取合法合理的方式解决，不会采取过激行为。二人在书面调解协议上签字。杜某扣除马某应当支付拖欠的抚养费后，退还马某2万元。

调解主体：警察

调解方式：双方均在场，当面调解

调解地点：所内调解

调解次数：1 次

事后情况：当事人履行调解结果

是否申请司法确认：无

6. 财产损害赔偿纠纷调解：

案件来源：110 接处警

基本案情：在某市 A 街道 B 小区，停放的轿车被人故意划损发生争执。车主报警。

调解过程：警察接到报警后立即赶到现场，经查报警人阎某将车停在王某的住宅门口，妨碍王某进出车，王某遂将其车牌弄弯。警察了解事情原委后对双方进行调解，首先警察对阎某进行批评，其本身因为将车停在王某住宅门口阻碍其出行是矛盾爆发的缘由，教育其要规范停车；其次批评教育王某不应将他人车牌弄弯，俗话说"远亲不如近邻"，邻里之间还是要友好相处。通过调解，阎某与王某握手言和，阎某对王某赔礼道歉，并保证今后再不实施堵门这种不友善的停车方式，王某也对阎某赔礼道歉，称其不应一时火大弄弯其车牌，并主动赔付 200 元。

调解结果：纠纷双方达成和解，王某当场支付给阎某 200 元现金。

调解主体：警察

调解方式：双方均在场，当面调解

调解地点：所内调解

调解次数：1 次

事后情况：当事人履行调解结果

是否申请司法确认：无

7. 婚姻家庭赡养纠纷调解

案件来源：110 接处警

基本案情：某区警察接到报警，一名老人求助，称其家庭困难没有饭吃，警察赶到现场，经询问老人及向周边邻居走访，了解到老人儿女确实不赡养老人，老人没有生活来源，无法保证基本生活需求。

调解过程：警察将老人接回派出所，并从食堂打来饭菜，待老人吃完饭后，询问老人其儿女的联系方式，通过110电话联系，老人儿女来到派出所。经过询问得知，该老人有一儿一女，年轻时其对子女奉行"拳打教育"，脾气暴躁，爱喝酒，酒后对妻子和子女实施家暴。其妻子去世后，子女每月都会支付其生活费，老人用生活费买酒喝，并且爱好打麻将，经常将子女给其的生活费都输光。

警察将老人及其子女带至派出所人民调解室，委托驻所人民调解员独立进行调解。由于老人子女对老人的行为不满，为避免当面指责激化矛盾，人民调解员将老人子女单独叫出去，进行说服劝导："如果不赡养老人，后果很严重，会构成遗弃罪。老人在无收入来源、生活困难时有要求子女支付赡养费的权利，谁都有老的时候，换位思考如果你老了你的子女也对你不闻不问，你是什么滋味。《民法典》1067条，子女对父母履行赡养扶助义务，是子女必须履行的法定义务，也是每一个成年人对家庭和社会应尽的责任。对老人的赡养不仅仅是一个月500元钱的事，而是精神上的关爱。老人爱喝酒爱赌博，还是精神上空虚，你们多回家陪陪他，也不至于闹成现在这样。"

随后，人民调解员对老人也进行劝说："赌博属于违法行为，情节严重的都判处实际刑罚。儿女不是不管你，是你自己作的，给你的生活费都让你挥霍了，凭着好日子不过，孩子都是好孩子，你要看到自己的坏毛病，改掉自己的恶习，这样才能家庭和乐幸福。"

调解结果：在人民调解员的劝说下，双方达成和解，老人的女儿王某当场支付给老人200元现金。随后，老人的子女将老人带回家，称回家后会好好沟通交流，愿意轮流照顾老人日常生活，老人也表示今后少喝酒拒绝赌博。调解结束后,人民调解员向警察汇报了调解结果,警察送老人一家出门,并嘱咐老人儿女照顾好老人,儿女点头答应。临走前,老人紧紧握住警察同志的手,满含热泪地说"在咱老百姓需要帮助的时候,总能见到你们的身影"。

调解主体:值班警察、人民调解员

调解方式:双方均在场,当面调解

调解地点:所内调解

调解次数:1次

事后情况:当事人履行和解结果,无其他后期跟踪

是否申请司法确认:无

(二)警察民事调解典型案例分析

通过对以上实践中警察民事调解典型案例考察,可以发现警察调解民事纠纷,具有以下共性规律:

1. 警察民事调解的纠纷来源,主要是110报警

以上案件来源,无一例外是群众110报警。警察接警后到现场,了解情况后,发现是普通的民事纠纷。

2. 警察民事调解纠纷类型,基本上是传统的民事纠纷

以上纠纷类型上分别是租房合同纠纷、拖欠工程款债务纠纷、人身损害赔偿纠纷、相邻关系、财产损害赔偿纠纷、婚姻家庭拖欠抚养费和侵犯财产权纠纷、婚姻家庭赡养纠纷等,皆是较为传统的民事纠纷类型,也是较为普通、常见的纠纷类型。

3. 警察民事调解的纠纷,纠纷事实相对比较简单

以上纠纷,双方争议的事实经过警察了解后,基本能够查明,不需要复杂的鉴定、勘验、评估等程序,双方当事人争议也不大,纠纷事实相对比较简单,属简单的民事纠纷。

4. 调解主体上,警察调解为主,吸收辅警、特邀人民调解员调解

绝大多数案件,由警察直接进行调解。有的案件,由辅警协

助调解。还有的案件，警察委托也特邀人民调解员，或者是律师进行调解。委托律师调解的案件，相对来说法律关系复杂一些，如合同纠纷，律师理清双方权利义务关系后，主要依法律规定调解。

5. 调解依据为情、理、法

调解过程中，警察通常依据情、理、法进行说服劝导工作，尤其是对相邻关系纠纷、婚姻家庭纠纷等，晓之以理动之以情。

6. 调解结果上，调解成功率较高

通过劝导，基本上能够说服当事人达成协议或者谅解。其中，达成口头协议居多，签订书面调解协议的较少。

7. 调解方式上，当面调解为主

绝大多数都是当面调解，在双方当事人均在场的情况下，对双方进行说服劝导。个别案件，如果双方争执较激烈，情绪抵触较严重，则采取分别做工作的方式。采取比较灵活的调解方式。

8. 调解地点上，现场调解为主

一般在现场进行调解。如果现场调解不成，双方又有调解意愿的，则将当事人带回派出所进行调解。

9. 调解次数上，一般为一次

绝大多数民事纠纷均为当天调解完毕。调解时间较短。

10. 调解结果的履行上，一般为即时履行

一般当场履行调解协议。尤其是达成口头协议的，基本上当即履行。

11. 事后跟踪上，调解结束后，基本不予跟踪

调解结束后，警察即结案。当场没有履行的，派出所事后不跟踪。对于达成书面调解协议的，事后并不清楚双方是否履行，或者是否向法院申请司法确认。

四、警察民事调解实务存在的主要问题

通过以上考察，笔者梳理出当前警察民事调解实务中存在以

下几个主要问题。

（一）对警察民事调解正当性认识存在分歧，立法上尚无明确规定

通过调研发现，警务实践中，对于警察民事调解是否是真正的警务活动，警察是否应当将有限的精力分散出一部分投入民事调解中，存在着认识上的分歧。调查问卷显示，37%的警察认为调解不属于警务活动或者不清楚。实务中，有的警察虽然工作中接触到求助解决民事纠纷的警情，但认为其属非警务活动而不予调解，告知当事人求助人民调解委员会或向法院起诉。这不是个别警察的做法，有的派出所也采用这种制度化的处理方式。此外，调查问卷显示，在不愿意进行调解的原因中，15%的警察选择是因为调解不是正规警务活动。

而在对当前警察民事调解制度提出的建议中，高达71%的警察对警察作为主体进行民事调解提出反对意见。其中，除明确提出不赞成调解的占24%外，其他26%的警察提出警力不足、21%的警察提出移交其他单位调解，这两项其实也是不赞成警察民事调解的。此外，还有14%的警察提出安排专人调解，10%的警察提出与其他单位联动，这些建议，也说明警察认为由警察进行调解存在诸多的困难。相反，只有17%的警察表示赞成警察民事调解。

这一结果似乎与前面调查问卷中，关于是否愿意进行调解，以及对警察民事调解是否属于警务活动的认识的调查结果有一定冲突之处。关于调解意愿调查显示，有高达73%的警察愿意进行调解。关于"警察民事调解是否属于警务活动"的调查结果也显示，绝大部分警察认同警察民事调解属警务活动，占比64%。对于这一数据上的矛盾，笔者认为原因在于，随着民事调解在实务中的开展，以及大调解、多元解纷、社会治安综合治理的政策要求，绝大多数警察也认识到民事调解已经成为警务活动的一部分，

因此，认同警察民事调解。但另一方面，由于客观上存在警力不足等种种问题，现实中警察民事调解困难重重，因此，又反对警察进行民事调解。这一方面反映出对警察民事调解正当性的认识问题，对于警察该不该调解民事纠纷的问题。同时另一方面，也反映出警察民事调解亟须制度构建以解决一些基本的现实问题，反映出基层警察面对现实困境和压力而对民事调解的纠结态度。

以上调研反映出的问题，直接关系到警察对于民事调解活动是否属于警务活动的认识，关系到警察对于警察民事调解是否属于警察职权的认识，从更深层次讲，关系到警察对于公安工作职能是否包含服务这一职能的认识。总而言之，关系到对警察民事调解制度正当性的认识。

而在对派出所民事调解工作调查中笔者发现，基层派出所对于是否应当对接警民事纠纷进行调解，也存在不同的做法。即便是同属于一个分局的不同派出所，做法上也不统一。例如，如前所述，山东省招远市公安局下辖的A、B、C等3个街道派出所，以及D、E等2个乡镇派出所，总计5个派出所调解工作调查数据显示，A、B、C、D等4个派出所均对接警民事纠纷开展了民事调解工作，但E派出所则对接警申请调解的民事纠纷，一律不予调解，而是直接告知当事人找村委会解决或向法院提起诉讼。在收到的该所调查表中，该所在表后标注"注：E派出所是乡镇派出所，其不调解民事纠纷，一般民事纠纷直接告知当事人找村委会解决或向法院提起诉讼"。但同为乡镇派出所，D派出所与该所的做法并不相同。D派出所对接警申请调解的民事纠纷，绝大部分进行了调解。例如，2020年，D派出所接警申请调解的民事纠纷103件，派出所实际调解数量为94件，调解率为91%。2021年，该所接警申请调解的民事纠纷115件，派出所实际调解数量为109件，调解率为95%。2022年1月至5月，接警申请调解的民事纠纷32件，派出所实际调解数量为30件，调解率为94%。

如前所述，当前立法上，对于警察民事调解，只有《人民警察法》第21条的规定。而对于该规定的理解，理论界与实务界存在分歧。立法上的模糊规定，可以说也是造成理论界与实务界认识分歧的主要原因。此外，《程序规定》《调解规范》关于对于民事纠纷，告知当事人寻求其他途径解决的规定，以及实践中长期对民事纠纷不予调解的做法与惯性，加深了这种认识上的分歧。认识上的分歧与立法上的模糊、矛盾，直接影响到警察民事调解制度的建立与发展，阻碍警察民事调解工作的开展。因此，警察民事调解正当性，是首要的、亟须解决的问题。

(二) 警察民事调解主体力量不足

实务调研可见，警察对于警察民事调解制度存在的问题的认识，主要集中在警察民事调解主体方面，对于警察民事调解制度提出的完善建议，也主要集中在这一方面。

调查问卷显示，警察不愿意调解或调解意愿一般的主要原因，就是其他警务工作太重，没有太多精力进行调解。高达48%的警察选择这个原因。此外，还有占比达38%的警察选择是因为当事人要求调解的民事纠纷太多，调解不过来。这两个原因都可以归结为警察民事调解主体力量不足。

此外，在对认为当前警察民事调解制度存在问题的调查问卷中，关于警察调解主体方面，认为警力不足的，有194人，占比54%。而在警察对民事调解提出建议的调查上，则发现警察提出的建议较集中分布在调解主体方面的建议上，占比高达44%。

并且如前所述，关于警察民事主体建议中，高达71%的民事并不赞成警察调解。其中，明确提出不赞成调解的占24%，另外26%的警察提出警力不足、21%的警察提出移交其他单位调解，这两项其实也是不赞成警察民事调解的。此外，14%提出的安排专人调解是针对警力不足提出的建议。可以理解为这些警察总的方面赞成警察调解，但前提是解决警力不足的问题，以保证不挤占警察治安工作和刑事侦查等工作。另外，10%的警察提出的与其他单位联动，解决的也是公安机关不适宜单独进行调解的问题。可见，提出不赞成警察民事调解的警察中，相当大一部分，是思想上认识到警察民事调解活动属于警务活动，也愿意调解，但限于治安工作的繁忙，感到困惑和力不从心。最后，只有17%的警察表示赞成警察民事调解。

在对派出所民事调解工作数据考察中发现，实务中，有的派出所坚持只能由警察主持调解，认为辅警没有执法权，不能主持调解。也有的派出所拓展调解主体范围，授权辅警协助调解；或者吸收社会调解力量，如特邀人民调解员、律师等参与民事调解。还有的乡镇派出所因地制宜，委托村干部进行调解。

因此，如何解决警力不足与警察服务社会职能之间的矛盾，实践中的做法是否正当合理，是否可行，如何合理安排民事调解主体……这些都值得认真探讨。

总之，警察民事调解主体问题，是当前警察民事调解制度受关注程度最高，也是问题最突出的地方，是理论研究的重点，也应当是构建警察民事调解制度立法要着重解决的问题。

(三) 警察民事调解范围模糊不清

由于《人民警察法》第21条规定得原则、抽象，对于警察提供帮助的群众求助范围，并没有明确规定，实践中，警察民事调解的范围模糊不清。根据调查问卷显示，对于当前警察民事调解存在的主要问题，有203人、占比达57%的警察认为警察民事调解范围模糊，高居第一位。此外，警察不愿意进行调解的原因中，位居第二，有172人、占比高达48%的警察提出，其他警务太重，警察没有精力进行调解。此外，有136人，占比达38%的民警提出，警察民事调解范围太大，当事人要求调解的纠纷太多，警察调不过来。这说明当前警察民事调解的范围过宽，应当进行合理限制。

此外，调查问卷，对于警察民事调解的建议中，7%的警察提出，应当合理确定警察民事调解范围。

派出所民事调解数据调查显示，各派出所对于警察民事调解做法不一。有的派出所无论何种类型的民事纠纷一律不予调解，均告知当事人向人民调解委员会调解或者法院起诉。例如，山东省招远市公安局 E 镇派出所，认为所有的民事纠纷均不属于派出所调解范围，拒之门外。

但绝大多数派出所，对接警民事纠纷采取接受的态度，并对其中的绝大部分进行了调解。例如，山东省招远市公安局 D 镇派出所积极开展民事调解工作。2020 年，接警申请调解的民事纠纷 103 件，派出所实际调解数量为 94 件，调解率为 91%。2021 年，接警申请调解的民事纠纷 115 件，派出所实际调解数量为 109 件，调解率为 95%。2022 年 1 月至 5 月，接警申请调解的民事纠纷 32 件，派出所实际调解数量为 30 件，调解率为 94%。

也有的派出所对调解范围没有限制，对于接警的民事纠纷采取 100% 受理，并予以调解的态度。例如，济南市某派出所接警申请民事调解案件数量，与警察实际调解案件数量，从数字上显示是完全相同的。2021 年均为 216 件，2021 年均为 424 件，2022 年 1 月至 5 月，均为 98 件。也就是说，对于接警申请调解的民事纠纷，警察 100% 地进行了调解。再如，山东省招远市公安局 A 派出所对所有接警民事纠纷，100% 予以调解。

此外，警察民事调解的纠纷类型多样，但也主要集中在以下类型。例如，济南市某派出所统计的民事调解案件类型依数量多少依次主要集中在：损害赔偿纠纷、宅基地和邻里纠纷、合同纠纷、婚姻家庭纠纷、其他物业和劳务争议纠纷等。

通过案例可见，警察民事调解纠纷类型，基本上是传统的民事纠纷。纠纷类型上分别是租房合同纠纷、拖欠工程款债务纠纷、人身损害赔偿纠纷、相邻关系、财产损害赔偿纠纷、婚姻家庭拖欠抚养费和侵犯财产权纠纷、婚姻家庭赡养纠纷等，皆是较为传统的民事纠纷类型，也是较为普通、常见的纠纷类型。

可见，实践中对于警察民事调解的范围，做法不一。对于接警民事纠纷一概拒之门外的做法是否合理？调解的民事纠纷范围是否应当有所限制，还是不区分纠纷类型和难易程度，无所限制全部予以调解……以上问题，也是实践中较突出的、亟须解决的问题。

（四）警察民事调解尚无专门程序规定，实践中警察民事调解无法可依

如前所述，当前立法上尚无关于警察民事调解的专门程序规范，因此，实践中，处于无法可依的状态。调查问卷显示，对于调解依据，调查问卷回答称主要依法定的程序和方式进行调解的，有212人，占比59%。主要凭经验调解，程序方式灵活掌握，有155人，占比43%。可见，有相当大的部分，几乎达到一半的警察，主要依靠经验调解，在调解程序方式等方面，采取灵活掌握的策略。虽然绝大多数警察的法律意识较强，调解时意识到应当依法定程序和方式进行，但由于目前无专业警察民事调解程序规范，因此，依法定程序和方式调解，很大程度上只是良好的愿望。这也从另外一个侧面，反映了制定警察民事调解程序规范的迫切性。而警察对于愿意调解的原因，认为在治安处罚权威慑下调解协议容易达成的，有150人，占比42%。这从另外一个侧面，也反映出警察调解的非规范性，对警察权威的依赖。

此外，调查问卷显示，对当前警察调解存在的问题，认为警察民事调解规范不足的，有135人，占比38%。而对于警察调解的建议方面，位居第二的，有22人，占比23%的警察提出：应该规范警察调解工作，制定调解程序规定。

对警察民事调解典型案例考察可见，实践中民事调解程序随意性较大，虽然可以发现前文所述的一些共性做法与规律，但基

本上处于无法可依的状态。

例如，调解启动上，是否需要进行审查，审查启动的条件是什么，如何限制，哪些可以启动调解，哪些不能调解……均是灵活掌握。调解主体上，哪些由警察直接进行调解？哪些案件，可以交由辅警调解？哪些可以委托特邀人民调解员，或者是律师进行调解？辅警是否独立调解？人民调解员，或者是律师调解是否独立调解，与警察之间是什么关系……均没有明确规定，均处于无法可依的状态，警察自由裁量。调解过程中，民警依据什么调解？如果依法调解的话，依据什么法？对于调解结果，调解成功的，是否需要签订书面调解协议？哪些情况下可以达成口头协议？调解方式上，是否以当面调解为原则，以个别调解为例外？什么情况下，当面调解，什么情况下，个别调解？调解地点上，是否以现场调解为原则？什么情况下在派出所内进行调解？调解次数上，是否限制为一次，调解期间有没有限制？最多调解几次或多长时间，就不再调解？最后，调解达成后，是否需要事后跟踪其履行情况，对于达成书面调解协议的，是否需要提醒当事人向法院申请司法确认？调解后，当事人向法院起诉的是否应移送调解卷宗？与法院如何衔接……以上问题，均是警察民事调解程序立法应当规范的，也是理论界和实务部门应当研究和思考的问题。

(五) 警察民事调解缺乏相关配套制度保障

调研结果显示，公安机关内部缺乏相应的配套保障机制，如警察责任权利不匹配、缺乏民事调解监督考核机制等，这也是导致警察民事调解意愿不高、调解规范性差，影响警察民事调解发挥积极作用的主要原因。

调查问卷显示，对于不愿意调解的原因当中，位居第一的是，有184人，占比达51%的警察认为调解风险大，费力不讨好。此外，因为调解工作不好做的，有149人，占比42%。因为调解不计入工作量的，有44人，占比12%。以上反映出来的警察对调解的畏难情绪，实际上，就是缘于警察民事调解缺乏相关制度保障与激励机制。

此外，对警察民事调解中存在的问题当中，位居第三的，有189人提出，警察民事调解责权利不匹配，占比达53%。认为警察调解能力不足的，有96人，占比27%。此外，还有177人，占比达49%的警察认为警察民事调解与其他调解、法院联动不足，这也是制约警察调解作用的发挥的原因之一。

而对于警察民事调解建议中，位居第三的，是警察调解责权利、保障方面的建议。有15人，占比16%的警察提出，应当增加绩效考评和奖励机制，调解与工作绩效挂钩。

以上种种，均说明警察民事调解缺乏相关配套制度保障，从而制约了警察民事调解制度的建立、发展与完善，因此，也是需要研究和解决的问题。

综上，本章通过对基层警察调查问卷与分析、派出所民事调解数据收集处理与分析、警察民事调解典型案例收集处理与分析等三个途径，对我国基层警察民事调解实务进行了综合考察。通过考察，既从总体上宏观把握了警察民事调解的全貌，也从微观上具体描述了警察民事调解的运行。通过考察，梳理出警察民事调解实务中存在的主要问题，这些问题都亟须理论界研究、立法上重视，也需要实务部门总结与思考，最终探讨出解决的办法。本书后面，将针对以上警察民事调解实务中突显的主要问题，专章予以探讨，分析认证，并尝试提供解决方案，从而构建出警察民事调解制度的主要内容。

第四章 域外警察民事调解制度考察

警察民事调解并非我国独有。放眼世界，笔者发现，在世界各国的警务实践中，大量纠纷流向、求助于警察部门是一种普遍性的趋势，而调解是警察应对轻微违法行为引起的纠纷或民事纠纷行之有效的工具、方法，警察民事调解已经成为各国警务工作的重要组成部分。一些国家如美国、英国、日本等，警察参与纠纷的调解出现较早，而且调解范围也较广。警察民事调解案件数量的增加，相当程度上起到了缓和社会矛盾、促进居民自治等方面的作用。

本章拟对我国警察民事调解制度与域外几个主要国家，包括美国、日本、英国以及新加坡等国家的警察制度，从现状背景、调解原则及调解范围、方式与程序等方面进行考察，通过比较研究期冀对我国当前警察制度存在的问题、原因以及解决，[1]有一定借鉴意义。

---

[1] 参见周艳萍、李晨曦:《新时期警察民事调解机制问题的比较法思考》，载《公安教育》2022年第10期。

警察民事调解制度构建研究

一、美国警察民事调解制度

（一）美国警察民事调解制度的起源

1. 美国的社区警务

美国的警察民事调解制度源于第四次警务革命，发展于社区警务时代，伴随巡逻警务的推广和警察管理部门的重视而逐渐发展、成熟起来。实际上西方国家的警察民事调解制度大多由社区警务发展而来。社区警务的核心内涵是警察与社区成员互相合作，共同评估社区中的问题与需求，并以和谐的方式予以解决，由此提高社区的生活质量。社区警务的工作范围远远超过了传统的警察工作范围，如促进社区居民参与警察辅助工作、成立支援警察的志愿组织以及危机干预队伍等。在决定警察工作效率的关键因素方面，传统的因素是反应时间，社区警务中则是与公众的合作关系。在面对市民提出的给予服务性帮助的请求时，传统的观点是在确实没有真正属于警察职务的工作时才予以帮助，而在社区警务中，这种帮助是警察的重要职责，也是与市民联系的最好时机。在警察职业技能方面，传统的警务模式要求警察对严重的犯罪有灵活、有效的反应能力，在社区警务中则强调警察接近公众的能力。社区警务所包含的工作内容十分广泛，分为战略性警务（Strategic-Oriented Policing）、辖区警务（Neighborhood-Oriented Policing）和问题解决警务（Problem-Oriented Policing），其中辖区警务是最能体现社区警务理念的工作内容。辖区警务所要达到的目标就是通过各种方法加强警察与社区之间的联系，使社区居民普遍认识到打击、预防犯罪不只是警察的事，而是社区和警察共同的责任。[1]

20世纪60年代后期及70年代，美国警察以犯罪控制和抓捕

---

[1] 参见夏菲：《论美国社区警务的理论与实践》，载《河北法学》2005年第12期。

犯罪人为主要职责,强调警务职业化、专业化。然而该警务模式遭遇了危机。控制犯罪的目标没有实现,犯罪率高升,市民恐惧不敢上街。以警车巡逻、接到求救电话后快速出警以及犯罪调查为主要工作方式的警务模式已经不适应急剧变化的社会。在此背景下,美国开始将犯罪控制的视角转向社会预防和控制,社区警务模式开始广受关注。[1]首先是警队警务出现,目标是重建警察部门,改善警察与社区的关系,以社区为重点提供警察服务。[2]警察必须是通才,受过犯罪调查的培训,以及留意辖区内所有问题。在具体街区设置一个警队负责辖区内所有警察服务——解决社区问题的时代到来。[3]后来,詹姆斯·威尔森(James Q. Wilson)和乔治·凯林(George L. Kelling)依据破窗理论(Broken Windows Theory),[4]提出了恢复步行巡逻的想法。他们提出,警察应当更多地注意辖区内的"破窗"——种种小的不良行为,要加强对社会秩序的控制力。要实现这一目标只有一个办法——恢复步行巡逻。唯有如此,警察才能对巡逻区的情况充分了解,也才能做到界定何为秩序并且维持这种秩序。在此理论倡导下,一些警察局开始恢复步行巡逻。例如,圣地亚哥警察局当时实行了以社区为基础的警务计划(Community-Oriented Policing),该计划是社区警务的最早实践。在那里,巡逻警察必须通过研究本巡逻区的地形、

---

[1] 参见武汉市警察学会编:《中外社区警务比较研究》,群众出版社2005年版,第16页。

[2] 参见高文英:《我国警察调解运行机制的现状与展望》,载中国法学会行政法学研究会编:《服务型政府与行政法 中国法学会行政法学研究会2008年年会论文集》,浙江工商大学出版社2009年版,第669页。

[3] 参见[美]皮克著,刘宏斌等译:《社区警务战略与实践》,中国人民公安大学出版社2011年版,第43页。

[4] 破窗理论是指,如果一栋房子的一扇窗户被打破而未被修复的话,不久该房屋其他的玻璃都会被打碎。这种情况无论是在好的社区还是在糟糕的社区都是如此。参见夏菲:《论美国社区警务的理论与实践》,载《河北法学》2005年第12期。

人口状况、报警记录等充分了解辖区的社会状况，并设计出符合辖区犯罪特点与市民情况的巡逻方式。[1]

如今，社区警务已经发展为美国的国家战略，在美国得到长足发展。为了推进社区警务在全国范围内开展，1994年美国司法部专门组建了"社区警务办公厅"（Community-Oriented Policing Services Office），专门负责全国社区警务工作的开展。在社区警务办公室的财政支持下，美国大多数警方都组建了专门从事社区警务的处室，安排专门人员从事社区警务工作，一系列社区警务项目（Community Outreach Program）得以顺利开展。社区警务模式下，警察职能从警察专业化运动时期的执法为主转变为执法、维护治安以及服务大众。近年来，美国警察的考核制度也在发生一些改变，将"客户"满意度纳入考核视野。警察要想使"客户"满意，就必须立足社区，解决群众遇到的问题。社区警务战略使警民关系得到很大改善，警察和民众成为合作伙伴。[2]

在社区警务中，公民参与、解决问题和权力下放被视为三个核心要素。从事社区警务的一线警察面向的是基层民众，要了解基层情况、解决基层问题，他就必须拥有根据当地情况开展社区警务的充分自主权，这对警察这种高度集权化的纪律部队提出了组织变革方面的要求，涉及分权、减少层级结构以实现扁平化管理、使警察更加独立、更具有专业性等。

社区警务强调警察应该解决社会问题，这非常符合现代社会对警察的期待与要求。社区警务更加依赖社区参与和警民关系建设，要求警察从单纯的执法者角色转变为"社会工作者"。尽管社区警务在推行过程中遇到了不同程度的阻力，但现有研究表明，

---

[1] 参见夏菲：《论美国社区警务的理论与实践》，载《河北法学》2005年第12期。

[2] 参见栗长江：《美国警方如何走"群众路线"》，载《人民论坛》2015年第19期。

警察对这些创新策略的态度已经发生了积极的转变。总的来说，社区警务的实施改善了公民对警察行动的评价，缩小了少数族裔社区对警察的信心差距，改变了用来衡量警务工作是否成功的某些指标。2003 年美国司法统计局的一项调查发现，在人口超过 250 000 人的城市中，90%以上的警察部门拥有训练有素的全职社区警察。[1]

2. 社区警务催生美国警察民事调解制度

社区警务初期，徒步巡逻取代警队警务，警察自此走进社区，与居民进行交流，改善警民关系，形成了美国警察民事调解的雏形。[2] 由于巡逻警察的工作总是涉及处理各种冲突情况，尤其在社区巡逻工作期间总是以非正式调解人的身份进行干预活动，[3] 自然使警察民事调解成为一项日常和普遍的工作。美国警察民事调解的研究主要集中在警察民事调解技能的提高以及警察民事调解与社区调解的关系的问题上。[4]

（二）美国警察民事调解的范围

由于美国警察民事调解起源于社区警务，因而其调解范围十分广泛。警察介入纠纷并不以双方当事人行为的违法性为前提，而是由警察本身的服务职能和维护社会治安的职责所决定。美国警察民事调解的范围以社区为基础，依据社会距离程度来划分，

---

[1] 参见薛向君：《当代美国警务理念与模式创新》，载《中国人民公安大学学报（社会科学版）》2017 年第 1 期。

[2] See Jackr, Greene, *The Encyclopedia of police science*, New York：Routledge, 2006, pp. 959-960. 转引自姚远：《中美警察调解比较研究》，载中国人民公安大学 2018 年硕士学位论文。

[3] See Maria R. Volpe, "Police and Mediation：Natural, Unimaginable or Both", Moving Toward a Just Peace, 2014, pp. 91-105. 转引自金晶亮：《公安行政调解法律效力研究》，浙江工商大学 2022 年硕士学位论文。

[4] See Christopher C. Cooper, "Conceptualizing Mediation use by Patrol Police officers", *Juvenile & Criminal Justice Police*, Vol. 1, No. 2, 2003, p. 4.

分为以下五个方面：（1）对同居者或有亲缘关系的人之间的冲突进行调解（社会距离近，法律义务高）。（2）对房东和房客之间的矛盾进行调解（社会距离中等，法律义务中等）。（3）对熟人之间的矛盾进行的调解，包括地缘上的邻里之间（社会距离远，法律义务低）。（4）对邻里居民和场所之间的调解（社会距离远，法律义务低）。（5）对具有监管关系的人员和场所之间的调解（社会距离远，法律义务高）。[1]警方会依据社会距离的远近来进行合适的调解，不会把家长里短的矛盾放大，也不会把带有恶意性质的矛盾忽略掉。

可见，美国社区警务主要是为社区居民之间的纠纷解决提供服务与帮助，并且调解范围广泛。这一点从美国律师协会制定的《城市警察职责规范》中，有关警察职责方面的内容共有11项，调解当事人纠纷亦在其中，可见一斑。[2]

（三）美国警察民事调解的方式

美国警察民事调解主要是以合意性的调解为基本方式。具体来说主要有以下三种方式[3]：第一，促进式调解。警察需要快速掌握争论点，通过向当事人提问的方式帮助参与者理解双方的法律立场和不能达成调解的后果，推进调解的进展。第二，评估式调解。警察在调解中权衡利弊，为当事人提供建议或观点。第三，转变式调解。这是目前适用最多的调解，警察赋予当事人最大限度的"授权"，依靠当事人自身参与调解过程并营造氛围转变他们的表现，使一方当事人承认另一方当事人的需求、

---

[1] See Buerger M E, Petrosino A J, Petrosino C, "Extending the Police Role: Implications of Police Mediation as a Problem-Solving Tool", *Police Quarterly*, Vol. 2, No. 2., 1999, pp. 125-149.

[2] 参见高文英：《我国警察调解运行机制的现状与展望》，载中国法学会行政法学研究会编：《服务型政府与行政法 中国法学会行政法学研究会2008年年会论文集》，浙江工商大学出版社2009年版，第669页。

[3] See Spangler B, "Transformative Mediation", *Beyond Intractability*, 2013.

利益、价值和观点。相比于促进式调解和评估式调解，转变式调解更有助于修复当事人之间的关系。

(四) 美国警察民事调解主体

在美国，民事调解不仅仅由警察进行，还可以由社会调解者主持。美国警方在调解过程中不仅仅承担调解者的角色，也可以作为中介将案件转交给社区调解中心的调解专家。有时，社区调解中心会要求警察把调解的事情交给调解专家去解决，警察不需要采取任何实质性的行动，甚至不需要通过调停争端或平息纷争干预调解。有时候警察同时充当两种角色，既是调解者也是中介者，在很多需要及时调解的纠纷中，需要警察先动用警力临时调解，平息之后再移交调解中心。[1]Palenski提出警察传统的执法手段不能有效应对家庭及邻里纠纷等无法区分胜负的纠纷，通过调解手段让警察给公民一个解决他们不满、恐惧和愤怒的途径，还可以提高社会治安管理能力。[2]

(五) 美国警察民事调解的地点

美国警察民事调解通常是现场调解。这是由美国社区警察巡逻制度决定的，在巡逻中发现，或者收到居民求助解决的矛盾纠纷的，社区警察便在现场及时、全面获取案情信息。此外，对于接到的求助，美国警察也往往选择赶往案件发生现场，详细询问当事人，了解案情的始末，聆听双方的陈述，从陈述中提炼出对解决纠纷有价值的信息，当场调解解决。

---

[1] See Christopher Cooper, "Mediation in black and white: Mediation center-police partnerships—a dignified police response", *Conflict Resolution Quarterly*, Vol. 18, No. 3, 2001, pp. 281-296.

[2] See Joseph E. Palenski, "The use of mediation by police", *Conflict Resolution Quarterly*, Vol. 5, No. 5, 1984, pp. 31-38.

二、日本警察民事调解制度

（一）日本警察民事调解制度的起源与转变

1. 日本警察民事调解制度的起源

第一次世界大战以前，日本政府就颁布了《治安警察法》，但目的在于把全部社会、政治生活都置于警察的监视之下。警察的权力不断扩大，他们不仅有执法权，而且有发布强制性命令的权力，甚至享有某些司法权力，日本发展为一个典型的警察国家。二战期间，日本法西斯军国主义对外疯狂侵略，对内残酷镇压，警务活动以专横为特点。日本旧警察法中市町村公安委员会是在市町村长所辖下设置的市町村机构，拥有对市町村区域内警察进行行政管理和运营管理的权力，这一制度对日本警察建立"警民共存的警务活动"有着深远的影响，它促使公众开始重视自治权，开始以一种主导的形象进入警务活动中，[1]日本的町内会有着一定的社会性自治功能。[2]当前，日本公众对社区警务建设的主动投入、大力支持以及强烈的责任感都是受益于最初的"民主警察思想"。

2. 日本警察民事调解制度的转变

一战前，由于长期推行美国的警务制度，日本无形中也以"配备警力，精良装备，巡逻控制，严刑峻法"为主要警察手段，但并没有带来良好的治安形势，事与愿违的是犯罪屡打不绝，罪案居高不下，警民关系紧张，各种犯罪案件一直不断地曲折攀升、居高不下。日本警方开始深刻反思，当时，日本法务省次官津田曾撰文论述日本社会控制犯罪问题，提出：一个国家在制定刑事

---

〔1〕 参见日本警察制度研究会编著，周壮等译：《现代日本警察》，群众出版社1990年版，第51页。

〔2〕 参见韩铁英：《日本町内会的组织和功能浅析》，载《日本学刊》2002年第1期。

政策时，不可忽略社会公众参与预防和控制犯罪的重要作用。国家机关对付社会犯罪，在职能和资源上都有内在的局限性，必须依靠公众对犯罪进行社会控制。正所谓"警力有限而民力无穷"。很快，日本警方对警务战略思想有了重大转变，开始推行社区警务战略，警察改善形象，贴近民众，同广大民众建立起最友好、最亲密的伙伴关系，结成紧密的治安协作同盟，只有真心为民众效劳，才能真正受到民众回报。[1]

（二）日本警察民事调解的方式与地点

在日本，警察的巡逻活动看起来并没有像美国警察那种"我们对他们"的概念，因此，日本人比美国人更乐于接受警察的出现。其结果就是日本警察更强调秩序维持和犯罪预防，帮助社区解决可能导致骚乱的问题。[2]

日本警察民事调解的方式多样，并随调解方式的不同，调解地点也不同。

一是在警察局提供当面咨询。日本每个警察局都有咨询部门，每个警察局都指派一名经验丰富的老警察，通常是警长，提供从家庭纠纷到合同与债务问题的广泛的一般咨询，纠纷解决方面的培训使日本警察都能够进行有益的、非正式的调解。[3]其中涉及复杂的案件则介绍到警察署或警察本部的专门的接谈咨询窗口，在警察署和警察本部设置了接受一般性咨询的"疑难事情咨询所""居民指南"等咨询窗口，还设有专门的"少年咨询所""暴力咨询所""交通咨询所"等咨询窗口。当面咨询的，调解地点

---

〔1〕 参见赵志飞：《走进东瀛看警察：随中国公安部社区警务考察团访日纪行》，群众出版社1999年版，第26页。

〔2〕 See Ted D. Westermann, James W. Burfeind: *Crime and Justice in TWO Societies: Japan and the United States*, Wadsworth, 1991.

〔3〕 See Skolnick J H. Reviewed Work (s): "Forces of Order. Police Behavior in Japan and the United States. by David H. Bayley", Contemporary Sociology, Vol. 6, No. 3, 1977, pp. 375–376.

主要在警察局。

二是咨询电话方式进行调解。在咨询窗口的基础上,日本警方又开设"青年电话指南""暴力——〇""高利贷——〇"等以专用电话形式进行灵活的咨询调解活动。这种方式的调解是在线上进行的。

三是社区警察走访解决纠纷。日本的城市警察也要挨家挨户地走访,并在交番办公。交番是警察民事调解发展中必不可少的部分,它设立始于1874年日本东京警视厅成立之时,1881年改名为"派出所",1994年日本警务改革时又将派出所更名为交番。交番是警察署的派出机构,已深入到居民区、商业区以及大型交通枢纽区域,成为存在于社区和交通要道上的治安窗口。交番所处的位置大多交通便利,不但能够为辖区内的警察提供一线工作平台,作为处置辖区内治安事件和其他事件的核心场所,也成为辖区民众接触警察、认识警察、了解警察的最佳地点。警察在交番的主要工作是巡回、巡逻、调查访问和定点联系等,力求全面了解辖区民众的意见和建议,把握辖区治安状况,并针对具体情况,及时采取行动。交番警察一般采取24小时值班巡逻制度,接受辖区民众的报警和求助。据2017年4月的数据显示,日本全国47个都道府县一共设置了6256个交番。[1]也有数据统计整个日本大概有1.5万个交番。交番拥有丰富的辖区数据,与居民很熟悉,对居民间的冲突有非正式的调解办法,为日本的治安稳定起到了很大的作用。

日本社区警察对居民的愿望要求也经常举办答复活动,包括派出所和驻在所的联络协议会和开展一所在管区内解决一事案运

---

〔1〕 参见程婧:《日本现代警务的主要特色》,载《江苏警官学院学报》2020年第6期。

动，[1]通过各种方式走进居民中去，了解矛盾解决矛盾，使得居民更乐于选择警察民事调解，从而减少犯罪行为的发生。[2]日本社区警察与社区民众联系很密切，例如，有的警察每天都要拜访几户家庭，通过入户访问解决居民矛盾纠纷，提供帮助。走访踏遍大街小巷，随时更新住房资料，对社区居民情况了解超出一般人想象。[3]

社区警察走访解决纠纷，调解地点是现场。

四是警哨亭接访、街头警务相谈。在日本警哨亭随处可见，分布广泛且稠密。警哨亭属街头警务形式，在街头与求助民众开展警务相谈。服务范围包罗万象，民众求助解决纠纷，也是其中的一项重要内容。[4]

除城市的交番外，在位置偏远的农村，设有农村社区治安中心驻在所，同社区警察一样，为辖区民众矛盾纠纷开展多种形式的调解工作。驻在所一般设立于农村及边远地区，日本全国一共设置了 6380 个驻在所。由于地处偏远，许多驻在所的警察索性举家搬入，以所为家。实行的是 24 小时勤务制。[5]

通过以上多种方式，社区警察随时、迅速解决民事纠纷，民众方便地获得警察提供的帮助，警察和民众建立起密切的合作伙伴关系，对维护社会治安秩序起到了积极作用。

(三) 日本警察民事调解主体

日本警察民事调解主体，除交番社区警察、农村社区治安中

---

[1] 参见孙悦：《以社区警务为纽带的治安防控体系构建研究》，载《甘肃政法学院》2016 年硕士学位论文。

[2] See Ames W L, "Police in the Community: Community Involvement in Japan in the Prevention and Solution of Crimes", *The Police Journal*, Vol. 52, 1979, pp. 252-259.

[3] 参见广仁：《日本的社区警察》，载《人民公安》1995 年第 14 期。

[4] 参见广仁：《日本的社区警察》，载《人民公安》1995 年第 14 期。

[5] 参见程婧：《日本现代警务的主要特色》，载《江苏警官学院学报》2020 年第 6 期。

心参政议政在所警察外,还包括交番相谈员、辅助警察调解。交番相谈员制度是日本警察厅为更好地服务和满足社区居民的要求,确保社区日常生活的安全稳定而设立的。具体来说,就是由地方警察部长委派具有地方公务员身份、精通警察业务且经验丰富的退休警官出任街头交番常设的来访相谈员。主要职能是代替社区警察承担来访和接待工作,在交番负责居民的相关求助工作。经过多年实践,交番相谈员制度在辅助警务方面发挥了重要作用。[1]

三、英国警察民事调解制度

(一) 英国警察民事调解制度起源与发展

1. 英国警察民事调解制度的起源

英国是现代警察的发源地。现代英国警察的前身可以追溯到12世纪至18世纪中期的治安官(Constable),治安官是维护地方治安的责任人,同时也作为政府官员,依法进行行政管理,其行使权力方式表现出内敛、平和的风格,强调依法行为和服务公众。[2] 与美国一样,英国正式警务阶段的警务发展大概经历了新警察诞生时期、改革时期和解决社区问题时期三个时期。19世纪30年代,以大都市警察为代表的职业警察开始建立,并在英国内政大臣罗伯特·比尔提出的组建新式警察12条原则后凸显执法平民化的特征。此阶段英国和美国警察角色均体现为广泛的服务内容,警察角色呈现出服务、预防、打击三结合,并以服务为主的特点。[3] 伴随着警队执法平民化,也衍生出社区警务理论(The Theory of Community Policing),即将社区作为预防、控制和打击犯罪的主战场,调动群众参与警务维护治安秩序。在强调新公共服

---

[1] 参见程婧:《日本现代警务的主要特色》,载《江苏警官学院学报》2020年第6期。

[2] 参见夏菲:《论英国警察权的变迁》,华东政法大学2010年博士学位论文。

[3] 参见马顺成、于群:《英美警察的角色变迁》,载《中国人民公安大学学报(社会科学版)》2020年第5期。

务理论的背景下，英国警察注重对社区公民的服务职能，将解决公民的困难作为重要任务。[1]该职能的履行也涉及当事人的民事权益，而这都与警察化解民事纠纷具有一定的关联。

2. 英国警察民事调解制度的曲折发展

20世纪30年代以后，受美国警察职业化的影响，英国也开展了轰轰烈烈的警察现代化运动，警察角色中的打击犯罪内容得到进一步加强，而服务公众的内容进一步减弱，导致了警察与公众的脱离。这一时期英国社区治理的主要矛盾在于基层社区与政府部门的权力界限模糊不清，政府身兼监管、参与和主导社区安全防护的责任，社区以开展居民活动为主，必要时配合警方维护社区安全。

20世纪60年代起，警察过度现代化和职业化带来的问题和困境，促使人们开始反思"战士"形象警察和被动反应警务模式的成效。人们发现，罗伯特·比尔创立新警察时所强调的"人人皆警"和服务公众理念，能够更好地回应社区的需要，实现社会秩序的良好维护，这是警务哲学的理性所在。于是英国政府开始推行社区治理改革，尝试推行新的社区治理技术，警务发展进入解决社区问题时期，服务再次回归。[2]《1998犯罪和扰乱秩序法》法案建立了由当地政府、警察机构、消防与急救部门、缓刑部门和医疗卫生部门组成的合作伙伴构架。各地CSP根据当地安全战略计划开展不同的治安治理活动。[3]

2011年英国开启新一轮堪称"英国50年来最为激进"的警

---

[1] 参见郭鑫：《论英国警察执法中的平民化特征》，中国人民公安大学2017年硕士学位论文。

[2] 参见马顺成、于群：《英美警察的角色变迁》，载《中国人民公安大学学报（社会科学版）》2020年第5期。

[3] See Hughes G, Mclaughin E, Muncie J, *Crime Preventionand Community Safety: New Directions*, London: Sage, 2002, pp.102-122.

务改革。"改革未动，立法先行"，英国颁布《2011年警务改革与社会责任法》（Police Reform and Social Responsibility Act 2011），拉开警务改革序幕。改革内容其中一项就是强化社区警务。其路径是重回罗伯特·比尔"警察就是公众，公众就是警察"的警务理念，发挥民力，建立广泛的合作伙伴关系。具体举措包括：增加基本指挥单元（Basic Command Unit）的数量，强化社区警务，在裁减警员的背景下，保证社区警务组（Neighborhood Policing Teams）和社区安全组（Safer Neighborhood Teams）里警员的数量不减少。吸引更多的民众成为志愿警察改进警务技术，便利市民通过短信、电子邮件、社交媒体等形式及时报案与求助。市民不仅可以传输文本，还可以传输图片，甚至录像。〔1〕

（二）英国警察民事调解的范围

与美国一样，英国警察民事调解范围十分广泛。由于两国都推行社区警务，强调服务公众理念，强调解决社区问题，因此，英国警察在服务领域几乎"无所不做"。只要社区民众求助解决的民事纠纷，均在英国警察调解范围。

（三）英国警察民事调解的方式

学界对于警察民事调解民事纠纷的研究较少，但在现实中，英国警察的一些具体做法同样反映出警察通过不同的方式处理社会纠纷。〔2〕英国警察民事调解的主要方式是警察咨询服务电话（PAT）。在英国，PAT安排有较高社会问题解决能力与民事纠纷处理经验的警察24小时值守，为民众提供服务性沟通与建议，也会给出调解建议帮助化解纠纷。区别于传统的报警电话侧重于治安纠纷、刑事案件，PAT中心设立初衷即为民众提供便利、增加

---

〔1〕 参见栗长江：《英国最新警务改革：路径·趋势·启示》，载《山东警察学院学报》2017年第1期。

〔2〕 参见吴道霞：《构建警察执法化解民事纠纷的机制研究》，法律出版社2017年版，第51页。

宣泄渠道、促使民众理性看待问题，避免纠纷的升级。这一机构在化解家庭纠纷方面发挥了重要作用。警察咨询服务电话与传统的报警电话各司其职，拉近了警民距离，也成为社会纠纷解决的渠道之一。

（四）英国警察民事调解主体

在英国，除以社区警察为主体调解民事纠纷外，还在警察主导下吸收社会成员广泛参与。这种做法源起于早期的非正式警务阶段，所谓非正式警务阶段，是指警务活动由全体社会成员或社会成员中的部分人员以非正式的身份扮演警察角色的警务发展阶段，而社会成员之所以以非正式身份参与警务活动，形式上源自没有出现功能主体意义上的警察。非正式警务阶段源起于英国，如前所述美国警察民事调解也有社会成员的参与，这是因为美国经历了与英国类似的非正式警务的警察发展阶段，甚至可以说美国警察的早期历史不过是英国警察历史的翻版而已。[1]非正式警务阶段从事警务活动主体扩张的做法，在当前警察民事调解中得以沿袭和传承，吸收社会成员辅助警察开展民事调解工作，既增强了调解力量，又密切了警民关系，有利于民事纠纷的解决。

英国辅助警察调解民事纠纷的社会力量主要包括以下形式：

（1）专门性委员会、协会、行政裁判所。英国还有诸多由警察机关牵头组成的专门性委员会、协会，以及成熟且高效的行政裁判所处理各类纠纷，使得大量纠纷在警察机关处理前获得很大的分流，有助于警察专注于调查案件、指控嫌疑人等特定事务的处理。

（2）英国的"伙伴协同治理"与"邻里守望"计划。英国的社区警务及"伙伴协同治理"，还有"邻里守望"计划实际上在警察

---

[1] 参见马顺成、于群：《英美警察的角色变迁》，载《中国人民公安大学学报（社会科学版）》2020年第5期。

民事调解中起到了较大的作用。

英国社区警务及"伙伴协同治理"遵循多元共治理念,根据具体问题与社区组织、社会团体或社会服务机构组成不同的伙伴关系,整合社区资源,提升社区治安。[1]警方通过与社会机构合作,可更加全面地了解受害人心理情况,有助于警务工作的开展。以英国国家情报局(NIM)开展的一项与社区警务密切相关的尝试为例,[2]NIM对社区警务所收集到的各类信息进行过滤、提炼,根据各类情报研判模型和智慧警务技术总结出可用于指导实践的警务策略,推动社区警务资源部署,实现情报融合互通。情报融合互通致使英国警察民事调解运用起来更加轻车熟路。英国的警察民事调解也是犯罪预防过程中情景预防和社会预防实操的体现,[3]在社区就将矛盾化解,对社会治安稳定起到作用。

而英国社区调解中,"邻里守望"[4]计划也很出色。在互联网上,对"邻里守望"计划做了如下表述:"邻里守望"(Neighborhood Watch,也称Home Watch),是英国有史以来最大也是最成功的犯罪预防计划。它建立在这个国家许多人所共同拥有的理想和价值观上,即和你的邻居互相帮助、互相监督,共同创造安全、和谐的生活工作氛围。推动"邻里守望"计划不仅仅是要减少犯罪,

---

[1] See Peaslee L. Community policing and social servicepartnerships, "Lessons from New England", *Police Practiceand Research: An International Journal*, No.2, 2009, pp.115-131. 转引自邱雅娴:《协同治理视阈下的社区警务建设探析——以英国社区警务及伙伴协同治理为鉴》,载《公安学刊:浙江警察学院学报》2020年第5期。

[2] 参见廖天成、范佳华:《回应性视野下的社区警务战略研究——以英国最新实验为鉴》,载《贵州警官职业学院学报》2019年第2期。

[3] See Bottoms, Anthony E, "Crime Prevention facing the 1990s", Policing & Society, Vol.1, 1990, pp.3-22.

[4] 参见王大伟:《中西警务改革比较——从济南市派出所改革模式到世界警务改革的大趋势》,中国人民公安大学出版社2000年版,第38页。

还包括社区调解，维护社区秩序，建立良好关系。它用共同的目的将社区居民联系得更为紧密，应对矛盾发生，互相帮助和扶持，加强自我防范，以及使相互的财产有所照看。

四、其他国家的警察民事调解制度

以上域外警察民事调解制度具有典型性，其他国家的警察民事调解制度基本上是以上述国家的制度为参照，学习借鉴，并结合本国实际建立起来的，例如，新加坡、澳大利亚、以色列等。

（一）新加坡警察民事调解制度

1. 新加坡警察民事调解制度起源与发展

1983年以前，新加坡的警务模式是被动反应式的，警务工作主要通过当时八个警察分局统一分配，每个警察局都管辖很大的范围，但令警方头疼的是，各类犯罪仍然呈上升趋势。但是新加坡和日本都是岛国，国土相对封闭，有治安防控上的天然优势。[1]1982年，一队日本专家被邀请到新加坡指导交番制度的建立。1983年，新加坡通过考察、研究和消化日本交番制度，吸收西方现代科学管理理论，创造了符合新加坡社会特点的邻里警岗制度。新加坡邻里警岗制度是从改善警民关系出发，通过社区服务与有效沟通，增强警民互信、互助，其核心是增强居民和警察在预防和打击犯罪方面的合作。邻里警岗像一个微型派出所，其工作职责包括通过徒步巡逻或自行车巡逻，增加"见警率"，提高"安全感"，以及入户走访，[2]并随时对辖区居民纠纷进行调解。新加坡警察民事调解是通过邻里警岗来进行的，与日本十分相像。

---

[1] 参见朱志东：《新加坡、日本社区警务与我国社区警务的比较与思考》，载《公安研究》2001年第12期。

[2] 参见余定猛：《新加坡社区警务制度研究——兼论我国大城市社区警务制度建设》，载《上海公安高等专科学校学报》2013年第2期。

1997年，新加坡警察部队着手改革邻里警岗制度，通过整合、重组邻里警岗，建立功能更加强大、组织更加严密、服务更加高效的机构，即邻里警局，从而建立起以邻里警岗为基础的社区警务制度。邻里警局类似于我国的公安派出所，警员既是执法者，又是服务员，通过巡逻、入户走访等形式，为民众提供方便、快捷的一站式服务，其中，包括调解民事纠纷。新加坡社区警务强调服务为先，要求警务工作必须先从为社区居民提供全方位的警务服务入手，通过提供服务，加强警民沟通，改善警民关系，以赢得更多社会力量对警务工作的支持与配合。[1]由于为社区居民解决民事纠纷是社区警务的主要内容，学界对于新加坡警察民事调解纠纷的研究也主要建立在以邻里警岗为基础的社区基础警务上。

2. 新加坡警察民事调解主要内容

（1）新加坡警察民事调解主体。目前，新加坡警察民事调解由邻里警局组建的专门社区警务力量（Community Policing Unit, CPU）进行。2012年，新加坡社区警务改革，完善制度，布局重组邻里警局。在邻里警局组建专门的社区警务力量，通过徒步巡逻与自行车巡逻，与社区民众建立更加密切的伙伴关系，及时解决民众矛盾纠纷。

此外，辅助警察也是民事调解主体。新加坡建立有完善的辅助警察制度，警力构成多元化，弥合警力短板。根据《新加坡辅助警察条例》规定，辅警的雇佣方即设立主体只能是政府部门、公司、法人或其他组织。新加坡辅助警察具有较高的机动性。当正规警力不足时，经内政部长批准，总监可行使职权调动辅助警察执行规定内容的勤务。在此期间辅助警察享有与正式警察相同的职权，履行相同的义务，且享受同等的豁免权及保护。同时，

---

〔1〕 参见余定猛：《新加坡社区警务制度研究——兼论我国大城市社区警务制度建设》，载《上海公安高等专科学校学报》2013年第2期。

辅助警察也有一套完整严格的纪律管理制度，用以应对辅助警察的违纪违法行为。[1]

此外，创新邻里守望制度，发动社会团体组织参与，辅助社区警察调解民事纠纷，成为社区警务的重要组成部分。[2]

（2）新加坡警察民事调解方式与地点。一是以现场调解为主。由于邻里警局有专门的社区警务力量，通过徒步巡逻与自行车巡逻，发现纠纷或者接受居民求助，随时解决纠纷。二是入户调解解决纠纷。邻里警局有固定的入户走访制度，主动解决居民矛盾纠纷。三是电话咨询与接受来访解决纠纷。从调解实践上看，新加坡警察不断拓展调解纠纷的形式，如邻里警岗设有专门服务民众的答疑服务电话和来访接待室，并提供24小时服务。

（3）新加坡警察民事调解制度的其他内容。与日本一样，新加坡警察调解的民事纠纷十分广泛。此外，从警察民事调解职责上看，发现并调处矛盾纠纷的行为是主动警务工作的需要，官方的硬性指标也加强了警察纠纷化解职能合法性及重要性，促使新加坡警察积极参与民众纠纷化解。从调解协议上看，在大多数私下调解中，双方通常会减少协议的书面条款。双方当事人签字的文件，将是一个具有法律约束力的协议，可执行性受正常合同原则的约束。[3]

（二）澳大利亚

作为一个典型的移民国家，澳大利亚最早的开拓者并不是自愿型移民，而是流放犯人。流放制度带来的就业、治安、城市管

---

[1] 参见杨斌：《新加坡警察制度及警务模式研究——兼论中国（上海）自由贸易区警务创新》，载《河南警察学院学报》2014年第6期。

[2] 参见余定猛：《新加坡社区警务制度研究——兼论我国大城市社区警务制度建设》，载《上海公安高等专科学校学报》2013年第2期。

[3] Schonewille M, Schonewille F. "*The variegated landscape of mediation a Comparative study of mediation regulation and practices in Erope and the world*". 2014, p. 382.

理等问题，促使该地自由移民发动起了一场废除流放制运动，20世纪90年代初，澳洲警方为了使警察更好地了解社区警务，借鉴罗伯特·比尔爵士有关警察与社区关系的精辟论断，进一步提出：警察必须每时每刻加强与公众关系的建设，真正实现历史传统上所提到的——警察即公众，公众即警察；警察就是公众中拿薪水的那些人，他们必须充分关注那些每个社区成员所关注的涉及社区利益的事务。随后建立了邻里守望制度，同英国一样为了更好地预防犯罪，但实践表明，公众求助的事项大多与犯罪无关，更多是邻里之间的矛盾冲突，因此邻里守望制度从最初的预防犯罪转变为警察民事调解。

(三) 以色列

20世纪90年代中期，以色列警方明知困难，仍然决定将原有的反应式警务改为社区警务。[1]以色列的警察民事调解面临的最多的问题就是家庭暴力和家庭虐待。[2]1998年以色列成立了国家争端解决中心（NCFDR）；其主要目标是在法律体系和社会上推广ADR。考虑到以色列社会的复杂多样性，ADR在以色列似乎特别合适，因为以色列是由沿着宗教、种族和文化界限分裂的群体组成的；[3]相对而言，以色列的法院制度会有些松散，所以警察民事调解在维护社会治安方面起到了较大的作用。

---

[1] See Weisburd D, Shalev O, Amir M, "Community policing in Israel Resistance and change", *Policing An International Journal of Police Strategies & Management*, Vol. 25, 2002, pp. 80-109.

[2] See Weisburd D, Shalev O, Amir M, "Community policing in Israel: Resistance and change", *Policing An International Journal of Police Strategies and Management*, Vol. 25, 2002, pp. 80-109.

[3] See Lee Li-on, "The politics of community mediation: A study of community mediation in Israel", *Conflict Resolution Quarterly*, Vol. 26, No. 4, 2009, pp. 453-479.

除以上国家外，土耳其于2012年引入调解机制，[1]起初是一种自愿解决纠纷的方式，到2017年，经过立法，调解在解决劳动争议中具有了强制性，即非经调解的案件不能直接提出诉讼，而发展到2019年，调解的范围已经扩大到商业领域。加拿大[2]和荷兰[3]也有相应的社区警务调解机制，但是社区警务调解机制在加拿大和荷兰的适用是否成功还需要进一步的验证；苏格兰和新西兰[4]也在近几年将社区警务调解机制定为主要的运行战略；2006年牙买加[5]设立了第一个社区警务机构。

五、域外警察民事调解制度分析

通过对域外警察民事调解制度的考察，笔者发现存在一些共同的规律，有一些相同的特点。

（一）警察民事调解制度，伴随社区警务、警察服务职能的推行而建立和发展

通过考察域外警察民事调解制度的起源与发展，无一例外地发现，警察民事调解制度与社区警务的确立与发展、警察服务职能的强调存在密切关系。从某种意义上说，警察民事调解制度是

---

[1] See Unsal Sr, Karabacak H, "Conflict resolution role of mediation in labor disputes in Turkey: Evidence from a signaling game", *International Journal of Conflict Management*, Vol. 30, No. 3, 2019, pp. 395-415.

[2] See Chacko J, Nancoo, Stephen E, *Community Policing in Canada*, Bureau of Justice Statistics, 1993, pp. 111-112.

[3] See Punch M, Vijver K, Zoomer O, "Dutch 'COP': Developing community policing in The Netherlands", *Policing An International Journal of Police Strategies and Management*, Vol. 25, No. 1, 2002, pp. 60-79.

[4] 参见［美］皮克著，刘宏斌等译：《社区警务战略与实践》，中国人民公安大学出版社2010年版，第71~72页。

[5] See Police Executive Research Forum, "Model Community Policing Station Opens in Jamaica", Subject to Debate, 20 (March 2006): 4-7转引自［美］皮克著，刘宏斌等译：《社区警务战略与实践》，中国人民公安大学出版社2010年版，第71~72页。

社区警务模式下的必然产物,同时,对警察服务职能的重视,必然促进警察民事调解制度的发展与完善。[1]

1. 警察民事调解制度是社区警务模式下的必然产物

美国的警察民事调解制度源于第四次警务革命,发展于社区警务时代。20世纪70年代,美国开始将犯罪控制的视角转向社会预防和控制,推行社区警务模式,恢复步行巡逻。巡逻警察必须通过研究本巡逻区的地形、人口状况、报警记录等充分了解辖区的社会状况,才能对巡逻区的情况充分了解。徒步巡逻使警察走进社区,与居民进行交流,帮助解决民事纠纷,由此催生了美国的警察民事调解制度。由于巡逻警察的工作总是涉及处理各种冲突情况,尤其在社区巡逻工作期间总是以非正式调解人的身份进行干预活动,[2]使警察民事调解成为一项日常和普遍的工作。

如今,社区警务已经发展为美国的国家战略,在美国得到长足发展。随之而来的,是美国警察民事调解制度不断得到发展完善。

英国20世纪60年代起,反思现实后发现,罗伯特·比尔创立新警察时所强调的"人人皆警"和服务公众理念,能够更好地回应社区的需要,实现社会秩序的良好维护,于是开始推行社区治理改革,警务发展进入解决社区问题时期,服务再次回归。[3] 2011年英国开启新一轮堪称"英国50年来最激烈"的警务改革,其内容中的一项就是强化社区警务。其路径是重回罗伯特·比尔"警察就是公众,公众就是警察"的警务理念。

---

[1] 参见周艳萍、李晨曦:《新时期警察民事调解机制问题的比较法思考》,载《公安教育》2022年第10期。

[2] See Volpe M R, "Police and *Mediation*: *Natural*, *Unimaginable or Both*", Springer Netherlands, 2014: 91. 转引自金晶亮:《公安行政调解法律效力研究》,浙江工商大学2022年硕士学位论文。

[3] 参见马顺成、于群:《英美警察的角色变迁》,载《中国人民公安大学学报(社会科学版)》2020年第5期。

2. 对警察服务职能的重视，促进警察民事调解制度的发展与完善

社区警务模式下，警察职能从警察专业化运动时期的执法为主转变为执法、维护治安与服务大众并重。执法与服务是警察的两项基本职能。从英美等国家的警务发展史看，每一次强调执法淡化服务的警务变革伴之而生的都是警民关系的弱化甚至恶化。社区警务是英国警务的基石。英国经验表明，警察在社区的可见度以及社区居民对确定社区警务中心工作的发言权直接影响着公众对警察的信任度。[1]

(二) 警察民事调解制度的建立，有坚实的法律基础和完善的制度保障

1. 警察民事调解制度的建立，有坚实的法律基础

立法上的明确规定，为警察民事调解制度提供立法正当性，也有利于制度的建立、推广和完善。如前所述，英国警察制度的发展，离不开立法的不断完善。英国是现代警察诞生的摇篮，英国警务变革的每一步，从警队的设置、裁并，到警察管理体制的变革，警察执法权限的变化等均是立法先行，改革在后，确保每一次警务变革均在法制的轨道上进行。以英国《2011年警务改革与社会责任法》为例，该法长达256页，其第一部分为警务改革部分，包括8章102条，非常详尽。[2] 该法的颁布，为社区警务的推行，警察服务职能的进一步落实，提供了立法保障。

再如，美国律师协会制定的《城市警察职责规范》，详细列举了城市警察的职责范围，其中明确列举了警察对民事纠纷调解的职责。正是由于立法上的明确规定，警察民事调解是正当警务，

---

[1] 参见栗长江：《英国最新警务改革：路径·趋势·启示》，载《山东警察学院学报》2017年第1期。

[2] 参见栗长江：《英国最新警务改革：路径·趋势·启示》，载《山东警察学院学报》2017年第1期。

警界普遍予以认可，甚至形成社会共识。从而有力地推动了警察民事调解的开展。

2. 警察民事调解制度的推行，有完善的制度保障

通过考察可见，域外警察民事调解制度得以顺利实施，得益于各项完善的制度保障，推进警察民事调解的运行。

（1）组织保障和财政支持、人员保障。在美国，为了推进社区警务在全国范围内开展，1994年美国司法部专门组建了"社区警务办公厅"（Community-Oriented Policing Services Office），专门负责全国社区警务工作的开展，并同时为警察民事调解制度的建设提供了组织保障。此外，社区警务办公室提供财政支持，为警察民事调解制度的发展提供财政保障。此外，从人员上，美国大多数警方都组建了专门从事社区警务的处室，安排专门人员从事社区警务工作，为警察民事调解提供了人力保障。

（2）通过巡逻制度的确立与实施，使警察民事调解成为日常工作。例如，美国警察局普遍实行步行巡逻。圣地亚哥警察局最早实行的以社区为基础的警务计划，要求巡逻警察必须通过研究本巡逻区的地形、人口状况、报警记录等充分了解辖区的社会状况，并设计出符合辖区犯罪特点与市民情况的巡逻方式。[1]

再如，日本的城市警察在交番的主要工作是巡回、巡逻、调查访问和定点联系等，力求全面了解辖区民众的意见和建议，把握辖区治安状况，并针对具体情况，及时采取行动。交番警察一般采取24小时值班巡逻制度，接受辖区民众的报警和求助。

（3）社区警察定期访谈、入户走访制度，以及在社区举办答复活动，发现并及时解决民事纠纷。例如，日本、新加坡均规定警察定期入户走访。再如，日本对居民的愿望要求经常举办答复

---

[1] 参见夏菲：《论美国社区警务的理论与实践》，载《河北法学》2005年第12期。

活动，这种答复活动是定期的，已经形成制度。形式上包括派出所，驻在所的联络协议会，开展所在管区内解决一事一案运动，[1]通过各种方式走进居民中去，了解矛盾解决矛盾，使得居民更乐于选择警察民事调解。[2]

（4）对警察的考核体系，社区居民的满意度促进警察民事调解工作的进行。例如，近年来，美国警察的考核制度也在发生一些改变，将"客户"满意度纳入考核视野。警察要想使"客户"满意，就必须立足社区，解决群众遇到的问题。

（三）警察民事调解是一项重要警务活动，已在警界乃至整个社会形成共识

通过域外警察民事调解制度的考察可见，在社区警务模式成为当今世界潮流背景下，警察民事调解在域外，如美国、英国、日本、新加坡等国普遍受到重视。正如日本警界认识到的"警力有限而民力无穷"，只有转变警务战略，改善形象，贴近民众，同广大民众结成紧密的治安协作同盟，才可能实现警民和谐、从根本上减少治安案件并预防犯罪。域外警察民事调解主要表现形式是社区调解，以服务社区、及时化解纠纷、预防犯罪为主要功能，实践效果也较好。

在美国，社区警务强调警察应该解决社会问题，这非常符合现代社会对警察的期待与要求。社区警务更加依赖社区参与和警民关系建设，要求警察从单纯的执法者角色转变为"社会工作者"。尽管社区警务在推行过程中遇到了不同程度的阻力，但现有研究表明，警察对这些创新策略的态度已经发生了积极的转变。

此外，警察民事调解是一项重要警务活动，在整个社会层面

---

[1] 参见孙悦：《以社区警务为纽带的治安防控体系构建研究》，甘肃政法学院2016年硕士学位论文。

[2] See Ames W L, "Police in the Community: Community Involvement in Japan in the Prevention and Solution of Crimes", *The Police Journal*, Vol. 52, 1979, pp. 252-259.

已经形成共识。域外警察民事调解社区矛盾纠纷是警务活动的一部分,这一观念已被社会民众所普遍认同。

(四) 警察民事调解范围广泛

通过考察可见,域外的警察民事调解范围十分广泛,甚至可以用无所不包来形容。例如,美国警察民事调解的范围不受治安处罚类案件的局限,而是由警察本身的服务职能和维护社会治安的职责所决定,大到聚众骚乱,小到邻里矛盾,无所不管。美国社区警务主要是为社区居民之间的纠纷解决提供服务与帮助,并且调解范围广泛。据统计,在进入社区警务阶段以后,警察有75%的时间是用在与犯罪活动不直接相关的社会服务上,包括调解家庭纠纷、照顾老人儿童等。[1] 美国律师协会制定的《城市警察职责规范》中,有关警察职责方面的内容共有11项,调解当事人纠纷亦在其中。

再如,英国警察在新公共服务理论指导下,注重对社区公民的服务职能,将解决公民的困难作为重要任务,该职能涉及当事人的民事权益,涉及警察化解民事纠纷。

又如,日本对于警察民事调解的范围也是无所不包,从家庭纠纷到合同与债务问题,以及少年、暴力、交通、高利贷等方面的纠纷。

(五) 警察民事调解有专门的主体,且呈多元化

1. 在警界内部,警察民事调解有专门的主体

例如,在日本每个警察局都有咨询部门,每个警察局都指派一名经验丰富的老警察,通常是警长,专门提供咨询调解服务。在城市,由在交番办公的警察进行民事调解工作。交番城市警察的主要工作是巡回、巡逻、调查访问和定点联系等,一般采取24

---

〔1〕 参见高文英:《我国警察调解运行机制的现状与展望》,载中国法学会行政法学研究会编:《服务型政府与行政法 中国法学会行政法学研究会2008年年会论文集》(下册),浙江工商大学出版社2009年版,第669页。

小时值班巡逻制度，接受辖区民众的报警和求助。

除城市的交番外，在位置偏远的农村，设有农村社区治安中心驻在所，同社区警察一样，为辖区民众矛盾纠纷开展多种形式的调解工作。驻在所一般设立于农村及边远地区，日本全国一共设置了6380个驻在所。由于地处偏远，许多驻在所的警察索性举家搬入，以所为家。实行的是24小时勤务制。[1]

2. 联合社会力量，共同调解民事纠纷

在美国，民事纠纷不仅可以由警察进行调解，也可以由警方在调解过程中作为中介将案件转交给社区调解中心的调解专家。有时，社区调解中心会要求警察把调解的事情交给调解专家去解决。

在英国，源于历史上非正式警务阶段，即警务活动由社会成员共同或社会成员中的部分人员以非正式的身份扮演警察角色的影响，当前警察民事调解，除以社区警察为主体调解民事纠纷外，还在警察主导下吸收社会成员广泛参与。例如，由警察机关牵头组成的各种专门性委员会、协会，以及成熟且高效的行政裁判所处理各类纠纷，使得大量纠纷在警察机关处理前获得很大的分流。

3. 辅助警察制度，助力警察化解纠纷

例如，新加坡建立有完善的辅助警察制度，警力构成多元化，弥合警力短板。并有专门的立法规定，即《新加坡辅助警察条例》，当正规警力不足时，经内政部长批准，总监可行使职权调动辅助警察执行规定内容的勤务。在此期间辅助警察享有与正式警察相同的职权，履行相同的义务，且享受同等的豁免权及保护。同时，辅助警察也有一套完整严格的纪律管理制度，用以应对辅助警察的违纪违法行为。[2]

---

〔1〕 参见程婧：《日本现代警务的主要特色》，载《江苏警官学院学报》2020年第6期。

〔2〕 参见杨斌：《新加坡警察制度及警务模式研究——兼论中国（上海）自由贸易区警务创新》，载《河南警察学院学报》2014年第6期。

（六）警察民事调解以当场调解为主，注重对信息的获取

例如，美国警察民事调解通常是现场调解。这是由美国社区警察巡逻制度决定的，在巡逻中发现，或者收到居民求助解决的矛盾纠纷的，社区警察便在现场及时、全面获取案情信息。此外，对于接到的求助，美国警察也往往选择赶往案件发生现场，详细询问当事人，了解案情的始末，聆听双方的陈述，从陈述中提炼出对解决纠纷有价值的信息，当场调解解决。

美国徒步巡逻取代警队警务，警察走进社区，对接触到的各种民间纠纷进行现场调解。在纠纷现场进行调解，有利于聆听双方当事人以及其他在场证人、见证人的陈述，获取相关纠纷信息和证据，从而全面、快速、准确了解纠纷事实，公正、及时处理纠纷。

再如，日本的城市警察挨家挨户走访，走访中随时对求助解决的纠纷进行调解，也是当场调解。对居民的愿望要求经常举办答复活动，通常也是面对面的，当场解决居民提出的遇到的需要解决的纠纷。

（七）警察民事调解是在尊重纠纷主体自愿基础上的合意性调解

警察民事调解，以尊重当事人自愿为原则。无论通过何种方式遇到的纠纷，警察在启动调解时尊重当事人意愿，不强制调解。此外，在调解过程中，警察作为主持者，了解事实，提供建议，促成双方达成协议，但并不是强迫当事人接受，更不能以实施行政处罚相威胁。警察的民事调解仅仅是一种服务，而不是行政执法，不能动用警察的强制权。

例如，美国警察民事调解主要是以合意性的调解为基本方式。警察在调解中的主要作用在于快速掌握争论点，帮助参与者理解双方的法律立场和不能达成调解的后果，推进调解的进展。或者在调解中权衡利弊，为当事人提供建议或观点。或者赋予当事人

最大限度权利的"授权",依靠当事人自身参与调解过程中去并营造氛围转变他们的表现,使一方当事人对另一方当事人的需求、利益、价值和观点加以承认。在这个过程中,当事人的意愿受到尊重,当事人的有效参与对于合意的达成起到决定性作用。

(八)社区警察对居民提出纠纷解决要求,提供多种帮助方式

社区警察对居民提出纠纷解决要求,不限于当面调解这一种方式,而是可以采取多种灵活方式,提供不同的帮助形式,便利纠纷的解决。

例如,日本警察民事调解的方式多样,提供的帮助方式灵活多样,便利当事人纠纷的解决,具有代表性。

一是当面咨询、进行调解。如前所述日本每个警察局都有咨询部门,每个警察局都指派一名经验丰富的老警察,通常是警长,提供从家庭纠纷到合同与债务问题的广泛的一般咨询,纠纷解决方面的培训使日本警察都能够进行有益的、非正式的调解。当面咨询的,调解地点主要在警察局。

二是咨询电话方式进行调解。在咨询窗口的基础上,日本警方进而又开设"青年电话指南""暴力一一〇""高利贷一一〇"等以专用电话形式进行灵活的咨询调解活动。

三是社区警察走访解决纠纷。日本的城市警察在交番的主要工作是巡回、巡逻、调查访问和定点联系等,全面了解辖区民众的意见和建议。交番警察一般采取 24 小时值班巡逻制度,接受辖区民众的报警和求助。

四是对居民的愿望要求经常举办答复活动。这种答复活动是定期的,已经形成制度。形式上包括派出所和驻在所的联络协议会和开展所在管区内解决一事一案运动,[1]通过各种方式走进居

---

[1] 参见孙悦:《以社区警务为纽带的治安防控体系构建研究》,甘肃政法学院 2016 年硕士学位论文。

民中去，了解矛盾解决矛盾，使得居民更乐于选择警察民事调解。[1] 社区警察走访解决纠纷，调解地点是现场。

五是警哨亭接访、街头警务相谈。警哨亭是街头警务形式，在街头与求助民众开展警务相谈，随时解决求助的民事纠纷。

除城市的交番外，在位置偏远的农村，设有农村社区治安中心驻在所，同社区警察一样，为辖区民众矛盾纠纷开展多种形式的调解工作。驻在所一般设立于农村及边远地区，日本全国一共设置了6380个驻在所。由于地处偏远，许多驻在所的警察索性举家搬入，以所为家。实行的是24小时勤务制。[2]

再如，英国PAT24小时安排有较高社会问题解决能力与民事纠纷处理经验的警察值守，为民众提供服务性沟通与建议，也会给出调解建议帮助化解纠纷。实践证明，取得了较好的效果。

以上域外警察民事调解制度的普遍做法，反映出一些内在的规律性，值得研究、思考。"他山之石，可以攻玉"，在我国构建警察调解制度中，结合我国国情与实践，进行比较分析，有助于获得有益启示与借鉴。

---

[1] See Ames W L. "Police in the Community: Community Involvement in Japan in the Prevention and Solution of Crimes", *The Police Journal*, Vol. 52, No. 3, 1979, pp. 252-259.

[2] 参见程婧：《日本现代警务的主要特色》，载《江苏警官学院学报》2020年第6期。

第五章 警察民事调解制度正当性与立法建议

如前所述，通过调研发现，警务实践中，对于警察民事调解是否是真正的警务活动，存在着认识上的分歧。调查问卷显示，30%的警察认为不是警务活动，另外有7%的警察表示不清楚。此外，学界也有人认为警察民事调解不是警务活动。例如，有学者明确地主张，警察民事调解的性质应理解为一种非警务活动，警察民事调解可以采取正式程序或非正式程序。[1]此外，还有部分学者认为警察不应该继续参与民事调解。除上文提及的部分公安理论与实务专家将警察调解工作划分为公安机关非警务活动以论证其存在的非必要性外，有学者总结出以下几点反对者的观点：(1) 警察权是一种行政权，行政权化解民事纠纷有悖于民法意思自治的原则。(2) 依照我国现行的法律法规，民事纠纷是一种非治安案件，而且公安人员的个人能力和经验的差异，难免会造成警察处理民事纠纷的标准的不一致。(3) 就我国目前的立法而言，一些关键的法律概念仍然处于模棱两可的状态，会造成警察执法混乱。(4) 让公安机关化解事无巨细的民事纠纷，会导致公安机关所接受的任务过于繁重。对此，有学者指出，目前我国法律对

---

[1] 参见周丽萍：《浅析人民警察执法中存在的民事调解问题》，载《西部法学评论》2013年第3期。

警察化解民事纠纷并无明确规定，造成现实中一些警察只解决法律规定的仅有的因民间纠纷引起的治安案件中的民事部分，而对接到的大量民事纠纷的报警以法无规定为由而拒绝处理。并且，由于领导对警察参与民事调解纠纷不重视，公安机关绩效考核等因素的影响，警察民事调解工作一直不被作为公安机关工作的重心。[1]

综上，理论与实务相互作用，并且对立法构建警察民事调解制度也产生了影响。这种分歧不仅体现在实务中警察对于民事调解是否属于正当警务活动的认识，影响警察参与民事调解的积极性上，还体现在公安实践中对于是否进行民事调解上的做法不一，体现在公安系统关于警察民事调解尚未形成系统的制度安排，有关管理不够规范，办案系统内没有设置纯民事纠纷……以上种种，限制和妨碍了警察民事调解发挥的作用。因此，有必要明确论证警察民事调解制度的正当性、合理性问题，以便奠定构建警察民事调解制定的理论基础，提高警察对民事调解制度的认识，统一思想，重视警察民事调解制度，从而推动警察民事调解制度系统的确立完善。本章从立法、法理、实务等多方面，并结合域外比较研究的结果，对警察民事调解的正当性、合理性进行论述，并在此基础上，针对警察民事调解正当性依据在立法上存在的不足之处，提出完善建议，在立法上为民事调解制度的构建提出建议。

一、警察民事调解制度的正当性

正当性即价值判断，同时也是道德判断和法律判断，是人们综合认识某一具体事务所持有的态度。警察民事调解是否具有正当性？回答这一问题，既需要价值层面的判断，同时还要从道德理性和法律基础上斟酌。当前我国虽然未建立警察民事调解制度，但实践中

---

[1] 参见吴道霞、孙艳鑫：《公安绩效考核中处理民事纠纷指标体系构建初想》，载《山东警察学院学报》2020年第2期。

警察民事调解不仅存在而且在化解矛盾纠纷中发挥了重要作用。在我国构建警察民事调解制度不仅必要，而且可行，具有正当性。[1]

（一）警察民事调解制度具有立法依据与相关法律支持

1. 警察民事调解有专门立法规范

通过查阅立法文献，可以发现，我国警察民事调解具有法律基础，警察民事调解在法律上具有合法依据。对于纯粹的民事纠纷，如婚姻家庭纠纷、邻里纠纷、继承纠纷、债务纠纷、赔偿纠纷等类型的民事纠纷，在以调解方式解决这类民事纠纷的问题上，警察是否能以调解者的身份主持调解工作呢？立法上给出的答案是肯定的。

如前所述，1995 年《人民警察法》规定了警察的帮助义务，该法第 21 条规定，对公民提出解决纠纷的要求，应当给予帮助。[2] 该规定意味着公安机关对民事纠纷可以提供包括调解在内的多种形式的服务与帮助。由于该法并未具体限制要求解决纠纷的类型，因此这一规定成为警察民事调解的立法根据，并在实践中开展起来。

2012 年修正的《人民警察法》原文保留了这一规定。表明立法上对警察民事调解的肯定态度。虽然立法条文表述不具体，甚至可以说是模糊、原则性的，但依然可以作为警察民事调解的立法依据。

以上是立法对警察民事调解提供的法律依据，概括起来：有立法依据，但具体规范不多。相比而言，对于警察治安调解的立

---

[1] 参见周艳萍：《新时期构建有中国特色的警察民事调解制度初探》，载《中国人民公安大学学报（社会科学版）》2022 年第 5 期。

[2] 1995 年《人民警察法》第 21 条第 1 款规定，人民警察遇到公民人身、财产安全受到侵犯或者处于其他危难情形，应当立即救助；对公民提出解决纠纷的要求，应当给予帮助；对公民的报警案件，应当及时查处。2012 年修正的《人民警察法》原文保留了这一规定。

法规范较为充分、具体。

2. 警察治安调解规范和交通事故损害赔偿调解规范

如前所述,警察调解最初确立的就是治安调解。1987年《治安管理处罚条例》第5条规定,对于因民间纠纷引起的打架斗殴或者损毁他人财物等违反治安管理行为,情节轻微的,公安机关可以调解处理。2006年《治安管理处罚法》继续确认治安调解,并开启公安机关对治安纠纷以及所关联民事纠纷的解决采取"双轨制"的模式。该法第9条在继续确定以上治安调解的基础上,补充规定,经公安机关调解,当事人达成协议的,不予处罚。经调解未达成协议或者达成调解协议后不履行的,公安机关应当依照本法的规定对违反治安管理行为人给予处罚,并告知当事人可以就民事争议依法向人民法院提起民事诉讼。在此,《治安管理处罚法》明确了调解的适用条件、对象和救济渠道等事项。

此外,公安部陆续出台了关于治安调解的具体规范,包括:2006年《程序规定》和2007年《调解规范》。《程序规定》是公安机关实践中普遍运用的法律规范。该规定第10章第152条至第158条对公安机关执法过程中的调解程序作了明确的规定。2007年《调解规范》进一步细化规范治安调解工作。2013年《程序规定》修改,增加了当场调解的规定、新增两种不适用治安调解的情形,规定二次调解的期限,调解需制作调解笔录,细化调解协议应当载明的案件情况的具体内容,以及调解达成协议须保存证据材料入案卷,并规定当事人达成和解协议并履行,经公安机关认可的,可以不予治安管理处罚。

此外,公安部以《治安管理处罚法》为本源而制定的《公安机关执行〈中华人民共和国治安管理处罚法〉有关问题的解释》中,也对公安机关化解涉违反治安管理行为引起的民事纠纷问题作了若干规定。

虽然以上规定是对治安调解程序的规定,但是人民警察在参与民事调解时也可参考。治安调解虽然不同于普通的民事调解，但如前所述，治安调解与警察民事调解具有一定的相同之处，二者都是以警察为主体进行的调解。实践中，同一个治安警察常常既要处理治安案件，还要处理接警的民事纠纷。因此，治安调解的相关规范，对于警察民事调解具有一定的参考作用。

除此之外，《道路交通安全法》专门规定了警察对于交通事故引起的民事损害赔偿纠纷的调解。依据2004年《道路交通安全法》第74条规定[1]，对交通事故损害赔偿的争议，当事人可以请求公安机关交通管理部门调解，也可以直接向人民法院提起民事诉讼。经公安机关交通管理部门调解，当事人未达成协议或者调解书生效后不履行的，当事人可以向人民法院提起民事诉讼。这一规定为警察对交通事故损害赔偿争议进行调解提供了立法依据。由于交通事故引起的民事损害赔偿纠纷本质上也是民事纠纷，因此，对该类纠纷的调解，也对警察民事调解具有一定的参考作用。

3. 完备的人民调解、诉讼调解法律规范

当前，尽管专门的警察民事调解规范不完善，但可以借鉴参照人民调解、诉讼调解的法律规范。如前所述，警察民事调解与人民调解、诉讼调解之间，存在着密切的联系，三者调解的对象是相同的，这是警察民事调解可以一定程度上参考人民调解、诉讼调解法律规范的理由。在我国，有专门的《人民调解法》，诉讼调解的法律规范亦较为完备，除《民事诉讼法》的相关规定外，还有最高人民法院发布的许多有关调解的司法解释、文件等。这些均可为警察民事调解提供一定参考依据。

---

[1]《道路交通安全法》后经2007年、2011年、2021年三次修改，第74条第1款规定一直予以保留。

4. 警察民事调解有望在立法上进一步明确

2016年公安部公布的《人民警察法》(修订草案稿)，该修订草案稿第12条明确将"调解处理民间纠纷"列入了人民警察的"职责范围"。这一规定意味着警察调解民事纠纷将成为一项明确的警察职权，具有一定的导向作用。

(二) 当前的社区警务模式要求警察参与民事调解

社区警务模式为警察民事调解制度提供了生存土壤。在社区警务模式中，警察与民众的关系居于非常重要的位置。正是由于这种社区警务模式的建立，客观上要求警察密切与民众的联系，及时回应民众的需求，解决民众的问题，为民众遇到的日常民事纠纷及时提供帮助，而这种帮助的主要方式就是进行调解。

警务模式的不同选择，会影响警察民事调解的必要性与可行性。从社会知识的产生角度看，预防和打击犯罪依赖于警察与社区民众共同的沟通与互动。放眼域外，美国在对警务模式的选择上也经历过曲折的发展道路。如前所述，20世纪70年代前，按照布雷顿的纽约警察模式，预防和打击犯罪的知识作为一种专业性知识，应该是由警察垄断的。换句话说，专业的人做专业的事，预防和打击犯罪是警察的专业，应该让普通民众回避。但20世纪70年代后，警务职业化、专业化警务模式遭遇了危机，社区警务模式受到关注。尤其是"9·11"事件之后的反恐怖工作，迫使美国警务工作重新思考纽约警务模式的有效性，最终，依托社区开展反恐怖工作，回归社区警务的传统努力重新建构警察与社会民众之间的联系纽带又成为警务工作的主流。[1]

通过考察域外民事调解制度的起源与发展，笔者发现，警察民事调解制度与社区警务的确立与发展、与警察服务职能的强调

---

[1] 参见周艳萍:《新时期警察民事调解研究:意义、挑战与完善路径》，载《湖北警官学院学报》2021年第5期。

存在密切关系。对警察服务职能的重视,必然促进警察民事调解制度的发展与完善。警察民事调解制度是社区警务模式下的必然产物。社区警务是当前世界主要警务模式,并且在不断发展完善之中。因此,警察民事调解是当前,也是今后发展的趋势。

在我国,2002年公安部与民政部《关于加强社区警务建设的意见》发布,2002年3月,在杭州召开的全国公安派出所工作会议提出,全国大中城市应该全面推进社区警务制度的实施,2006年出台的《公安部关于实施社区和农村警务战略的决定》使社区警务从城市推广到农村。当前社区警务的概念已经越来越多地被公安理论研究者与基层公安实践单位所应用。目前学界认为社区警务主要包含"立足社区""警民合作""预防犯罪为主"三个中心点。群众路线即国家机关应与广大人民群众相结合,是我国社区警务的理论基础。"立足社区""警民合作"要求促进警民关系良性发展,要求积极构建新时期警民和谐关系,如何在行动上体现出"为居民着想",也是新时期社区警务制度发展的重要环节。[1]居民间发生纠纷自力解决不了,向警察提出求助,这种情况下,对民事求助的民事纠纷进行调解,是立足社区、警民合作、促进警民关系和谐的基本要求。

可见,当前推行社区警务,也必然要求警察在民事调解中发挥作用。确立和发展警察民事调解制度是必然的,也是大势所趋。

(三) 警察的职能定位要求警察参与民事调解

警察的职能定位不同会影响警察民事调解的正当性,公安机关的职能定位不同会直接影响警察的工作职责。通过前述对我国警察调解制度的历史考察,可以看到,我国警察调解制度从产生初始,即在全心全意为人民服务这一公安工作的基础宗旨所确立的警察的服务职能下,获得了坚实的政策基础和职能正当性。长

---

[1] 参见姚舜:《社区警务:内涵与发展》,载《长白学刊》2016年第6期。

期以来，为人民服务作为人民警察的工作宗旨虽然得到确立，而且影响深远，但是对于公安机关的职能定位总有不同的声音。一些人认为：公安就是预防和打击犯罪的专业部门，因此，与预防和打击犯罪无关的其他事务不应是警察的工作范围。在这种认识和其他因素的影响下，传统警察工作中的一部分工作作为"非警务活动"被剥离出来，警察工作更专注于预防和打击犯罪。这种声音不仅在中国有，在美国等国家同样有类似的说法。20世纪90年代曾经担任过美国纽约警察局局长的布莱顿就说：警察不是保姆；警察局也不是民政局。警察是打击犯罪的专业部门。在他领导下的纽约警察局创立了情报主导警务的纽约模式，这种警务模式对美国和其他许多国家流行的社区警务模式产生了巨大的冲击。[1]

笔者考察域外发现，当前西方警务发展进入第四次警务改革阶段，以社区警务为标志，警察角色定位为打击与服务并重，并不断扩大服务职能，尽管对警察是否应该提供社会服务的争论一刻也没有停止，然而服务似乎已然成为各国警察角色法律性的重要内容了。美国律师协会提出的《关于城市警察职能的标准》，明确了警察角色的重要地位。[2]执法与服务成为当今警察的两项基本职能。从英美等国家的警务发展史看，每一次强调执法淡化服务的警务变革相伴而生的都是警民关系的弱化甚至恶化。社区警务是英国警务的基石。英国警务实践经验表明，警察在社区的可见度以及社区居民对确定社区警务中心工作的发言权直接影响着公众对警察的信任度。

新中国成立以后所颁布的《人民警察法》，均明确肯定警察服务职能。在我国经济转型期，利益矛盾凸显，警民矛盾也比较

---

〔1〕 参见周艳萍：《新时期警察民事调解研究：意义、挑战与完善路径》，载《湖北警官学院学报》2021年第5期。

〔2〕 参见马顺成：《警察角色定位的理论检视与属性分析》，载《济南大学学报（社会科学版）》2020年第5期。

突出,部分警察虽然"严格执法"但忘却了"热情服务",造成警民关系疏离。为此,须加强人民警察社会主义核心价值观教育,强化民本警务的观念。2015年2月,《关于全面深化公安改革若干重大问题的框架意见》及相关改革方案开始实施,公安机关推出了上百项便民措施,拉开了新时期民本警务的序幕。[1]当前,在我国推行的社区警务模式下,警察职能从警察专业化运动时期的执法为主转变为执法、维护治安以及服务大众并重。实际上,从我国警察制度的发展历史上可以看到服务最初就是警察的一个职能。如前所述,我国早在1957年《人民警察条例》第3条即确定了"为人民服务"这一公安工作基本宗旨。改革开放前,特别是在新中国成立之初及其之后的很长时期,为了维护社会主义新生政权,有效打击各种颠覆势力,我国公安政法机关是政府实现社会管理的重要部门。随着改革开放的深入,公安机关职权范围过大、机构臃肿等问题不断暴露出来。把公安机关一部分职能转移到政府其他部门(如民政、交通行政、公共卫生、安全生产、应急管理等)或社会机构就显得非常必要。但是,应当清楚地认识到,因为我国特殊的国情和当前国内外形势的特殊性,我国公安机关的职能定位与西方国家警察机关的职能定位存在根本性的区别。《人民警察法》第2条第1款明确规定了我国公安机关的职能,即人民警察的任务是维护国家安全,维护社会治安秩序,保护公民的人身安全、人身自由和合法财产,保护公共财产,预防、制止和惩治违法犯罪活动。《人民警察法》第3条也明确地规定了我国公安机关的工作原则和宗旨,即人民警察必须依靠人民的支持,保持同人民的密切联系,倾听人民的意见和建议,接受人民的监督,维护人民的利益,全心全意为人民服务。而1995年《人

---

[1] 参见栗长江:《英国最新警务改革:路径·趋势·启示》,载《山东警察学院学报》2017年第1期。

民警察法》第21条规定的对公民提出解决纠纷的要求,应当给予帮助,即确立警察民事调解的规定,与该法以上规定的公安机关职能与工作宗旨相呼应是对"为人民服务"这一基本宗旨的贯彻,也是履行警察服务职能的体现。同时,"为人民服务"的宗旨也是在新时期,适应社区警务模式的推行、警察执法理念从管理到服务的转变而确立的。

可见,警察职能定位,即从管理向服务的转变,客观上要求警察参与民事纠纷的解决。在我国,警察的职能定位更是强调服务人民、以民为本,因此,警察民事调解必然是警务活动的一部分,具有正当性。普通民事纠纷案件,法律虽然没有明确规定属于公安机关的职能范畴,然而因"有困难找警察"的观念深入人心,群众在遇到民事纠纷时,第一时间想到的就是拨打110电话向警察求助,希望通过警察的调解而使纠纷得以有效解决。人民警察的最高宗旨是"全心全意为人民服务""有警必出"使得人民警察在接到群众报警后必须对民事纠纷进行调处。

由此可见,我国公安机关不仅仅是一个预防、制止和惩治违法犯罪活动的专门机关,也是一个承载着为人民服务的宗旨、发挥维护国家安全和维护社会治安秩序等作用的重要机构。在这样的职能定位之下,我国公安机关仍然需要继续坚持群众路线的原则。唯有如此,为人民服务的宗旨才能实现。也只有这样,警察民事调解才能真正找到生长发展的逻辑。[1]

(四)当前社会治安综合治理政策,大调解、多元解纷机制等要求警察积极对待警察民事调解

新时期,治安形势日趋复杂,国家提出了建设和谐社会的目标,确立了社会纠纷综合治理"大调解"的思路。在这一背景下,

---

[1] 参见周艳萍:《新时期警察民事调解研究:意义、挑战与完善路径》,载《湖北警官学院学报》2021年第5期。

警察参与调解民事纠纷已成为新常态，人民警察也已逐渐成为基层各类纠纷调解的主要力量。综合治理所提出的"源头治理"，为社会治理工作提供了入口和路径，社区警务也应该以社会化服务为方向，及时反映和协调人民群众各方面各层次的利益诉求，从源头上预防、化解各类社会矛盾。[1]

从另一方面来看，包括民事纠纷在内的各类纠纷的调解活动嵌入基层法治建设和国家治理实践中，这必然要求彰显公安机关在调解中的作用。[2]从问题导向出发，民事纠纷是一种普遍的社会纠纷，对社会治安带来隐患，若能得到及时调解，可防止矛盾升级，即防止民事案件演变成治安案件或刑事案件，从而降低处罚类案件的发案率；相反，若得不到及时调处，极有可能上升为治安案件甚至刑事案件。例如，2021年四川省遂宁市公安局调研发现，近年来，由家庭婚姻、经济纠纷、邻里纠纷、琐事矛盾引发的命案越来越多。为此，四川省遂宁市公安局积极开展矛盾纠纷化解工作。2021年上半年，全市各级公安机关共排查、受理交通事故、婚姻家庭、邻里、人身伤害、消费、财产等20余类矛盾纠纷12 817件，成功调解12 768件，调解成功率为99.62%。通过及时化解民事纠纷，防止可能引发的"民转刑""刑转命"，[3]同时，也密切了警民关系，增强人民群众对公安机关的信任，进而增强人民群众对政府的依靠，和谐社会关系。可见，民事纠纷若及时得以调解，可以将矛盾化解在基层，减少上访上告率，减少社会不安定因素，有利于维护社会稳定，营造更加良好的生产生活环境。

---

[1] 参见薛向君：《社区警务研究的文献解读》，载《中国人民公安大学学报（社会科学版）》2015年第5期。

[2] 参见于龙刚：《法治与治理之间——基层社会警察"解纷息争"机制分析》，载《华中科技大学学报（社会科学版）》2016年第3期。

[3] 数据来源于笔者调研，出自四川省遂宁市公安局提供的"全市公安机关2021年上半年矛盾纠纷化解工作总结"。

总之，警察民事调解工作是做好社会治安综合治理的一道重要防线，是与打击违法犯罪相辅相成的。同时，警察民事调解也是诉源治理、多元解纷、促进社会和谐建设的重要组成部分，这是警察民事调解的时代意义。新时期警察调解所具有的时代意义，也是警察民事调解制度正当性的依据之一。关于警察民事调解的时代意义，本书第二章已经有详细阐述，在此不赘述。

（五）实践证明警察民事调解日益发挥重要作用

1. 警察民事调解普遍化、常态化

从前述第三章实务调研中可见，实践中，警察进行民事调解已经成为许多派出所工作的日常部分。具体表现在以下两个方面：

（1）绝大多数派出所均开展了民事调解工作。例如，如前所述，山东省济南市公安局某派出所，山东省招远市公安局下辖的A、B、C三个街道派出所，以及D、E两个镇派出所共6个派出所中，除E派出所，其他5个派出所均对接警民事纠纷开展调解工作，占比83.3%。

开展民事调解的派出所中，接警民事纠纷数量近年来均不断增加，呈上升趋势。例如，如前所述，济南市公安局某派出所近两年来，警察民事调解案件数量呈较快增长。2020年，受理民事调解纠纷数量为216件，2021年则增长至424件，增幅高达96.3%。山东省招远市公安局A派出所近两年来，警察民事调解的案件数量也呈较快增长。2020年，受理民事调解纠纷数量为1112件，2021年则增长至2321件，增幅达108.7%。此外，2020年、2021年、2022年1月至5月，该所对接警申请调解的民事纠纷，全部进行了调解，调解率为100%。其他几个派出所，包括B派出所、C派出所，以及D派出所等，接警民事纠纷数量近年来也均不断增加，在此不赘述。

可见，在实践中，警察民事调解并不是稀奇的事，而是已经普遍化、常态化了。

(2)有些派出所，民事调解工作量已经超过治安调解工作量，成为重要的警务工作。例如，如前所述，山东省招远市公安局A派出所治安调解与民事调解对比数据显示，该所治安案件数量明显低于民事调解案件数量，呈较悬殊的对比关系。无论在接警、调解数量上还是调解成功数量上，治安调解均明显低于民事调解。这说明了该所重视民事调解，民事调解已经成为重要的警务工作。

图5-1对该所接警治安案件数量与接警民事纠纷数量，与二者对应的实际调解案件数量所进行的对比，清晰地呈现二者的相互关系。

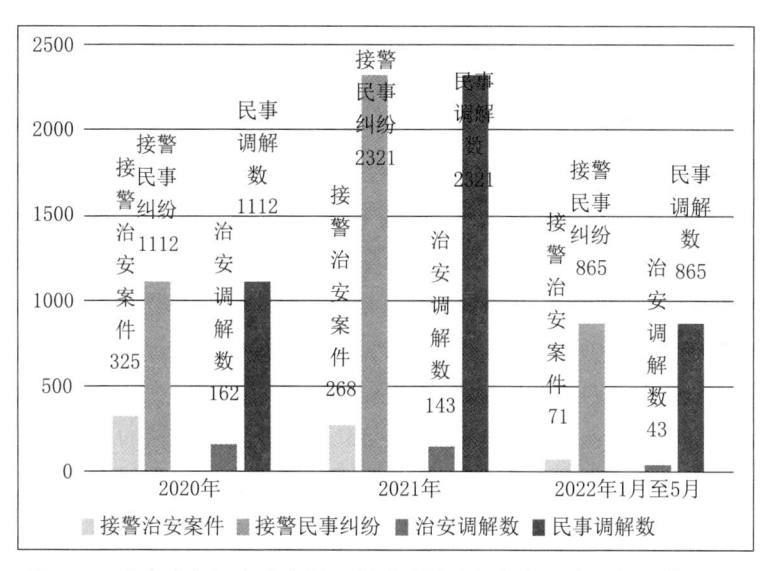

图5-1 山东省招远市公安局A派出所治安调解与民事调解接警数量、调解数量对比图（单位：件）

2. 枫桥经验的良好印证——警察民事调解工作取得了良好的效果

实践是检验真理的唯一标准。一项制度是否具有正当性，实践是最好的试金石。通过前述实证调研显示，警察民事调解工作的开展，能够有效避免民事案件升级，从而减少治安案件的数量，促进治安状况的改善，促进社会和谐。同时，也减少了诉诸法院的案件数量，缓解司法压力。而这也有力地印证了新时期枫桥经验提出的"矛盾不上交，平安不出事，服务不缺位"。积极化解群众求助解决的矛盾纠纷，做好服务，多元化解决矛盾，有利于把各类风险防范在源头、化解在基层、消灭在萌芽状态。[1]

例如，山东省招远市公安局A派出所积极开展民事调解工作，调动辅警，以及特邀人民调解、律师等社会力量，多元主体调解民事纠纷，解决了大量民事纠纷，减少了治安案件数量，取得了良好的效果。从该治安调解与民事调解接警数量、调解数量对比图中，可以清楚地看到治安调解与民事调解间的此消彼长的关系。数据显示，该所近年来，治安调解案件明显减少呈下降趋势，例如，2020年，接警治安案件325件，2021年接警治安案件下降至268件，2022年1月至5月，接警治安案件71件。相反，该所接警民事调解案件明显增长，呈显著上升趋势。例如，2020年，接警民事纠纷1112件，2021年，接警民事纠纷则上升至2321件，2022年1至5月，接警民事纠纷865件。此外，数据显示，该所对接警民事纠纷，全部进行了调解，调解率为100%。

而下面，通过对同样是山东省招远市公安局下辖的两个乡镇派出所，即D镇派出所与E镇派出所治安调解与民事调解数量对比关系的调研，更是清楚地证明：积极开展民事调解对治安工作的好转具有的正向促进作用。反之，不重视民事调解，则导致治安案件的增加、治安工作的繁重。

---

[1] 参见王世卿、杨叶锋：《枫桥经验：历史、价值与警务模式创新实践》，载《中国人民公安大学学报（社会科学版）》2018年第6期。

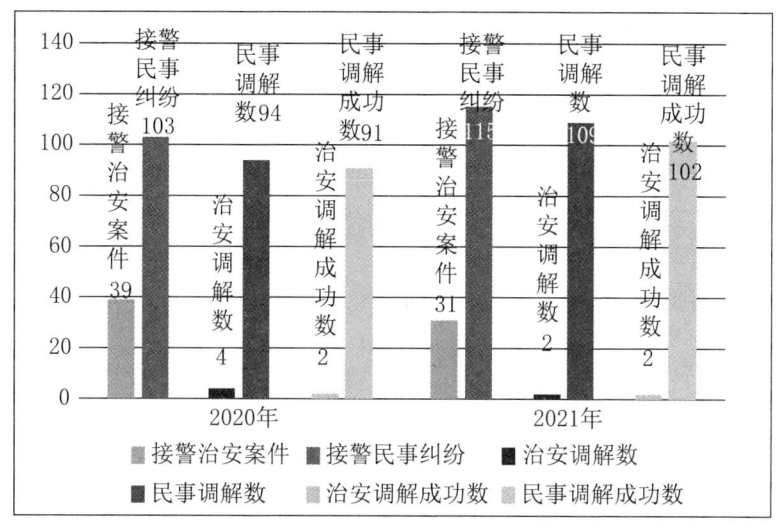

图 5-2 D 镇派出所治安案件与民事纠纷接警、调解及调解成功数量对比（2020 年~2021 年）（单位：件）

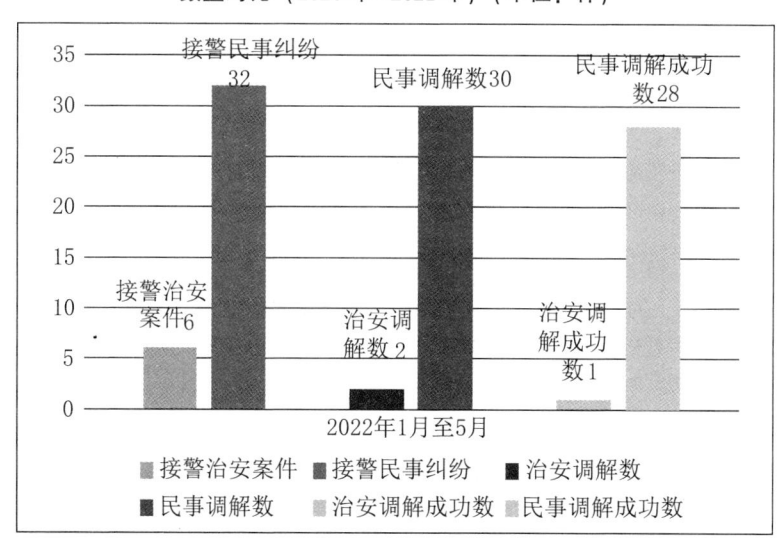

图 5-3 D 镇派出所治安案件与民事纠纷接警、调解及调解成功数量对比（2022 年 1 月至 5 月）（单位：件）

数据显示，D镇派出所近三年接警治安案件数量明显低于民事调解案件数量，呈较悬殊的对比关系。不仅接警治安案件总量较少，且相比接警民事调解案件数量也较少。例如，2020年接警治安案件39件；2021年接警治安案件31件，2022年1月至5月，接警治安案件只有6件。

相比之下，接警民事调解案件数量较多，且民事调解率、成功率也较高。例如，2020年接警民事纠纷案件103件，对其中94件进行民事调解，调解率为91.3%；此外，调解成功案件数量为91件，调解成功率96.8%。2021年接警民事纠纷案件115件，对其中109件进行民事调解，调解率为94.8%；此外，调解成功案件数量为102件，调解成功率93.6%。2022年1月至5月，接警民事纠纷案件32件，对其中30件进行民事调解，调解率为93.8%；此外，调解成功案件数量为28件，调解成功率93.3%。

以上数据说明了该所治安状况良好，也说明了重视民事调解，民事调解的强化与完善，对治安秩序的维护、治安工作的减负具有直接、正向、积极的促进作用。

相反，同样是乡镇派出所的E镇派出所，虽然接警申请调处的民间纠纷数量较多，民间对派出所有较强烈的调解需求，但该所对接警申请调解的民事纠纷，一律不予调解，而是直接告知当事人找村委会解决或者向法院提起诉讼。图5-4中，直观显示出该所接警民事纠纷数量相比较D派出所较多，例如，2020年，接警申请调处的民事纠纷185件，而D派出所为103件；2021年，接警申请调处的民事纠纷193件，而D派出所为115件；2022年1月至5月，接警申请调处的民事纠纷90件，而D派出所为32件。但该所实际调解处理的，为0件；而D派出所调解率则均在90%以上。

与此相应地，该所接警的治安案件较D派出所明显高出很多。例如，2020年该所接警治安案件465件，而D派出所仅为39件；

2021年该所接警治安案件上长增至625件，而D派出所则下降至31件；2022年1月至5月，该所接警治安案件268件，而D派出所仅为6件。

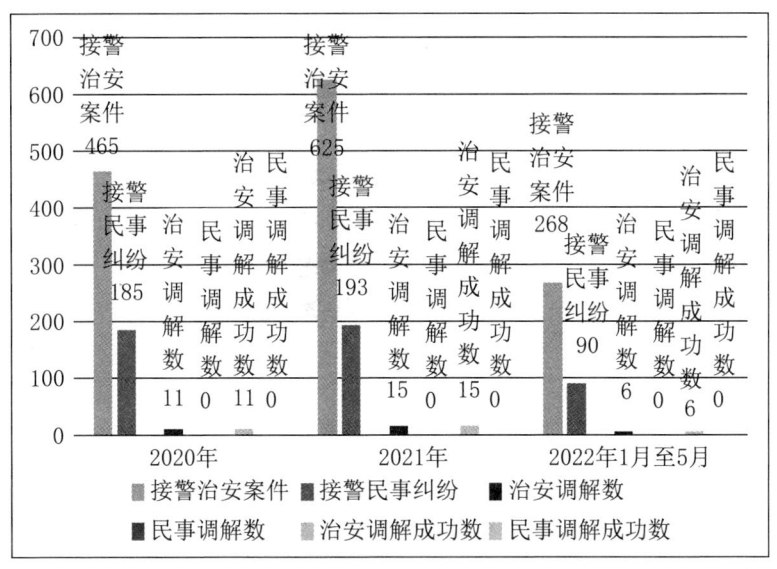

图 5-4　E 镇派出所治安案件与民事纠纷接警、调解、调解成功数对比图（单位：件）

对比两个派出所治安调解与民事调解案件相关数据，在看到更为鲜明对比的同时，也找到了悬殊数据背后的原因。重视民事调解工作，对治安工作的具有正向、积极的促进作用。相反，不重视民事调解，认为民事调解不是警务工作，或以警力不足治安工作繁重等为由，而置群众调处纠纷的需要于不顾，挡之门外的，治安工作非但没有得到缓解，相反案件更多，工作更加繁重。实证调研的结果，充分证明了警察民事调解工作的重要性，以及其作为警务活动的正当性。

(六) 警察民事调解所具有的独特价值也为其制度正当性提供支持

通过本书第一章导论中,对于警察民事调解与人民调解、与法院调解关系的比较分析,可以清楚地看到警察民事调解所具有的比较优势。在此不赘述。

此外,对于警察民事调解所具有的比较优势,学界有一些描述。例如,有学者提出公安机关调处民事纠纷相对于民间调解而言,具有合法性与权威性的优势;公安机关化解民事纠纷,快速、高效、直接;当事人对公安机关的处理结果有很高的认可度;警察化解民事纠纷可以对纠纷的发生发展起到一种震慑作用;警察民事调解成本低廉;公安机关化解民事纠纷能够有效及时防止民事纠纷继续升级。[1]警察民事调解具有效率高、程序便捷、成本低廉、调解主体具有权威性的特点,可以缓和社会纠纷解决压力,有效提高司法资源利用效益,满足公众对于纠纷解决效率和效果的追求。

实践表明,警察民事调解表现出的独特价值,被警察以及社会公众所认可。通过本书前述实务考察,也证实了这一点。如前所述,关于警察对于民事纠纷的调解意愿的调查问卷中,占比73%的警察对调解持支持态度,这说明绝大多数警察对于调解是认可的,有需求的。此外,问卷结果显示的警察愿意调解的原因,其实就是警察调解所具有的比较优势的体现。主要包括:第一,参与问卷调查中,62%的警察认为公安调解速度更快,调解成本低。第二,42%的警察认为公安调解权威性高,调解协议容易达成。第三,19%的警察认为调解协议履行得好。第四,18%的警察认为民事调解能消除治安隐患控制犯罪。以上诸多优势,为建

---

[1] 参见吴道霞:《警察民事调解之法理和实证分析》,载《理论界》2014年第9期。

立制度化的警察民事调解提供了可能性与必要性。

(七) 域外经验表明,建立警察民事调解制度是必要可行的

通过本书第四章"域外警察民事调解制度考察"可见,在社区警务模式成为当今世界潮流背景下,警察民事调解在域外,如美国、英国、日本、新加坡等国普遍受到重视,警察参与纠纷的调解不仅出现早,而且调解范围也较广。在世界各国的警务实践中,大量纠纷流向、求助于警察部门是一种普遍性的趋势,而调解是警察应对民事纠纷行之有效的方法,警察民事调解已经成为各国警务工作的重要组成部分。域外警察民事调解制度实践结果表明,警察民事调解案件数量的增加,很大程度上起到了缓和社会矛盾、促进居民自治等方面的作用。

在美国,经历了警务职业化、专业化警务模式所遭遇的危机后,20世纪70年代开始转而发展社区警务,将工作重点转向改善警察与社区的关系,恢复步行巡逻,以社区为重点提供警察服务。社区警务强调警察应该解决社会问题,这非常符合现代社会对警察的期待与要求。社区警务更加依赖社区参与和警民关系建设,要求警察从单纯的执法者角色转变为"社会工作者"。如今,社区警务成为美国的国家战略得到长足发展。警察职能从执法为主转变为执法、维护治安和服务大众。美国警察民事调解范围广泛,以合意性调解为基本方式,并且警察与社区调解中心合作,调解主体多元化。尽管社区警务在推行过程中遇到了不同程度的阻力,但现有研究表明,警察对这些创新策略的态度已经发生了积极的转变,警察服务大众解决民事纠纷,促进了警民关系的改善和社会治安状况的好转。

在日本,警界认识到"警力有限而民力无穷"后,借鉴美国的经验,结合本国实际,开始推行社区警务战略,积极开展民事调解,贴近民众。通过转变警务战略,解决民众问题,同广大民众结成紧密联系,努力实现警民和谐、从根本上减少治安案件并

预防犯罪的目标。日本警察民事调解途径多种、方式多样，例如，在警察局提供当面咨询解决纠纷、专门的咨询电话解决纠纷、社区警察走访解决纠纷以及警哨亭接访、街头警务相谈等，通过以上多种方式，随时、迅速解决民事纠纷。

在英国，与美国一样经历了警察职业化所带来的困境后，20世纪60年代开始推行社区治理改革，警务发展进入解决社区问题时期，服务再次回归。2011年开启的新一轮警务改革，内容之一就是强化社区警务，强调为居民服务。英国警察服务范围广泛，只要社区民众求助解决的民事纠纷，均在警察调处范围。与日本一样，英国也设有PAT，对求助解决的纠纷提供咨询或者调解。在调解主体上，除警察外，还广泛吸收社会成员参与，例如由警察牵头组成的专门性委员会、协会，以及成熟且高效的行政裁判所等，共同参与处理各类纠纷。

通过考察可见，伴随着社区警务模式的回归与推进，域外警察民事调解制度普遍确立与发展起来，实践证明，警察民事调解有利于密切警民关系，服务社区、及时化解纠纷，实现警察服务职能的同时，也促进预防打击违法犯罪职能发挥行之有效的办法。因此，借鉴域外经验，加之我国警察民事调解实践，均可以证明，在我国建立警察民事调解制度是必要的也是可行的。

二、构建警察民事调解制度的立法建议

通过前述分析可见，我国专门针对民事调解的立法依据有限，且较为原则、规定不明确。因此，有必要对警察民事调解制度在立法上予以明确、充实，以便为警察民事调解的正当性提供更坚实的法律基础。

（一）修改《人民警察法》明确警察民事调解职权

建议修改《人民警察法》明确警察民事调解职权，明确警察民事调解的调解主体、调解范围、调解原则等重大内容。立法完善对于一项制度的建立和发展具有重要作用。作为一项法律制度，必须具有基本内容作为支撑。当前，之所以学界认为我国警察民事调解制度尚未确立，主要原因在于作为制度必须具有的基本内容，尚没有立法规定。实践中处于摸索阶段，已经有了一些成熟的做法和经验，需要立法，以及理论界予以关注、研究、评估。尤其现在立法的滞后，已远远不能满足实践发展的需要，有必要对实践作出回应，对有关警察民事调解的适用范围、调解主体、调解遵循的基本原则、程序等基本内容作出明确规定。如前所述，《人民警察法》第21条虽然规定了警察应当对公民提出解决纠纷的要求给予帮助，但法律并没有明确指出警察可以调解的民事纠纷范围、程序、规范等。[1]因此，建议《人民警察法》正式修改时，将修改稿中的有关警察民事调解职权内容予以肯定确认，在立法上，明确警察民事调解是警察的一项职权。同时可以增加规定警察民事调解适用的范围、主体、原则等基本内容。立法上明确警察民事调解属于正规警务活动的性质，将有助于统一思想观念，转变当前警察对民事调解的消极态度，提高实务部门以及警察对民事调解的重视。同时，对调解主体、适用范围、原则等基本内容进行规定，有助于搭建起基本的制度框架，为公安部门出台具体的程序规范提供指导、依据。

更为重要的是，立法上明确警察民事调解职权，有助于公安机关从宏观方面完善警察民事调解制度。例如，公安机关可以据此出台具体的有关警察民事调解规范，为警察民事调解提供明确的程序依据。此外，立法上明确警察民事调解职权，有助于公安机关在具体工作上推进警察民事调解工作的开展。例如，公安机关将警察民事调解纳入警务活动之中，完善警务工作考核体系等，

---

[1] 参见周艳萍：《新时期警察民事调解研究：意义、挑战与完善路径》，载《湖北警官学院学报》2021年第5期。

从而建立并完善警察民事调解各项保障制度，调动警察民事调解工作积极性。

此外，立法上的完善，对于警察民事调解制度法治化，迫切解决实践中的无法可依、非规范化的状况，具有至关重要的作用。英国是现代警察诞生的摇篮，英国警务变革的每一步，从警队的设置、裁并，到警察管理体制的变革，警察执法权限的变化等均是立法先行，改革在后，以确保每一次警务变革均在法制的轨道上进行。以英国《2011年警务改革与社会责任法》为例，该法长达256页，其第一部分为警务改革部分，包括8章102条，非常详尽。[1]从而使警务工作的开展有法可依。

目前，我国专门的警察法律只有《人民警察法》，2012年修订后有8章52条，法条规定得较为粗放，其中对于警察民事调解职权即第21条的规定，又过于简单粗略，存在歧义。因此，建议在修订时予以细化。将修订稿中明确的警察民事调解职权予以正式的立法确认，以利于为警察民事调解提供明确的立法根据。在依法治国的今天，让警察民事调解作为正当的警务活动，在立法上得以宣示，为警察开展民事调解，提供坚实的法律基础。

（二）从行政法规层面制定专门、统一的警察民事调解程序规范

建议公安部统一制定专门的警察民事调解程序规范，以便细化、落实警察民事调解相关内容，规范警察民事调解程序。在《人民警察法》从法律层面明确警察民事调解职权后，还需要公安系统出台专门的警察民事调解法规、部门规章，以进一步落实、细化警察民事调解程序规范。目前，公安系统在关于警察治安调解、警察关于轻微伤害案件调解以及交通事故损害赔偿调解方面，

---

[1] 参见栗长江：《英国最新警务改革：路径·趋势·启示》，载《山东警察学院学报》2017年第1期。

均有较为具体明确的规范。例如，治安调解有专门的《程序规定》《调解规范》等，对治安调解适用条件、对象、程序等提供具体的执法根据。警察民事调解也是警务活动的重要内容，公安系统尚无专门的程序规范。因此，针对当前警察民事调解程序规范的空白，公安系统有必要积极研究制定出台有关警察民事调解的专门程序规范。

当前，立法实践中，存在着以地方规章代替法律、行政法规的问题。例如，有些地方公安机关出台一些治安调解程序规范，内容不一，这些规定并不能解决民事调解程序规范问题，并且各地不统一、做法不同，有些与上位法律规范相矛盾。因此，需要从公安部层面制定行政法规，以统一全国各地警察民事调解程序规范，在提供具体规范的同时，实现法的严肃性和统一性。实践中，警察民事调解活动已经事实上成为警务活动的一部分，成为警察工作的日常，而警察民事调解活动处于无法可依的状态，已经严重影响到警察民事调解工作的开展，限制警察民事调解作用的发挥。调查问卷显示，对于警察民事调解存在的问题，38%的警察提出存在民事调解程序规范不足的问题。而在提出的建议中，占据第二位之多，高达23%的警察提出制定专门的民事调解程序规范。因此，公安系统有必要及时制定并出台有关警察民事调解的专门程序规范，为警察民事调解工作提供具体指导，以回应警察民事调解实践的迫切现实需求。

由于没有专门的法律规范，加之从事民事调解的警察，同时也从事治安工作，所以实践中，很多警察进行民事调解适用治安调解的规范，治安调解与民事调解混同。如前所述，治安调解与民事调解都是以警察为主体进行的调解，调解程序上有参考价值。但是，两类调解性质不同，对象不同，有明显区别，警察民事调解是独立的调解类型，因此，治安调解不能替代民事调解，治安调解规范也并不完全适合民事调解。

综上，公安系统有必要制定并出台统一、专门的警察民事调解程序规范，以为实践提供具体程序依据。

(三) 修正现有部门行政规章中与《人民警察法》矛盾的规定

原 2006 年《程序规定》第 152 条第 2 款规定，对不构成违反治安管理行为的民间纠纷，应当告知当事人向人民法院或者人民调解组织申请处理。这与 1995 年《人民警察法》第 21 条规定的对公民提出解决纠纷的要求，应当给予帮助——警察帮助义务相矛盾。2013 年《程序规定》第 153 条第 2 款继续保留原《程序规定》第 152 条第 2 款的内容。这一方面说明了实务部门对于法律上是否明确警察民事调解属警务活动存在歧义；另一方面说明，虽然对于法律理解没有歧义，但客观上不认同，或者认为警察民事调解不必要、不可行，因而作出了与《人民警察法》相矛盾的规定。《程序规定》的这一规定，也客观上造成对警察民事调解的阻碍与停滞。

此外，2007 年《调解规范》第 3 条第 2 款也有同样规定，即对不构成违反治安管理行为的民间纠纷，应当告知当事人向人民法院或者人民调解组织申请处理。

因此，建议删除《程序规定》第 153 条第 2 款和《调解规范》第 3 条第 2 款，即对不构成违反治安管理行为的民间纠纷，应当告知当事人向人民法院或者人民调解组织申请处理，以保持与《人民警察法》第 21 条的规定相一致。从法的效力等级上看，《人民警察法》属法律，《程序规定》属行政规章，下位法服从上位法。当下位法与上位法的规定相矛盾时，应当修改下位法的相关内容，以保证法的统一性与权威性。[1]

最后，在当前没有专门的警察民事调解民事纠纷立法情况下，

---

[1] 参见周艳萍：《新时期构建有中国特色的警察民事调解制度初探》，载《中国人民公安大学学报（社会科学版）》2022 年第 5 期。

作为权宜之计，笔者认为可以参照《民事诉讼法》《人民调解法》等法律中有关民事调解原则规定以及《程序规定》和《调解规范》中有关调解的程序执行。其中，以参照《民事诉讼法》《人民调解法》为主，以参照《程序规定》和《调解规范》为辅。

综上所述，警察民事调解是独立的调解种类，具有立法依据与相关法律支持，当前，社区警务模式要求警察参与民事调解，警察的职能定位要求警察参与民事调解，以及社会治安综合治理政策、大调解、多元解纷机制等要求警察积极对待警察民事调解，此外，日趋普遍开展的警察民事调解实践证明警察民事调解日益发挥独特的重要作用，警察民事调解所具有的独特价值也为其制度正当性提供支持，而域外经验也表明，建立警察民事调解制度是必要可行的，以上均为我国警察民事调解制度提供了正当性支持，说明构建警察民事调解制度不仅是必要的，而且是可行的。警察民事调解是正当警务活动，应当在立法上予以进一步明确，以使其获得强有力的支持，统一理论界和实务界的认识分歧。为此首先应当在立法上加以完善。包括《人民警察法》明确警察民事调解是警察的一项职权，增加规定警察民事调解原则、适用范围、主体等基本内容；公安部从行政法规层面制定专门、统一的警察民事调解程序规范；修正现有部门规章中与《人民警察法》矛盾的规定，等等。

第六章 警察民事调解主体

如前所述，实务中，警察认为民事调解制度存在的问题，主要集中在警察民事调解主体方面，对于警察民事调解制度提出的完善建议，也主要集中在这一方面。在解决了警察民事调解属正当警务活动即构建警察民事调解制度的正当性的问题之后，一个现实的问题就是，如何解决警力不足与警察服务社会职能之间的矛盾，扫除警察民事调解的实际困难与障碍？实践中辅警协助调解，或者吸收社会调解力量，如特邀人民调解员、律师等参与民事调解的做法是否正当合理，是否可行，如何合理安排民事调解主体……以上种种，都亟须理论界予以研究关注，以解决警察民事调解主体这一民事调解制度的核心问题。

一、当前警察民事调解主体存在的主要问题

（一）警力不足、缺乏人员保障

调查问卷显示，在关于警察调解主体方面存在的问题中，占据第二位的是认为警力不足，没有民事调解的人员保障，占比26%。而提出的建议中，高达24%的警察不赞成由警察主持民事调解，而是主张取消警察调解，或者移送其他机关调解等。以上反映出的问题，其中主要原因并不全部是基于对警察民事调解正当性认识不足，相当一部分原因是基于现实中客观存在的警力不

足的困难。

警力不足的问题,是多年来基层公安机关面临的瓶颈性问题。当前我国面临着日益严峻复杂的治安形势,在警察任务日益增多的情况下,基层公安机关面临着警力的严重不足,警力不足的现象越来越凸显。我国的警力缺口很大,警察万人比远低于2.5‰的世界平均水平。

造成警力不足的原因是多方面的,例如,编制有限造成的警力不足、警务保障不到位造成的警力不足、非警务活动过多造成的警力不足、管理混乱造成的警力不足等。此外,基层公安机关自身原因,如执法能力低等也可能导致警力不足。[1]调查问卷中,有的警察提出,"警察就是打击犯罪维护社会治安,现状是太多属于街道办、居委会村委会、卫生健康、民政部门的工作也一并压在公安部门。责任分配旱的旱死涝的涝死。我相信如果责任真的分配成功,公安机关也会出现更多的出于责任心的好人好事的,只有这样才能提高群众满意度"。这番话一方面反映出民警对民事调解属性存在认识误区,即只有打击犯罪维护社会治安才是警务活动,才是警察应该做的,而民事调解应当属于街道办、居委会村委会的工作;另一方面,也反映出设岗配警不合理忙闲不均,派出所民警承担的工作太多,难以承受。

在当前警力不足的情况下,刑事、治安警务繁重,警察110接警后对遇到的民事警情进行处理,的确会加重警察工作负荷,分散刑事、治安警力,让警察产生本末倒置之感。这种警力分散是显而易见的,导致警察不愿意进行民事调解。因此,如何解决警力不足的问题,是警察民事调解能否实施、能否可行的主要问题。

---

[1] 参见解源源、史全增:《基层公安机关警力不足的类型化分析及改革路径》,载《中国人民公安大学学报(社会科学版)》2014年第4期。

(二) 没有从事民事调解的专门人员与队伍

调查问卷显示，在关于警察民事主体建议中，有14%的警察虽然不反对警察调解，但提出在公安机关内部安排专人调解和增加警力，以保证不挤占警察治安工作和刑事侦查等工作。警察的建议，触及了当前警察民事调解中存在的另一个主体方面的问题——派出所警察专业分工不细，没有专门从事民事调解的警察。派出所治安警察，同时处理民事警情，执法与服务一身挑。

如前所述，民事调解与治安调解存在性质不同、调解对象不同、调解程序不同等诸多区别，这就要求调解主体专业有分工。实践中存在警察对民事调解与治安调解等界限掌握模糊，不能正确区分治安调解、民事调解，以及轻微刑事案件的边界，自由裁量权过高，尚未实现警察民事调解由"模糊化"向"清晰化""规范化"的转化。例如，在调解过程中以违法性行政处罚为震慑，以及强制调解等。虽然警察调解之于实施其他具体行政行为，具有更多的灵活性和自由裁量权，警察调解过程必然充斥着各种策略，但派出所治安调解中对于调解不成应予以处罚的制度设计，导致派出所警察在调解中具有较高的权威性。以上问题产生的原因之一就是没有专门从事民事调解的警察，作为调解主体的警察集治安执法与民事服务职能二合一，造成混淆。

因此，如果将治安调解与民事调解主体分开，切断行使治安处罚权执法工作惯性对警察民事调解工作的影响，也不失为正确区分治安调解与民事调解，避免"以调代罚"或对单纯的民事调解不当施加行政处罚威吓即"以罚压调"的问题，保障警察民事调解尊重当事人自愿的一个有效方法。为此，需要建立专门、专业从事民事调解工作的警察民事队伍。

此外，没有设专人从事民事调解，由治安警察进行调解，增加了治安警察的工作负荷，也是造成警力不足的一个原因。

(三) 警察调解能力不足

警察调解能力不足，也是警力不足的一个表现，属于公安机关自身原因导致的警力不足。调查问卷中，不愿意进行调解的原因中，有149人即占比42%的警察回答是因为调解工作不好做。而对于当前警察民事调解存在的主要问题，有96人即占比27%的警察直言不讳地指出存在警察自身调解能力不足问题。

常态化的警察民事调解，对公安警察调解能力和素质提出了较高要求。实务中突出存在的警察调解能力不足的现象，也是妨碍警察民事调解发挥作用的原因之一。当前警察民事调解能力不足，主要表现为以下几方面。

1. 警察民事调解主要靠经验，差异性较大

实践中，不同警察接触民事纠纷时是否进行调解、如何调解，以及调解成功率均有所不同，差异较大。同一民事纠纷在不同警察主持处理下，结果可能有所不同。办案经验和社会阅历较为丰富的警察，对于传统的调解认可度较高，加之积累了一些经验性的方法和方式，较擅长做调解工作。相反，较为年轻的警察对于调解无论在促进调解意识上、方式方法上，以及调解成功率等方面，相比之下均存在不足。

2. 警察民事调解技术落后

实践中，警察民事调解普遍存在调解技术落后的问题。调查问卷显示，43%的警察主要凭经验调解，在调解程序方式等方面，采取灵活掌握的策略。案例分析显示，在调解技术上，警察主要以传统的说服教育，加之警察权威为主要手段。

3. 警察民事调解规范性较差

当前警察民事调解程序在现有的法律体系中尚属空白，在具体运用过程中，多数视情况采用非正式程序，警察民事调解大多是非规范与非程序的。这种落后的调解技术，以及随意性较强的非正式调解程序，不仅影响警察民事调解的成功率，同时，也容

易使警察产生"以调代罚、以罚压调"的执法风险。[1]

加强警察民事调解主体力量建设是构建警察民事调解制度的重要基础,推动警察民事制度建立,必须加强调解制度主体力量建设。笔者认为,警察调解力量的建设应当走多元化道路,在强化警种专业调解队伍的同时,发挥辅警力量,充分依托社会力量,并且与人民调解、法院调解等其他调解形成联动。[2]针对以上警察民事调解主体存在的问题,笔者从以下几个方面逐一提出完善建议与解决方案,行文顺序承接上面的问题。

二、配置专业人员,建立专门从事民事调解的警察队伍

抽调专门人员,专门负责警察民事调解工作,成立专门的民事调解警种,在公安系统建立专门从事民事调解的警察队伍。具体来说,建立专门从事民事调解的警察队伍,基于以下几种理由。

(一)法理依据——警种专业化、提升工作效率

以专业力量解决专门问题,有利于提升警务工作质量,提高工作效率,符合警种专业化的要求。所谓警种专业化,是在遵循公安工作规律的前提下,为应对专业化警务活动高发态势,与传统办案部门相对应,在公安机关内部进行的权力细化与分配。从社会分工的角度来看,专业化分工是公安机关权力配置的必然趋势,专业警察本就是随着社会体制的分工日益发展起来的,并且,警察类型也应当同社会复杂化的整体水平相适应。[3]

如前所述,民事调解与治安调解是两种不同性质的调解,调解的对象、依据、调解方式与程序、后果等均有明显差别。此外,

---

[1] 参见周艳萍:《公安院校开设"警察调解规范与训练"课程之构想》,载《公安教育》2021年第9期。

[2] 参见周艳萍:《新时期构建有中国特色的警察民事调解制度初探》,载《中国人民公安大学学报(社会科学版)》2022年第5期。

[3] 参见马方、王仲羊:《"大刑侦"视域下专业警种的设置与规范》,载《中国人民公安大学学报(社会科学版)》2016年第4期。

治安调解是执法，民事调解是服务，二者体现的是两种不同的警察职能。民事调解显然是一种独立的专业化警务活动。所谓术业有专攻，处理的案件类型不同，主体也应当不同，即警种专业化。专业力量解决专门问题，有助于提高工作效率，从质量上提升处理民事纠纷的能力，起到事半功倍的效果。

此外，如前所述，当前警察民事调解常态化，民事调解数量大幅增加，民事警情呈高发态势。以治安警察之力已经不足以承担一并解决民事纠纷的工作。

(二) 解决实践问题，实现调罚分开

实践中，存在治安调解与民事调解界限混淆的问题。同一警察既做治安调解工作，又主持民事调解工作。同一警察同时掌握民事调解权与行政处罚权，容易调罚不分。此外，同时进行民事调解与治安调解，也容易造成调解方式和程序的混同。

设置专门民事调解警力，民事调解与治安调解分开由不同的警察进行，执法与服务两种职能分离，有利于正确执法，避免调罚不分，避免以行政处罚权威胁强迫当事人调解，从根本上解决违反调解自愿性问题。

(三) 合理配置警力的要求

抽调专门人员从事民事调解，有利于从人员数量上解决挤占刑事、治安警力的问题，避免挤占治安和刑事工作警力。如前所述，当前刑事、治安警务繁重，挤占警力处理民事警情，显然不现实、不合理，这也是实践中警察不愿意接受民事调解的原因。

调查问卷显示，有相当数量的警察，虽然认识到警察民事调解活动属于警务活动，也愿意调解，但限于治安工作的繁忙，感到困惑和力不从心。关于警察民事主体建议中，有的警察并不反对民事调解，但限于治安警力有限，提出在公安机关内部安排专人调解和增加警力。以上合理配置警力的要求，值得思考。

(四) 比较法的经验证明具有可行性

关于如何解决警力不足，提升处理民事纠纷的能力，域外的成功经验，值得参考。如前所述，美国大多数警方都组建了专门从事社区警务的处室，安排专门人员从事社区警务工作，为警察民事调解提供了人力保障。在日本，每个警察局都有咨询部门，专门指派一名经验丰富的老警察，通常是警长，提供咨询调解服务。在城市，由在交番办公的警察，通过巡逻、调查访问和定点联系等接受辖区民众的报警和求助，解决民事纠纷。在位置偏远的农村，设有农村社区治安中心驻在所，为辖区民众矛盾纠纷开展多种形式的调解工作。[1]在新加坡，在邻里警局组建专门的社区警务力量，通过徒步巡逻与自行车巡逻，与社区民众建立更加密切的伙伴关系，及时解决民众矛盾纠纷。这些做法为警察民事调解提供了人力保障。

（五）民事诉讼专职调解法官制度经验值得借鉴

在我国，与公安机关面临的"警力不足"的瓶颈相类似，法院长期面临"案多人少"的压力。经过若干年的探索，近年来在最高人民法院的推动下，作为司法改革的重大举措，推进法院调解制度的改革，推行诉前先行调解制度。2011年，继中央社会管理综合治理委员会等16家单位联合印发《关于深入推进矛盾纠纷大调解工作的指导意见》之后，最高人民法院出台了《关于扩大诉讼与非诉讼相衔接的矛盾纠纷解决机制改革试点总体方案》，其中措施之一是建立法院专职调解员队伍，即由调解能力较强的法官或者司法辅助人员专职从事立案前或者诉讼过程中的调解工作。依照这一制度，开庭前从事调解的法官原则上不参与同一案件的开庭审理，同理，参与开庭审理的法官不得担任本案的专职调解员。2016年《最高人民法院关于人民法院进一步深化多元化纠纷解决机制改革的意见》第18条、第35条、第36条规定了专职调

---

〔1〕 参见程婧：《日本现代警务的主要特色》，载《江苏警官学院学报》2020年第6期。

解员的任职部门、任职条件、人员组成、工作职能、达成调解协议后的处理方式、管理机制与培训机制等问题，正式确立了调解法官制度。实践中，一些法院由法官担任的专职调解员，命名为调解法官；有的法院由司法辅助人员担任专职调解员，命名为调解助理员，在诉前依托诉讼服务中心等诉调对接中心进行诉前调解工作，调解法官专职制度逐渐成熟。此外，2016年《最高人民法院关于人民法院特邀调解的规定》第4条规定，人民法院应当指定诉讼服务中心等部门具体负责指导特邀调解工作，并配备熟悉调解业务的工作人员。

专职调解法官制度在实践中普遍开展，且效果较好。2020年笔者曾在上海市某区法院进行调研，该法院是上海市较大的区法院，也是全国较大的基层法院，受案量在全国基层法院中居于前列，因此，"案多人少"的矛盾较为突出。在员额法官有限的情况下，该法院积极推动诉前调解工作，在法院诉调对接中心，成立专门的调解法官队伍，实行调解法官与裁判法官相分离。该院诉调对接中心成立调解组，抽调了原业务庭调解经验丰富的法官，担任专门调解法官，负责调解工作。此外，诉调对接中心设有专门的速裁组，作为裁判法官，在调解不成时，负责案件的速裁。通过以上措施，该院诉前调解的案件数量逐年增加，分流了法院受理的案件数量，一定程度上缓解了法院"案多人少"的压力。据该院提供的数据显示，自2015年以后，诉前调解纠纷数量稳定在60 000件以上，且除2018年略有小幅下降外，其他年份逐年上升，在2019年诉前调解纠纷数量达到最高点，达到90 000件以上。2016年增加14 878件，增长幅度为24.3%。2017年增加11541件，增长幅度为15.2%。2019年较2018年增加7484件，增长幅度为8.96%。诉前调解解决了很大一部分民事纠纷，诉前调解案件数量与民商案件立案数的比例不断上升，分别为：2015年为81.5%，2016年为84.4%，2017年为87.3%，2018年为

85.2%，2019年为90.1%。均已远远超过法院所要求的50%诉调比例指标。[1]

目前，司法实践中，在法院的诉调对接中心，一般分别设有调解组和速裁组。法院诉调对接中心调解组与速裁组的分立，在实现调审专业分工的同时，也解决了长期以来备受诟病的法院调解"调审合一"的问题。"调审合一"，即由同一名法官，既进行调解，调解不成时，又由该法官进行判决。"调审合一"模式下，法官的双重身份使得调解中的强制或变相强制成为可能。而实行专门的调解法官制度，可以有效解决以上问题，实现调审分离。从而保证调解遵循当事人自愿的原则，保证调解不以裁判权为威慑对当事人造成压力，从而避免各种隐性强迫调解。[2]

民事诉前专门调解法官制度的成功经验，值得警察民事调解借鉴。警察民事调解存在的同样不仅仅是"警力不足"的问题，还存在类似的同一警察既有治安处罚权，又有民事调解权的问题，可以概括为"调罚合一"。存在由于"调罚合一"，即同一警察又可以进行治安调解，又可以进行民事调解，而导致的"调罚不分""以罚压调"的问题。因此，借鉴法院专门调解法官制度经验，具有可行性，有助于解决以上问题。

（六）基层警察提出设专人调解的建议

如前所述，调查问卷关于警察民事主体建议中，有14%的警察提出，在公安机关内部安排专人调解和增加警力，以保证不挤占警察治安工作和刑事侦查等工作。有的警察建议：设立专门的调解队，培养善于化解矛盾的警力，不要消耗办案人员精力；建立专门调解委员会……基层警察的建议值得认真对待。可见，安

---

[1] 参见周艳萍：《法院调解制度改革研究》，中国政法大学出版社2021年版，第175~176页、第183页。

[2] 参见周艳萍：《法院调解制度改革研究》，中国政法大学出版社2021年版，第87页。

排专人调解，对于解决因警力不足而制约民事调解的现实问题，不失为一条解决之道。

至于专门负责调解的警力配置，笔者认为，应当分别在基层派出所与分局两级配备警力。其中，主要警力设在基层派出所，分局专人负责指导。基层派出所可以设专人负责民事调解工作。调解警察通过设立专门的咨询窗口，接受群众求助，对申请调处的民事纠纷进行调解。此外，还可以接受 110 出警后，出警的治安警察不方便现场调解而带回所里、转交过来调处的民事纠纷。此外，对于治安警察巡逻中遇到的，现场不能及时解决的民事纠纷，也可以带回所内交由专门负责民事调解的警察调处。

在此，需要说明的是，配备专门人员进行民事调解，这并不意味着，治安警察就绝对不能进行调解工作了。专门调解警察的配备主要是为解决治安等警察工作繁重、警力不足的问题，并不是剥夺其他警察为民服务的权力。其他警种的警察在适宜的情况下，依然有权对所接警的民事纠纷进行调处。例如，对于 110 接警处遇到的纠纷，以及治安警察巡逻遇到的求助，纠纷简单，方便当场解决的，警察也可以当场解决。是否现场调解，或者转交给调解警察进行调解，治安警察有自由裁量权，可以根据纠纷的具体情况以及警力宽松情况灵活掌握。

最后值得一提的是，对于交通事故民事损害赔偿纠纷，仍然单独由交警进行调解。由于此类纠纷有专门法律规定调整，案件类型和主体均较为单一，且自成体系。此类案件处理，符合专门案件，由专业人员负责，交警本身就是处理交通事故的专业人员。此外，由交警负责调处该类纠纷，也并不涉及挤占其他警力的问题。因此，对于交通事故民事损害赔偿纠纷，可依据现有法律规定、延续当前的做法，仍由交警调解为宜。

三、发挥辅警力量，辅警独立调解民事纠纷

辅警，系指由政府或公安机关统一管理、使用和财政供养的从事警务辅助活动的特定队伍及人员。当前，随着社会治安治理的现实需要与制度空间不断拓展，我国辅警队伍规模越来越大。辅警是一个饱受争议的职业。一方面，辅警在社会治安治理中发挥了重要作用，辅警参与警察任务对警力不足困境的解决具有重要作用；另一方面，基于现行法律规定和理论认识，社会也对辅警执法主体适格与否提出质疑。考虑到现实中存在的执法乱象，国家立法严格禁止辅警参与执法，辅警的参与主要集中在不直接面对相对人或与执法没有直接关联的内勤领域。2019 年《公安机关维护民警执法权威工作规定》虽然明确规定依法维护警务辅助人员相关权益，并没有赋予辅警执法权。实践中，有些派出所明确辅警没有执法权，不能进行民事调解，并且持此态度的派出所比重还较大。笔者调研的 6 个派出所中，有 3 个派出所明确辅警不能进行民事调解，包括：山东省济南市某派出所和山东省招远市公安局 B 派出所、C 派出所等。另外 3 个派出所中，有 1 个即 E 派出所是对所有的民事纠纷都拒绝调解的。其他 2 个派出所，即山东省招远市公安局 A 派出所和 D 派出所，突破制度和认识的局限，赋权辅警进行民事调解。但碍于立法没有明确规定，因此，本书表述中，对于辅警调解，均加了"协助"二字，即辅警协助调解，力求合规准确，以避免给实务部门带来不必要的困扰。那么，辅警是否可以独立进行民事调解？在立法没有明文规定的情况下，是否有正当性依据？是否必要可行？对此，经考察后，笔者认为，在警力不足的情况下，可以充分发挥辅警力量，由辅警独立调解民事纠纷。即使在目前立法上没有明确赋权的情况下，辅警也有权独立调解民事纠纷。

（一）辅警调解民事纠纷的必要性与法理上的正当性

1. 辅警调解民事纠纷的必要性

辅警调解民事纠纷的必要性主要来自实践的需要，即警力不足，从而产生的对扩大从事警务工作人数的需要。如前所述，调查问卷显示，在对当前警察民事调解制度存在问题中，54%的警察认为警力不足是主要问题，在此不赘述。而发挥辅警力量调解纠纷，有助于解决这一问题。

如前所述，由于目前立法上辅警的职权与地位尚不明确，一般认为，辅警没有执法权。在此认识基础上，一些派出所民事调解一律由警察主持，或者由辅警协助进行一些调解工作。或者虽然委派给辅警独立主持调解，但最终调解结果，由警察把关审核，调解工作量计入警察名下。

2. 辅警调解民事纠纷具有法理上的正当性

如前所述，警察调解民事纠纷，与治安调解不同，并不是行使行政权，不是行政执法，而是基于服务职能，对群众的帮助。立法上限制的是辅警的刑事、行政执法权，辅警与警察不同，不享有执法权，因此进行治安调解时，可能存在职权上的限制。但是，对于普通民事纠纷的调解，并不存在资格和权限上的障碍。事实上，民事纠纷的调解主体，立法上是开放宽松的，并没有严格的资格限制。除诉讼调解外，非诉调解主体可以是人民调解员、行政机关工作人员，也可以是纠纷主体认可的其他个人。也就是说，只要是纠纷主体认可、同意，可以由非专业调解组织之外的民间个人主持调解。这一点在法理上并不存在问题。因此，不同于治安调解，辅警调解民事纠纷在法理上具有正当性，只要纠纷主体同意，就可以由其主持调解。

对于辅警权限的探讨，学界更多的是针对其行政执法权。对此，有学者突破传统保守观点，提出辅警参与警察执法具有正当性，建议立法予以明确。该学者分别从三个角度阐述理论界的误区。一是对国家垄断公权力理论的批评。认为任何类型的国家都未垄断过全部公权力。特别是在英美法系国家，认为社会治安应当由国家和社会共同承担。在急剧变化的社会面前警务不可能由国家完全垄断。二是对警务职业化的批评。认为警务的职业化并非辅警不能参与警察执法的充分理由，在一般情况下警察权应由具有专业素养的警察来执行。但是在警力紧缺时由具有相应专业素养的辅警来从事执法活动并未降低警察执法本身所要求的专业性。三是对执法责任承担的批评。认为由警察还是辅警来行使警察权力，其责任主体都是其所属警察机关，而非以执法者个人。[1]突破以上理论上的误区，赋予辅警行政执法权便具有了正当性。此外，在编制问题难以解决，任务很难削减的情况下，应充分引入其他力量参与警务活动，从而动态补足亏欠的警力，以随时应对变动的警察任务。可以通过辅警力量的充分发挥来实现对警力不足的动态弥补，从而打破或超越以往的编制困局。因此，在现行编制制度难以突破的情况下，最为可取的是通过修改法律，有限度地放开辅警参与公安执法的领域，使辅警能够在基层公安机关执法领域充分发挥作用。[2]

也有的学者从经济学角度来分析，认为专职专业辅警既能解决现有编制警力不足问题，又能暗合传统集权简约治理中的"官吏分途"逻辑，具有经济上的合理性。与具有国家公务员身份的在编警察相比，辅警行政成本相对低廉，往往是在编警察成本的1/5到1/10，简约治理更像是"节约治理"。应该说，不断壮大的辅警队伍增加了社会治安需求中的国家供给侧的供给力量，有效缓解了社会治安供需矛盾，在一定程度上满足了人民群众日益增长的公共安全需求。[3]

还有学者建议，为适应治安形势，基层公安部门应当持续招

---

[1] 参见史全增、解源源：《论辅助警察参与警察执法的正当性》，载《中国人民公安大学学报（社会科学版）》2015年第2期。

[2] 参见解源源、史全增：《基层公安机关警力不足的类型化分析及改革路径》，载《中国人民公安大学学报（社会科学版）》2014年第4期。

[3] 参见李春勇：《治理需要与制度空间：中国辅警的演进逻辑》，载《中国人民公安大学学报（社会科学版）》2021年第3期。

募协警，以增强基层警力。[1]

还有学者提出，结合《宪法》《人民警察法》，区分高权性警察权和低权性警察权，将警察职权进行分类。例如，一是高权性警察权，是警察保留职权，辅警不能涉足。如刑事侦查、行政处罚权。二是可以部分委托的低权性警察权，辅警可在警察监督下履行职责，如治安巡逻。三是可以全部委托的职责，辅警可以单独履行的职责。包括保护案件现场，向公安机关报告发现的违法犯罪活动将现场抓获的违法犯罪嫌疑人扭送到公安机关，一般民事纠纷调解等。[2]笔者较为赞同此观点，即区分警察权类别，有限制地对辅警进行赋权。

（二）实践证明，辅警调解民事纠纷不仅必要而且可行

虽然立法上没有赋予辅警独立调解民事纠纷的资格，但是，实践中相当部分派出所调动辅警开展民事调解工作，并取得了积极的效果，从这一点上看，发挥辅警力量进行民事调解工作不仅是必要的，也是可行的。

如前所述，调研结果显示，实践中，一些派出所发挥辅警的力量，协助民事调解，取得了积极效果。并且实际上，有些辅警也是独立主持调解的，能够胜任调解工作。例如，山东省招远市公安局A派出所民事调解主体向多元化拓展，形成以警察调解为主，辅警、特邀人民调解为辅的多元主体格局。近两年来，该所警察民事调解的案件数量呈较快增长。2020年，受理民事调解纠纷数量为1112件，2021年则增长至2321件，增幅达108.7%。此外，该所对接警申请调解的民事纠纷，全部进行了调解，调解率为100%。民事调解工作的顺利开展，得益于警察之外，多种调解

---

[1] 参见于龙刚：《法治与治理之间——基层社会警察"解纷息争"机制分析》，载《华中科技大学学报（社会科学版）》2016年第3期。

[2] 参见金怡、丁勇：《我国现代辅警制度建设探析》，载《中国人民公安大学学报（社会科学版）》2015年第3期。

主体共同参与。其中，辅警发挥了越来越重要的作用。图6-1显示了该所近三年来，不同主体调解民事纠纷情况。

	2020年	2021年	2022年1月至5月
警察调解数	845	1867	704
人民调解数	22	42	29
辅警调解数	245	412	132

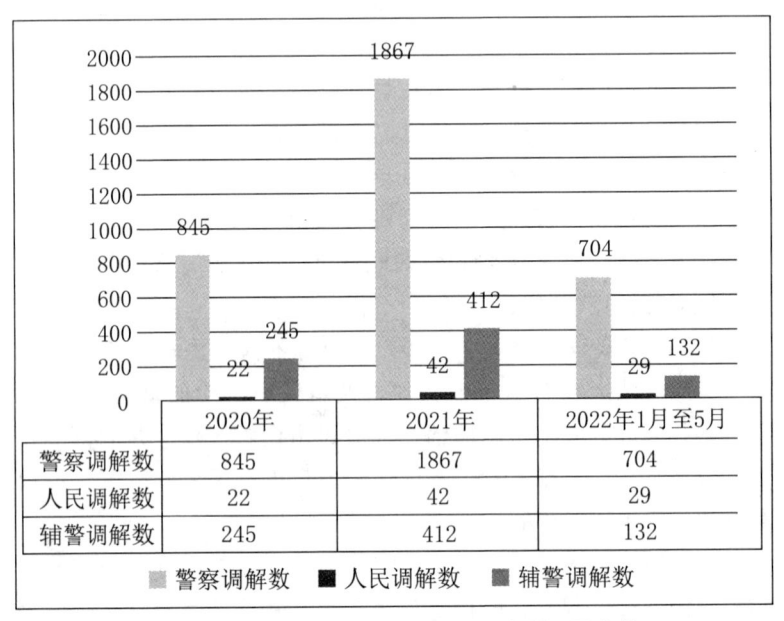

图6-1 山东省招远市公安局A派出所不同主体调解民事纠纷对比（单位：件）

从图6-1可见，除警察主持调解之外，辅警协助调解的案件数量占较大比例，发挥了较大作用。

以下分别对近三年来，不同民事调解主体所调解的案件数量，以及调解成功率进行分析。

2020年，派出所实际调解民事纠纷数量为1112件，其中，由警察亲自调解的案件为845件，占全部调解案件的76%；调解成功765件，调解成功率为91%。辅警协助调解的案件为245件，占全部调解案件的22%；调解成功221件，调解成功率为90%。特邀人民调解、律师主持调解案件22件，占全部调解案件的2%；

调解成功 20 件，调解成功率为 91%。

从图 6-2 中，可以清楚地看到 2020 年该所不同调解主体所调解民事案件数量及其占比。

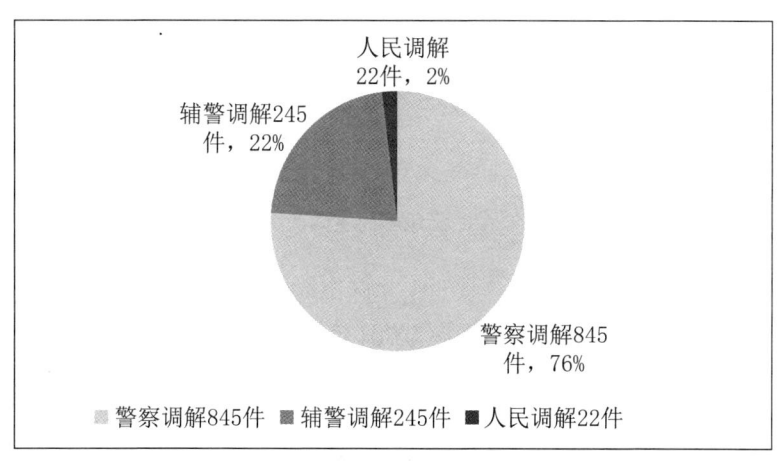

图 6-2　2020 年 A 派出所不同主体调解民事纠纷数量

2021 年，派出所实际调解民事纠纷数量为 2321 件，其中，由警察亲自调解的案件为 1867 件，占全部调解案件的 80%；调解成功 1721 件，调解成功率为 92%。辅警协助调解的案件为 412 件，占全部调解案件的 18%；调解成功 278 件，调解成功率为 67%。特邀人民调解、律师主持调解案件 42 件，占全部调解案件的 2%；调解成功 33 件，调解成功率为 79%。

从图 6-3 中，可以清楚地看到 2020 年该所不同调解主体所调解民事案件数量及其占比。

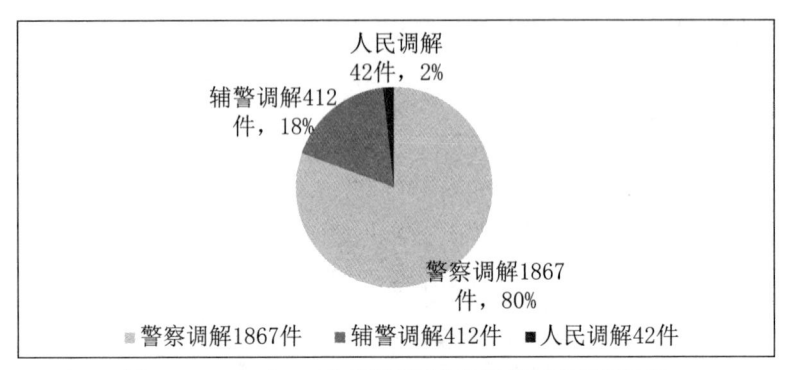

图 6-3　2021 年 A 派出所不同主体调解民事纠纷数量

2022 年 1 月至 5 月，派出所实际调解民事纠纷数量为 865 件，其中，由警察亲自调解的案件为 704 件，占全部调解案件的 81%；调解成功 612 件，调解成功率为 87%。辅警协助调解的案件为 132 件，占全部调解案件的 15%；调解成功 124 件，调解成功率为 94%。特邀人民调解、律师主持调解案件 29 件，占全部调解案件的 3%；调解成功 17 件，调解成功率为 59%。

从图 6-4 中，可以清楚地看到 2022 年 1 月至 5 月该所不同调解主体所调解民事案件数量及其占比。

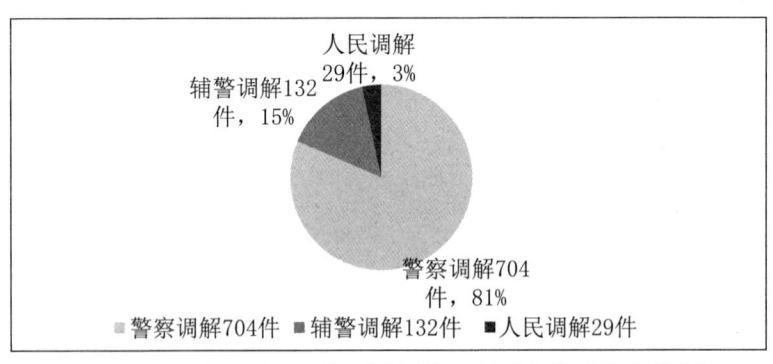

图 6-4　2022 年 1 月至 5 月 A 派出所不同主体调解民事纠纷数量

综上可见，实践中发挥辅警作用，不仅可以解决大量民事纠纷，而且协助调解的效果也较好，调解成功率也较高。因此，实践证明，辅警调解民事纠纷是必要的，而且是可行的。

除此之外，调研显示，实践中有些案件由辅警到现场协助调解，能够发挥特有作用，确有必要。例如，前述警察调解典型案例2——拖欠工程款民事债务纠纷调解一案中，由于债权人将欠钱不还的蔡某堵在家中，双方对峙，情绪紧张，存在冲突升级的风险。这种情况下，警察接警后，在第一时间赶往现场的同时，通知附近辅警马上赶到现场控制局面。到达现场后，辅警首先控制现场局面，稳住形势，避免矛盾升级，并随时向警察汇报情况。此外，协助警察共同调查纠纷事实、询问当事人、分别做双方当事人的工作，进行说服劝导，缓和当事人情绪，最终促进纠纷的解决。虽然不是正式警察，但由于协助警察工作，当事人对辅警也较尊重，辅警也具有一定的权威性。辅警的说服劝导，也能起到很大作用。

相比之下，实践中，有的派出所因为对辅警权限存在顾虑，所有调解警情要求必须为警察主持调解，没有辅警调解。例如，济南市公安局某派出所、山东省招远市公安局B派出所等。面对警情增加压力，前者通过增强特邀律师调解，加大民事调解力量，消化了民事调解工作压力。而后者调解主体仅限于警察，没有开拓其他调解主体，力量有限，相比之下，民事调解案件数量较低。

此外，通过下一组数据对比，更具有说服力。例如，同样是山东省招远市公安局下辖的城区派出所，A派出所拓宽辅警等其他主体积极调解民事纠纷的渠道，与B派出所在民事调解工作方面的工作数据呈现鲜明对比。例如，2020年，B派出所实际调解民事纠纷629件，而A派出所则为1112件；2021年，B派出所实际调解民事纠纷数量为650件，而A派出所则为2321件；2022年1月至5月，B派出所实际调解民事纠纷数量为248件，而A派出所则为865件。与山东省招远市公安局B派出所一样，山东省招远市公安局C派出所也存在相同情况，由于调解主体仅限于警察，既没有辅警协助调解，也没有特邀人民调解、律师调解等，调解力量有限，相比A派出所，其民事调解案件数量亦较低。例如，2020年，该所实际调解民事纠纷766件；2021年，该所实际调解民事纠743件；2022年1月至5月，该所实际调解民事纠纷413件。

实践中，有些派出所的辅警不仅可以进行民事调解，而且可以接受警察委托进行治安调解工作。本书第三章"警察民事调解实务考察"中派出所提供的调解数据中，已经有所体现，在此不赘述。这也从一个侧面说明，辅警调解具有较坚实的现实基础和发挥更大作用的空间。

（三）域外比较法的经验可以借鉴

如前所述，域外警察民事调解，有类似的辅助警察制度，以发挥其类似警察职能作用，缓解警力不足，并经过多年实践，取得了较好的效果，值得借鉴。

英国的辅警体系比较发达，有两种主要的辅警类型，即特别警察和社区辅警。特别警察是由各行各业的志愿者组成的兼职警察队伍，愿意付出自己的业余时间帮助正式警察从事警务执法活动，特别警察属于业余的兼职警察。社区辅警，实行的是有偿劳动。与特别警察不同，社区警察只享有有限执法权，比如对涉嫌违法人员进行临时留置，等候正式警察来处理，以及对求助解决的民事纠纷予以调解等。

美国辅警队伍的组建是依据地方法律，辅警职能和任务主要是协助警察从事维护治安的工作，队伍主要是由热心公益的志愿者组成。美国的辅警人员来自社会各行各业，实行志愿服务，志愿者必须保证一定的时间来从事辅警工作，并由警局招募、培训、管理。此外，美国辅警不具有治安官身份，也不是警察身份，没有执法权，不能像正规警察一样执法，只能"观察并报告"，从事一些服务性和危险性不高的辅助执法活动，其中包括调解民事纠纷。

新加坡建立有完善的辅助警察制度，警力由多元化构成，弥合警力短板。并有专门的立法规定，即《新加坡辅助警察条例》。当正规警力不足时，经内政部长批准，总监可行使职权调动辅助警察执行规定内容的勤务。在此期间，辅助警察享有与正式警察相同的职权，履行相同的义务，且享受同等的豁免权及保护。同时，辅助警察也有一套完整严格的纪律管理制度，用以应对辅助警察的违纪违法行为。[1]

在日本的城市，除交番社区警察外，还有交番相谈员辅助警察调解。交番相谈员是由地方警察本部长委派的，由具有地方公务员身份、精通警察业务且经验丰富的退休警官出任街头交番常设的来访相谈员。其主要职能是在交番代替社区警察承担来访和接待工作，负责居民的相关求助工作，其中包括解决民事纠纷。[2]

可见，域外普遍建立辅警制度。有些国家如新加坡，赋予辅警与警察完全相同，或类似的权力。有的国家区分辅警类别，对辅警权限进行一定限制，如英国、美国、日本，但也普遍承认其享有服务性的执法活动，包括对民事纠纷的调解权。鉴于我国辅警制度尚存在规范不足的问题，可以借鉴英国、美国的做法，对辅警的权限进行一定限制，即区分警察权的类别，有限制地对辅警进行赋权。民事调解作为公安技术含量较低的业务，可以全部委托的职责，可以由辅警单独履行。此外，笔者赞同前述学者的

---

〔1〕 参见杨斌：《新加坡警察制度及警务模式研究——兼论中国（上海）自由贸易区警务创新》，载《河南警察学院学报》2014年第6期。

〔2〕 参见程婧：《日本现代警务的主要特色》，载《江苏警官学院学报》2020年第6期。

意见，认为辅警甚至可以接受民警委托，对适用治安调解案件中的民事纠纷部分，进行调解，即辅警只调不罚，治安处罚权则由警察行使。这种做法，也有利于治安调解的"调罚分立"，与法院调解"调审分立"原理一样，具有重要意义。

我国香港地区的辅警在执法时具有与警察类似的权力，根据《香港辅助警队条例》第17条的规定，当值中的辅警队员可根据《香港辅助警队条例》第10条执行警队的任何职责，并可行使及执行《香港辅助警队条例》第50条至第59条及任何其他条例所授予或委予警务人员的权力、职责或职能，但须遵守处长的任何指示。辅警队员在行使及执行任何权力、职责或职能时，队员即当作警务人员。[1]

值得注意的是，辅警调处民事纠纷时与相对人的关系，与警察与相对人间的关系相同。由于辅警只是按照行政机关的委托和指令实施活动，其行为代表行政机关。[2]

综上，建议在立法上，明确辅警的地位与职权，立法上宣示其独立民事调解的资格，从而统一思想，巩固实践中辅警调解民事纠纷的成果，形成制度，普遍推广。同时，也便于尚未发挥辅警作用开展民事调解的派出所，解除顾虑，释放辅警这一具有较大潜力的调解力量，积极发挥辅警力量开展民事调解工作，从而解决警察民事调解中存在的"警力不足"的问题。值得一提的是，当前地方层面上，已经有规范辅警的地方性法规出台。2022年6月22日，《上海市公安机关警务辅助人员管理条例》表决通过。从立法层面对辅警身份进行界定，明确辅警是"为公安机关日常运作和警务活动提供辅助支持的非人民警察身份人员"。辅警

---

[1] 参见解源源、史全增：《基层公安机关警力不足的类型化分析及改革路径》，载《中国人民公安大学学报（社会科学版）》2014年第4期。

[2] 参见史全增、解源源：《论辅助警察参与警察执法的正当性》，载《中国人民公安大学学报（社会科学版）》2015年第2期。

在公安机关及其警察的管理、指导和监督下开展警务辅助工作，其履行职责的后果由所在公安机关承担。可见，辅警有望在民事调解领域发挥更加积极的作用。

四、吸收社会力量协助警察开展民事调解

（一）吸收社会力量协助警察民事调解的必要性

吸收社会力量协助警察民事调解，是指公安机关特邀人民调解、律师等调解，主要是联合人民调解，实践中也有的派出所聘请律师驻所提供咨询、调解服务。根据2011年《大调解指导意见》第9条规定，派出所参与纠纷调处工作，许多派出所设立人民调解室，邀请人民调解员参与矛盾纠纷联合调解工作。与发挥辅警力量解决民事纠纷一样，吸收社会调解力量协助警察民事调解的必要性，也主要源于警力不足的问题。从前面分析可知，当前实践中，存在警察民事调解需求与警力不足的严重矛盾，这也是警察消极对待调解的一个原因。因此，扩大警察民事调解主体，势在必行。此外，吸收社会调解力量协助警察民事调解，还有一个重要原因在于，发挥人民调解员、律师等专业调解人员、专家的专业优势，弥补警察调解能力的不足，提升调解质量。

学界对社会力量参与共同调解进行了积极的探讨。理论上，社区警务并不是"警察的事务"。在现代社会，警务的范围其实非常广泛，不仅包括警察部门承担的各种犯罪控制和秩序维持活动，也包括政府机构从事的某些专门警务活动还包括社会机构、私人部门乃至普通公民在地方非正式社会控制网络中开展的各种相关活动。[1]而警察吸收社会力量参与民事调解就是其中的一项内容。

有学者建议，在公安基层，为回应治理需求，在正规体制之

---

[1] 参见薛向君：《社区警务研究的文献解读》，载《中国人民公安大学学报（社会科学版）》2015年第5期。

外可形成多种非专业体制，弥补正式制度治理能力的不足。设立联合调解制度，由基层司法干部、乡村（街道社区）干部共同参与调解；也包括以非正式的互惠方式提高基层干部支持、协助纠纷调解工作的积极性。[1]有学者考察发现，面对涌入派出所内的纠纷，在社会管理创新实践中，各地广泛开展以派出所和人民调解委员会对接的"公调对接"工作模式。在此种模式下，人民调解员进驻派出所单独或联合派出所警察共同进行民事调解。尤其在一些城市派出所，设立了由政府通过购买社会服务的方式引入公益法律服务机构来联合派出所开展调解工作。派出所参与民事调解的非政府化演进极有可能成为制度发展的主要方向，因为该发展趋势与调解作为一种纠纷解决方式的运作机理更加吻合。这种模式既满足了纠纷主体对于警察权威的需要，也一定程度地解决了警察资源不足的问题，实现调解由"情理化"向"法理化""规范化"转变，而且实际中也取得了较好的效果。[2]

此外，调查问卷中对警察民事调解建议中，10%的警察提出，公安不能"包打天下"，建议与其他单位联合办公，多方联动。在笔者的访谈中，四川省遂宁市公安局一位专门负责派出所矛盾纠纷调处的警察深有感触地说："所谓的'创枫'，化解矛盾在基层，光靠公安确实不行，整个社会面没形成基层政权参与的话，光靠职能部门远远不够。"大调解背景下的矛盾纠纷解决机制，提倡"三调联动"。所谓"三调联动"，即行政调解、人民调解与司法调解三方联动。警察调解与人民调解均属诉讼外调解，公安机关与人民调解、其他律师专业调解等联动，是"三调联动"中的重要组成部分。公安机关与人民调解委员会、律师等合作，吸收社

---

[1] 参见于龙刚：《法治与治理之间——基层社会警察"解纷息争"机制分析》，载《华中科技大学学报（社会科学版）》2016年第3期。

[2] 参见郭名宏、田祚雄：《纠纷解决的基层实践与运行逻辑——以公安派出所解纷功能运作为例》，载《学习与实践》2016年第3期。

会调解力量，共同化解矛盾纠纷。

（二）特邀人民调解、律师调解实践证明，调解效果好，具有可行性

通过调研发现，调解主体越是多元，尤其是特邀人民调解、律师调解，民事调解数量就越多，调解成功率也高，民事调解工作做得越好。

派出所与基层社区居委会、人民调解委员会存在着密切的工作联系，二者的合作具有便利条件。基层社区居委会是基层调解组织主要单位，与管片居民熟悉，社区调解员对辖区社会环境十分了解，在辖区内拥有广泛、深厚的社会关联，他们既可利用社区信息传输机制低成本地获取纠纷信息，也可利用社会关联辅助调解，成为警察与当事人间的桥梁，弱化当事人对警察的排斥和怀疑[1]，其参与解决民事纠纷具有优势。实践中，公安机关与司法局合作，基本上每个派出所都有矛盾纠纷调解室，人民调解员进驻调解民事纠纷。例如，山东省招远市公安局 A 派出所民事调解主体多元，除警察、辅警调解外，人民调解也发挥了积极作用。数据显示，2020 年，特邀人民调解为 22 件，占比 2%。2021 年，特邀人民调解 42 件，占比 2%。2022 年 1 月至 5 月特邀人民调解 29 件，占比 3%。

少数派出所，特邀律师驻所，提供"法律顾问、法律解释、纠纷调解"等服务，增强了调解力量，提升了调解能力，效果较好。例如，济南市公安局某派出所民事调解案件数统计显示，派出所民事调解的主持者中，特邀人民调解、律师主持的调解的数量有较快增长，2020 年为 160 件。2021 年 2 月，分局聘请驻所律师，提供纠纷调解等服务，特邀律师调解的民事纠纷快速增长

---

[1] 参见于龙刚：《法治与治理之间——基层社会警察"解纷息争"机制分析》，载《华中科技大学学报（社会科学版）》2016 年第 3 期。

至412件，增幅高达157.5%。2022年1月至5月该所调解的98件民事纠纷中，有82件是由特邀律师调解的，比例高达83.7%。可见，特邀律师调解已经成为该所民事调解的主要力量。与此相对应地，该所警察主持调解的数量快速下降。2020年为56件，警察所调解案件仅占全部调解案件总数的25.9%；2021年降至12件，调解案件数量降幅高达78.6%，警察所调解案件仅占全部调解案件总数的2.8%。2022年1月至5月警察主持调解的案件为16件，占全部调解案件总数的16.3%。此外，聘请驻所律师以来，不仅该所调解的民事案件总体数量上升，并且调解质量显著提高，数据显示，近年来调解成功率均为100%。聘请驻所律师进行调解，发挥专家专业优势，弥补了警察对于一些复杂民事纠纷法律知识上和调解能力上的不足。不仅有效地释放了警力，而且提升了民事调解工作的效率。

此外，特邀律师调解所发挥的积极作用，同样可以从前述警察调解典型案例分析中得到印证。例如，前述警察调解典型案例1——租房合同民事纠纷调解一案，案件属合同纠纷，相比于婚姻家庭，或者普通的债务纠纷，合同纠纷的解决需要的法律专业技术更强些。例如，首先，需要查清基本事实。其次，对合同的成立与有效与否进行认定，从而确定双方是否具有合同上的权利义务。再其次，对合同的履行情况，当事人是否构成违约进行法律判断，最后，确定当事人应当承担的责任。对于后两项工作，需要调解员具有一定的法律知识，律师是法律职业者，是专业法律人员，因此，对此类案件进行调解较为合适。实践结果也证明，此类案件由专家调解，向当事人讲清法律上的权利义务，能够收到较好的调解效果，调解成功率较高。

反之，调解主体单一，民事调解工作开展相对缓慢。例如，同为招远市公安局下辖的C派出所，没有特邀人民调解、律师调解，调解主体较为单一，全部是由警察主持。从数据上看，2020

年，该所实际调解民事纠纷为 766 件，而 A 派出所则为 1112 件。2021 年，该所实际调解民事纠纷为 743 件，而 A 派出所则为 2321 件。2022 年 1 月至 5 月，该所实际调解民事纠纷为 413 件，而 A 派出所则为 865 件。二者形成了鲜明对比。

值得一提的是，山东省招远市公安局 D 派出所，作为一家乡镇派出所，调动辅警力量外，还因地制宜调动村干部的力量，积极化解民事纠纷，密切了警民关系，取得了良好的社会效果。例如，2020 年，派出所实际调解数量为 94 件，其中由警察亲自调解的案件为 65 件，占全部调解案件的 69%；辅警协助调解的案件为 15 件，占全部调解案件的 16%；村干部作为其他调解人员调解的案件为 14 件，占全部调解案件的 15%。

从图 6-5 中，可以清楚地看到 2020 年该所不同调解主体所调解民事案件数量及其占比。

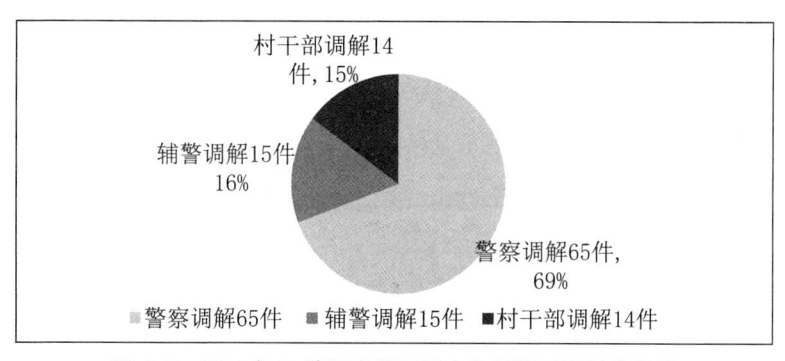

图 6-5　2020 年 D 镇派出所不同主体调解民事纠纷数量

2021 年，派出所实际调解数量为 109 件，其中由警察亲自调解的案件为 58 件，占全部调解案件的 53%；辅警协助调解的案件为 19 件，占全部调解案件的 17%；村干部作为其他调解人员调解的案件为 32 件，占全部调解案件的 29%。

从图 6-6 中，可以清楚地看到 2021 年该所不同调解主体所调解民事案件数量及其占比。

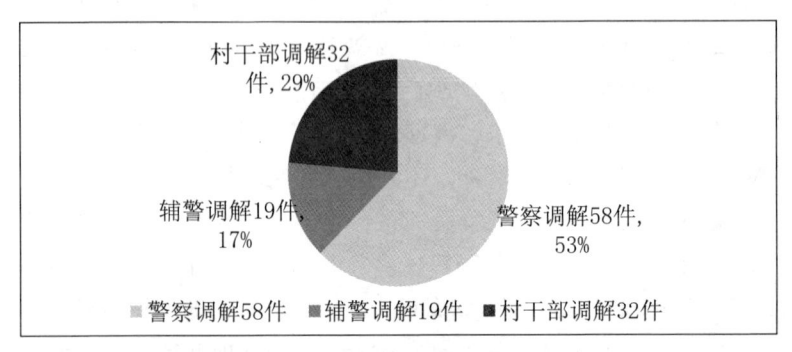

图 6-6　2021 年 D 镇派出所不同主体调解民事纠纷数量

2022 年 1 月至 5 月，派出所实际调解数量为 30 件，其中，由警察亲自调解的案件为 18 件，占全部调解案件的 60%；辅警协助调解的案件为 2 件，占全部调解案件的 7%；村干部作为其他调解人员调解的案件为 10 件，占全部调解案件的 33%。

从图 6-7 中，可以清楚地看到 2022 年 1 月至 5 月该所不同调解主体所调解民事案件数量及其占比。

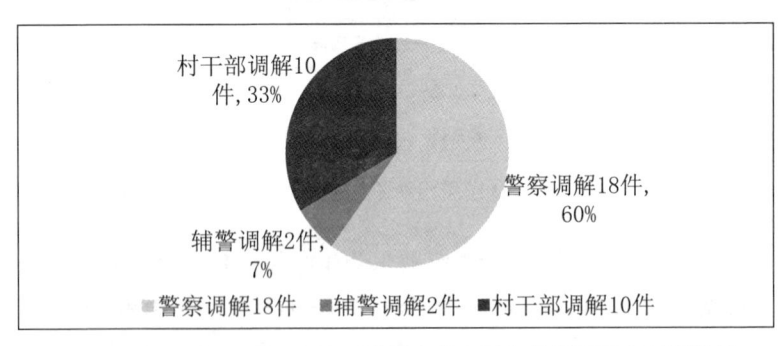

图 6-7　2022 年 1 月至 5 月 D 镇派出所不同主体调解民事纠纷数量

由上可见，该镇派出所村干部力量发挥较好，村干部调解的纠纷数量超过辅警调解数量,成为第二大调解主体。多元化的调解主体,共同推进积极进行民事调解工作,带来了良好的社会治安秩序。通过对该所接警治安案件数量与接警申请调解民事纠纷数量,与二者对应的实际调解案件数量以及调解成功案件数量进行对比,可以看到,该所近三年接警治安案件相比接警申请民事调解案件数量较少,此外,由于治安调解率也较低,导致治安调解案件数量较少。例如,2020年接警治安案件39件,只有4件进行治安调解;2021年接警治安案件31件,只有2件进行治安调解。

相比之下,接警民事调解案件数量较多,且民事调解率也较高,因此,民事调解案件数量明显治安调解数量,加之,民事调解案件成功率也较高,调解成功的案件数量也较高。例如,2020年接警民事纠纷案件103件,对其中94件进行民事调解,调解率为91%;此外,调解成功案件数量为91件,调解成功率97%;2021年接警民事纠纷案件115件,对其中109件进行民事调解,调解率为95%;此外,调解成功案件数量为102件,调解成功率94%。2022年1月至5月,接警民事纠纷案件32件,对其中30件进行民事调解,调解率为94%;此外,调解成功案件数量为28件,调解成功率93%。对此,本书第五章"警察民事调解制度正当性与立法建议"中专门绘制D镇派出所治安案件与民事纠纷接警、调解及调解成功数对比图,进行了详细阐释,在此不赘述。

数据显示,与山东省招远市公安局A派出所同样,该所治安案件数量明显低于民事调解案件数量,呈较悬殊的对比关系。无论在接警数量上,还是在实际调解数量上、调解成功数量上、警察主持调解数量上,以及特邀人民调解律师调解数量上,治安调解均明显低于民事调解,二者呈较悬殊的对比关系。这说明了该地区治安状况良好,也说明了重视民事调解,民事调解的强化与完善,对治安秩序的维护、治安工作的减负具有直接、正向、积极的促进作用。该所近年来治安调解案件减少,有下降趋势;民事调解案件增长,呈上升趋势。例如,从治安调解案件数量上,2020年治安调解4件,民事调解94件;2021年治安调解2件,民事调解109件。此外,治安调解与民事调解成功数量也呈此消彼长之势。例如,2020年治安调解成功2件,民事调解成功91件;2012年治安调解成功2件,民事调解成功102件。D镇派出所的经验,值得乡镇派出所借鉴与推广。

  以上实证调研结果,充分证明吸收多元主体共同调解民事纠纷,可以有效化解民事纠纷,不仅可以释放派出所警力,避免了激化警力不足与治安工作繁重之间的矛盾,而且,有利于减少治安案件的发生,促进治安工作的好转和治安秩序的稳定。

  此外,通过前述警察调解典型案例分析可见,实践中,有些案件委托人民调解员,或者律师调解,能够发挥特有作用。例如,前述警察调解典型案例7——婚姻家庭赡养纠纷调解一案中,涉及辖区居民老人与儿女间的家庭矛盾,儿女不赡养老人的纠纷。将此纠纷委托给人民调解员来调解效果较好。一是人民调解员来自基层,较了解社区情况,便于调解工作的开展;二是人民调解员熟悉此类纠纷,擅长对此类纠纷的调解工作;三是人民调解员时间较为充足,更有耐心和细心对双方进行说服劝导工作,不至于分散警察更多的时间,使民警有时间处理其他较为紧迫的治安工作。

  再如,前述警察调解典型案例1——租房合同民事纠纷调解一案,案件属合同纠纷,相比于婚姻家庭,或者普通的债务纠纷,合同纠纷的解决需要的法律专业技术更强些。例如,首先,需要查清基本事实。其次,对合同的成立与有效与否进行认定,从而确定双方是否具有合同上的权利义务。最后,对合同的履行情况,当事人是否构成违约进行法律判断,最终确定当事人应当承担的责任。对于合同是否有效,以及当事人的行为是否违约,需要法律上的判断，而违约责任的承担同属法律适用问题，均需要调解的主持者具有一定的法律知识。律师是法律职业者，是专业法律人员，因此，对此类案件进行调解较为合适。实践结果也证明，此类案件由专家调解，向当事人讲清法律上的权利义务，调解效果更好。

（三）域外经验证明调解主体多元化具有可行性

通过对域外警察民事调解制度的考察，笔者认为，也可以得到启示与借鉴，警察民事调解主体向多元化方向拓展，从而壮大警察民事调解主体力量。例如，如前所述，在美国，民事纠纷不仅可以由警察进行调解，也可以由警方在调解过程中作为中介将案件转交给社区调解中心的调解专家。有时，社区调解中心会要求警察把调解的事情交给调解专家去解决。美国警方在调解过程中不仅仅承担调解者的角色，也可以作为中介将案件转交给社区调解中心的调解专家。有时候警察同时充当两种角色，既是调解者也是中介者，警察对纠纷先动用警力临时调解，平息之后再移交调解中心。

再如，在英国，受历史上非正式警务阶段，即由社会成员共同或社会成员中的部分人员以非正式的身份扮演警察角色的影响，当前警察民事调解，除以社区警察为主体调解民事纠纷外，还在警察主导下吸收社会成员广泛参与。如由警察机关牵头组成的各种专门性委员会、协会，以及成熟且高效的行政裁判所处理各类纠纷，使大量纠纷在警察机关处理前获得很大的分流。

（四）借鉴法院附设调解模式的成功经验

把视线转到我国的司法领域，也可以获得启发。当前，我国民事司法领域广泛实行诉前调解，采取联合社会调解力量的法院附设 ADR 模式，以实现诉前分流，繁简分流，缓解法院案多人少的矛盾。所谓法院附设调解模式，是指在司法机关主导下，与司法程序衔接的非诉讼调解，这是一种准司法模式。英美法系语境中的"法院附设调解"（Court-Annexed Mediation），作为法官管理案件的一种措施，是一种"审判的前置程序司法 ADR"，主要在审前证据开示即将结束时进行，调解虽然是在法院进行，但调解人不是本案的审判法官，而是由退休法官、社会调解机构或者经过调解专门训练的律师组成的调解委员会单独进行，当事人接受的调解方案，经法官审查批准，调解人就可以作出具有法律效力的决定。调解未果，案件转入正式的法庭审理（Trial）。美国、英国、澳大利亚等国家采用这种法院附设调解模式，是较为成功的模式。

当前，在我国法院系统普遍实行的诉前调解中，很多法院采取了这种法院附设调解模式。法院吸收社会调解组织或者调解人进行特邀调解，在立案前建议当事人选择启动非诉讼调解，经当事人同意后，由法院委派的特邀调解组织或者特邀调解人独立进行调解，调解协议具有非讼性质的合同效力，但可以通过司法程序，包括司法确认、法院调解书等方式产生诉讼中生效判决的效力。在这种模式中，法院起主导作用，但不是具体调解的主力，而是对委派的调解组织进行指导、监督，并负责诉调衔接作用，具体调解主要由附设于法院之下的特邀调解组织或者调解人完成。

实践中，很多基层法院采取了由专职调解法官为指导，而由特邀调解员为主体进行诉前调解的做法。例如，上海市某区人民法院诉调中心和分中心设有调解指导法官若干，诉调中心调解指导法官配套助理法官和书记员，负责对诉前纠纷进行调解指导工作和诉调对接工作。而数量庞大的诉前纠纷的具体调解工作则由法院特邀的调解员进行。特邀调解员的构成上，包括人民调解员与律师、其他行业如知识产权领域的专家等。这样，借助特邀调解，一方面，较好地实现了诉前分流，以便实现简案快审、繁案精审的目的。即以少数法官挺在前面，分流解决大部分民事纠纷，而使少数真正需要进入审判的案件进入到审判程序，由有限的法官进行精审。[1]另一方面，借助社会专业调解力量，也提升了调解的质量。近年来，法院特邀调解组织与特邀调解员队伍迅速建立并发展壮大，调解案件数量庞大。根据官方数据资料，至2017年，全国法院建立特邀调解组织近2万个，吸纳特邀调解员6万多人。[2] 2019年，线下调解工作室超7000个，线上调解组织2.8万家，调解员10.8万人，日均调解案件13 095件。[3]法院诉前附设调解模式，轰轰烈烈地开展并日渐成熟。

综上所述，警察民事调解亦可在借鉴域外做法的基础上，结合我国的实际，同时借鉴法院附设ADR模式的原理和成功经验，拓展警察调解主体。结合当前警察民事调解实践，笔者认为，在我国警察民事调解可以调动的社会力量主要是人民调解委员会和律师、专家，即由人民调解员和律师、专家等组成的专职调解员，参与警察民事调解。而公安机关内部可以调动的调解力量，主要是辅警。

当前许多地方建立起警民联动下的人民调解模式，值得推广。例如，如前所述，深圳警民联动下的人民调解模式，由选拔的专职调解员驻派出所成立调解工作室，对由治安案件引发的民间纠纷或者普通的民事纠纷进行调解。主持者为专职调解员以及警察（或辅警），其中专职调解员占核心地位。广东省、浙江省、江苏省、山西省等地也出台了委托人民调解的类似规定。实践证明，这种模式效果较好。四川省遂宁市公安局与司法局合作，在辖区

---

[1] 参见周艳萍：《法院调解制度改革研究》，中国政法大学出版社2020年版，第196~218页。

[2] 参见周强：《最高人民法院关于人民法院全面深化司法改革情况的报告——2017年11月1日在第十二届全国人民代表大会常务委员会第三十次会议上》，载《人民法院报》2017年11月2日，第001版。

[3] 《最高人民法院工作报告——2020年5月25日在第十三届全国人民代表大会第三次会议上》，载http://www.court.gov.cn/zixun-xiangqing-231301.html，最后访问日期：2022年7月1日。

派出所也都普遍建立了驻所人民调解室,由人民调解员进驻。实践证明,警民联动下的人民调解模式,能够发挥积极作用:一是有效缓解了警力人员不足的问题;二是有利于解决人民调解的案源问题;三是提升调解质量,人民调解员的专业性也对调解的质量有所保障;四是解决了警察民事调解能力不足与纠纷多元化的矛盾。此外,如前所述,济南某派出所聘请律师驻所提供调解服务的做法,也值得推广。如前所述,当前派出所调解的纠纷类型多样,且专业性增强,警察民事调解能力难以应对,由律师等专家任专职调解员调解有助于解决这一问题。

综上,笔者认为,我国警察民事调解主体也可以向多元化方向拓展,即以警察为主体,发挥辅警力量,并协同政府、人民调解委员会以及律师、专家、村干部等其他主体,形成多元化解纷主体。警察民事调解主体多元化拓展的诸多优势前面已有论述,此处补充强调如下:一是有利于挖掘辅警调解潜力,联合社会调解力量,加强警察民事调解能力,提升调解质量。二是可以释放警力,使警察保持对治安案件和刑事案件的足够警力,解决民事调解主体不足的瓶颈问题。三是客观上实现了"调罚分离"。辅警或社会调解组织进行调解,没有治安处罚权,避免了警察身兼二职容易出现调罚不分的混淆与惯性,客观上实现了调罚分离,有利于提高警察执法公正性。四是在警民联动下的人民调解、特邀律师专家等调解,是一种双赢。众所周知,社会调解主体在纠纷解决中存在案源不足、公信力不足的问题。一方面,"有困难找警察"深入人心,公安机关接警民事纠纷不断攀升;另一方面,社会调解组织案源不足。实践中人们对于人民调解解决纠纷的途径主动选择的较少,相比之下,邻里间发生纠纷,居民更倾向于报警,向警察求助解决。此外,有些民事纠纷,只能向公安机关求助解决。例如,乘客打车因车费问题与司机发生纠纷争吵,此时只能求助110,而不是找人民调解员或者是律师。因此,社会调解组织附设于公安机关之下的联动,既解决了社会调解组织的案源问题,也有利于人民调解、律师专家调解一定程度上有公安机关的权威性与公信力加持,提高调解效率。因此,二者联合,不仅必要,而且可行。前述法理正当性、域外经验、法院诉前附设调解模式以及警察民事调解实践中的做法等均证明了这一点,在此不赘。

五、警察民事调解主体间的关系

警察民事调解主体多元化,同时带来的一个问题是,多元主体间的相互关系问题。

(一)警察与辅警间的相互关系

借鉴域外辅助警察制度的做法,处理我国警察与辅警间的关系时,应当注意以下两个方面:一是辅警调处民事纠纷时与公安机关的关系。辅警作为一种具有公法勤务关系的编外人员,接受公安机关的委托从事民事调解工作,接受公安机关领导与监督,其行为属职务行为。对外,辅警与公安机关是一体化的,与警察一样是从事相关警务工作的人员,行为代表公安机关,行为后果由公安机关负责。二是辅警与警察的关系。一方面,辅警独立进行调解工作。另一方面,辅警接受警察的指导与监督。二者间是指导与被指导、监督与被监督的关系。具体的调解工作由辅警独立进行,特殊情况下,辅警遇到疑难问题,可以向警察请求指导与帮助。辅警调解结果,需要向警察汇报,达成的调解协议,由警察审查把关。

(二)警察与人民调解员、律师等间的相互关系

在警民联动的人民调解模式中,需要理顺警察与人民调解员、律师等之间的关系。对此,笔者认为,可以借鉴域外做法以及我国法院附设调解的经验。域外做法前面已有论述在此不赘。值得一提的是,2016年《最高人民法院关于人民法院特邀调解的规

定》第 3 条在法院在特邀调解的职责中，对法官与特邀调解组织间的关系作了明确，包括：法院指导特邀调解组织和特邀调解员开展工作，管理特邀调解案件流程并统计相关数据，提供必要场所、办公设施等相关服务，组织特邀调解员进行业务培训，组织开展特邀调解业绩评估工作等。以上内容在实践中也取得了较好的效果。因此，笔者认为，对于警察与人民调解员、律师等的关系，很有借鉴意义。具体来说，二者间的关系应当从以下两方面把握：一方面，二者之间是合作关系。例如，在派出所设立专门的调解工作室，为人民调解、律师调解提供办公场所，人民调解员、律师进驻派出所随时开展调解工作；警察将求助的民事纠纷转交给人民调解员、律师调解工作室，由后者进行调解。再如，人民调解员、律师调解时，对于当事人情绪激烈、对立突出的，由警察（或辅警）在场，对于调解秩序予以维护，对当事人进行威慑，维护调解的安全性。另一方面，二者还应当是指导与被指导、监督与被监督的关系。警察负有监督职责。一般来说，调解由特邀人民调解员、律师等独立进行，调解过程民警可不参与，否则达不到发挥社会调解力量解决警力不足、警察调解能力不足的初衷。但是，由于纠纷最初来源于当事人向警察的求助，来源于警察的转交，因此，警察对于人民调解员、律师专家等的调解负有监督的义务。例如，监督人民调解员的调解合法进行，不能借助警察权威强迫或滥用调解。

（三）警察对辅警以及人民调解员、律师调解的监督

概括起来，警察对辅警以及人民调解员、律师调解的监督指导包括以下几个环节。

1. 负责调解案件的分流

即接警后，认为可以由辅警或人民调解员、律师等进行调解的民事纠纷，交由辅警或人民调解员、律师进行调解。

2. 调解警察根据需要参与调解过程

即根据案情需要；或者根据辅警或人民调解员、律师等的要求。对调解过程进行指导，或者提供帮助。

3. 对于调解结果的审查

即在辅警或人民调解员、律师等主持下达成的调解协议，须交由调解警察进行审查，调解警察从调解自愿性和内容合法性两方面进行审查。

4. 负责对调解流程管理与相关数据统计

即派出所对于辅警或人民调解员、律师等调解案件流程进行系统管理，并对调解数量、结果等进行统计，管理调解卷宗归档。

总之，通过警察对辅警、特邀人民调解员、律师等调解进行指导，包括全程指导、专业指导和常态指导等，有利于监督辅警或者社会调解组织公正调解。最后，警察监督也有利于避免特邀调解组织或调解员走形式、随便敷衍等消极对待调解的问题。

综上所述，对于警察民事调解存在的警力不足、缺乏人员保障，没有从事民事调解的专门人员与队伍，以及警察调解能力不足等困难与障碍，可以通过配置专业人员、建立专门从事民事调解的警察队伍，以及建立多元化调解主体，在警察调解的基础上，发挥辅警力量、辅警独立调解民事纠纷，吸收社会力量协助警察开展民事调解等途径予以解决。在多元化的调解主体中，应当注意协调警察与其他特邀调解主体间的关系，明确警察的监督职责，以利于警察和民事调解主体有效联动，形成合力的同时，保证调解优质与高效。

第七章 警察民事调解范围

如前所述，调查问卷显示，在警察认为民事调解制度存在的问题中，高居第一位的是关于警察民事调解的范围问题。有203人，高达56.55%的警察认为应当对警察民事调解范围作出合理界定。许多警察表示，对接警的民事纠纷，调不调靠的是责任心。那么，在解决了警察民事调解主体问题后，接下来要解决的就是，警察民事调解的范围问题。当前警察调解的民事纠纷范围是否明确，范围是大还是小？哪些民事纠纷适宜警察调解，哪些不适宜？界定的标准是什么……以上种种，是本章将要集中探讨解决的问题。

一、警察民事调解范围存在的主要问题

(一) 警察民事调解范围模糊

首先，立法上没有明确警察民事调解范围。关于警察民事调解的范围，目前立法上没有明确规定。如前所述，《人民警察法》第21条第1款规定，对公民提出解决纠纷的要求，应当给予帮助。但对纠纷的类型、范围并没有明确。此外，公安部没有出台单独的行政法规、规章，予以进一步规定。

其次，理论界对于警察民事调解范围探讨的也较少。文献综述显示，当前学界对警察调解制度的研究，主要集中在治安调解

上,而对民事调解的探讨,尚处于对警察民事调解的正当性以及对警察民事调解是否成为制度的探讨上。对于警察民事调解的范围,多局限于简单的概括,即民事纠纷以及常见类型的列举与描述。对于如何合理界定警察调解的民事纠纷范围,尚无深入探讨。

调查问卷显示,对于当前警察民事调解存在的问题中,56.55%的警察认为警察民事调解范围模糊。实践中,对警察民事调解范围没有统一,各地做法不一。具体表现为以下几个问题:

1. 调解范围过大

有的公安机关重视调解工作,将所有民事纠纷都列入警察民事调解的案件范围。例如,天津市公安局与天津市司法局联合颁布通知,强调凡是群众向公安机关报警求助,公安机关对请求解决纠纷的,应当给予协助。[1]由于调解范围过大,接警的民事纠纷数量快速上升,甚至远超接警的治安案件数量。

2. 调解范围过窄

有的派出所对所有要求解决的民事纠纷,均不予以调解,全部告知其向人民调解委员会申请调解或通过诉讼解决。例如,如前所述山东省招远市公安局 E 镇派出所。当然,这种情况并不是普遍现象,在笔者调研的 6 个基层派出所中,只有 1 个派出所采取这种做法。

3. 调解纠纷种类多样

实践中,警察民事调解案件种类多样化。既有传统的纠纷类型,包括邻里纠纷、婚姻家庭纠纷、宅基地使用权纠纷、住房纠纷、债务纠纷、人身财产赔偿纠纷等,也有新的纠纷类型,例如,损害赔偿纠纷,租赁、建筑施工等合同纠纷,物业纠纷、道路交通事故纠纷、医疗损害责任赔偿纠纷、农民工工资纠纷等。笔者对派出所调解纠纷调研时,尽可能地将以上类型均罗列出来,但

---

〔1〕 参见张磊:《公安派出所调解研究》,湘潭大学 2017 年硕士学位论文。

仍不能包括全部。可见，实践中警察民事调解纠纷种类多样，范围广泛，可以说无所不包。

正如学者指出的，当前公安派出所解纷职能实际边界模糊，社会责任广义、抽象。派出所面对的纠纷林林总总，很多案件都具有相当的特殊性。如出租车驾驶员与乘客为车费支付方式发生争执闹到派出所，显然很难通过法庭解决。[1]

4. 调解纠纷难易程度不一

由于调解纠纷种类多样，也导致纠纷难易程度不一。例如，传统纠纷类型，相对来说简易一些，而合同纠纷、医疗损害赔偿等纠纷，相对来说就复杂一些，对调解者的专业化程度要求也更高。调研问卷中，在不愿意进行调解的原因中，其中有149人，占比41.5%的警察表示，是因为调解工作不好做。对于当前警察民事调解存在的问题，有96人，占比26.7%的警察提出，是因为调解能力不足。以上调研结果，从一个侧面也反映出当前实践中，调解范围过大，调解种类过多、调解难度增强的问题。

其实，关于调解范围不明确的问题，并不是警察民事调解独有的问题。例如，法院先行调解，同样也存在着立法上规定不明确，实践中标准不一的问题。实践中在政策鼓励下，一些法院将先行调解的案件范围扩大化，导致先行调解成为"口袋程序"。案件范围并不限于简单的民事纠纷，有一部分恰恰是疑难案件，或是法律适用困难、解决起来棘手的案件，也纳入先行调解范围，导致出现很多问题。[2]

（二）警察民事调解与治安调解界限模糊

警察民事调解范围不明，在实践中还表现为，警察民事调解

---

[1] 参见郭名宏、田祚雄：《纠纷解决的基层实践与运行逻辑——以公安派出所解纷功能运作为例》，载《学习与实践》2016年第3期。

[2] 参见周艳萍：《法院调解制度改革研究》，中国政法大学出版社2020年版，第189~190页。

与治安调解间的界限模糊、混淆,从而出现"以罚压调""以调代罚"的问题。

1. 将民事纠纷调解,升格作为治安调解

将民事纠纷与治安案件混淆的第一种表现,就是对不构成违反治安管理的单纯民事纠纷,升格进行治安调解,以治安处罚相威胁,强制当事人接受民事调解,签订《治安调解书》。调解不成的情况下,对当事人进行治安处罚。此种做法的危害在于,加大了当事人的责任,将本不应当承担的行政责任,强加或者隐形强加给了民事纠纷的主体,从而造成"以罚压调"的问题。例如,王某妻子户口不在本村,不符合村委会规定的福利发放条件,但王某在村里发放福利时强行多拿了一份。对于是否应当给王某妻子也发放一份福利的问题上,双方争执不下,警察组织双方调解不成,后公安分局以抢夺财物为由,对王某做出行政拘留10日的处罚。本案中,王某与村委会的纠纷,不属于治安违法行为,不能予以治安调解,更不能在调解不成的情况下做治安处罚。总之,不应当动用治安处罚权,却动用了。

2. 将本应做治安调解的,降格为普通民事调解

将民事纠纷与治安案件混淆的另一种表现,就是"以调代罚"、降格处理。对同时违反治安处罚法,应当承担行政责任的当事人,当作普通民事纠纷进行处理。调解不成时,告知当事人起诉,免除了行为人应当承担的治安处罚责任。这种做法的危害是,放纵了应当承担违法责任的当事人,执法不严。例如,一对情侣因相处不和,女方提出分手。男方不同意分手,在女孩下班途中将女孩强行拦住,双方发生口角后,男方对女方进行殴打,打了女方鼻子一拳导致女方鼻子出血,并将女孩拖拽至自己家中。女孩偷偷报警求救。警察赶到现场后,认为这是双方感情纠纷,主持双方调解,并达成民事调解协议,男方负责女方医药费调解解决,并告知当事人如果解决不了,就向法院起诉。本案中,男方

的行为已经构成行政违法，其对女方的人身侵权并不是单纯的民事纠纷，应当进行治安处罚。如果符合治安调解条件，应当进行治安调解，而不是民事调解。对于达成治安调解后，可以免除男方的治安处罚责任，但如果男方不履行调解协议，仍应当对其进行治安处罚。总之，应当动用治安处罚权，却没有动用。

二、界定警察民事调解范围的标准

以上问题，需要通过合理界定警察民事调解范围来解决。那么，如何合理界定？应当以什么为标准，或者说，考量的参照是什么？笔者认为，在界定警察民事调解范围时，应当考量以下几个方面。

（一）从本国警务实际情况出发

警察民事调解范围的确定，首先必须从我国国情出发，从我国警务实际情况出发，从我国警察民事调解所面临的现实问题与困境出发，否则，将不具有现实可行性。调研中警察对警察民事调解表现出的不赞成，甚至叫苦不迭，说明当前警察民事调解范围的界定，脱离了警务实际情况。以下我国警察民事调解现实问题，应当予以考虑。

1. 警察民事调解作为制度，在立法上的依据尚不具体明确

作为一项制度，必须具备依据、主体、适用范围、原则、程序与规则，以及后果等基本构成要素，此外，还需要有相关配套保障机制以保证制度的运行。如前所述，虽然1995年《人民警察法》第21条规定了警察对公民解决纠纷的求助义务，可以作为警察民事调解的立法依据。但此条文规定得过于原则、模糊。并且，此后再没有进一步细化，公安部也没有再发布相关的行政法规或者是规章。不仅如此，《程序规定》《调解规范》规定中，还有与之相矛盾的内容。以上种种，可以看到，警察民事调解制度在我国立法上，尚没有具体、完备的依据。在警察民事调解制度依据

尚不完备,甚至互相矛盾的情况下,警察民事调解范围显然不宜过大。

2. 理论界与实务上,对警察民事调解职能尚存在认识上的分歧

如前所述,无论理论界还是实务界,对警察民事调解职能尚存在认识上的分歧。在学界,有一部分人认为警察民事调解不是警务范围,公安就是预防和打击犯罪的专业部门,因此,与预防和打击犯罪无关的其他事务不应是警察的工作范围,都应当从警务活动中剥离出去。与此同时,实务部门也有很多警察不赞同民事调解。调查问卷显示,37%的警察认为民事调解不是警务活动或者认识模糊。以上认识上的分歧,归根到底是对警察服务职能尚没有清醒的认识,只认可公安机关的打击、执行职能,而不认可公安机关的服务职能。警察民事调解实质上是一种服务,是为民服务。在服务职能未得到认可、重视之前,警察民事调解范围也不宜过大。

3. 社区警务推行时间较短,社区警务工作尚处于初期阶段

如前所述,各国警察民事调解实践表明,警察民事调解伴随社区警务的建立而建立,随社区警务的推行而发展。我国自2002年公安部开始提出推进社区警务制度的实施,至今20余年的时间,社区警务推行的时间较短,很多工作尚处于初期阶段。社区警务的核心之一是"立足社区",要求警力下沉,充实基层警力。在公安部统一部署下,各地公安机关根据实际情况进行了警力调配,警力下沉有一定成果。但是,相比于繁重的治安工作,基层警力仍显不足。此外,社区警务另一个核心"警民合作",要求警察贴近民众,社区警务工作室密布基层。为此,各地开展社区警务室建设,但总体来说,数量不足,还不到位。最后,从事社区警务工作的警察与社区联系尚不够密切,社区警务所要求体现的"为民服务"如何开展,尚未形成常规具体制度。以上种种均对

警察民事调解工作的开展形成制约，此种情况下，大规模开展警察民事调解也是不现实的。

4. 警力不足

警力不足，一般指警察数量上的不足。如前所述，我国公安机关长期存在着警力不足这一现实问题。这个问题成为警察民事调解制度确立与发展的掣肘。调查问卷显示，在警察不愿意进行调解的原因中，位居第二，有172人提出，是因为其他警务太重，警察没有多余精力进行调解，占比高达47.91%。此外，有136人占比达37.88%的警察提出，警察民事调解范围太大，当事人要求调解的纠纷太多，警察调不过来。这说明当前警察民事调解的范围过宽，应当进行合理限制。此外，调查问卷，对于警察民事调解的建议中，7%的警察提出，应当合理确定警察民事调解范围。一位警察提出，"什么时候警察争着去派出所工作的时候这个问题自然就解决了"。说明基层警力不足的问题是制约警察民事调解的瓶颈。

此外，警力不足，也包括警察工作能力上，即质量上的不足。例如，调查问卷显示，不愿意进行调解的原因中，有149人即占比41.5%的警察回答是因为调解工作不好做。而对于当前警察民事调解存在的主要问题，有96人即占比26.7%的警察直言不讳地指出存在警察自身调解能力不足的问题。

总之，以上种种来自基层警察的呼声与反馈，必须予以关注与重视，民事调解范围的界定必须正视与面对警力不足这一问题。

（二）借鉴与吸取法院民事先行调解的经验、教训

如前所述，法院先行调解的范围，同样存在着立法上规定不明确，实践中标准不统一的问题。《民事诉讼法》第125条规定，当事人起诉到人民法院的民事纠纷，适宜调解的，先行调解。但对于何谓"适宜调解"，并没有明确。实践中，许多基层法院诉前调解范围存在扩大化趋势，从而引发了一些问题。主要体现在诉

前调解案件激增，形成新的案多人少，此外，诉前调解成为大部分纠纷立案前的一道普遍必经程序，为民事纠纷的解决又增设了一个门槛，为当事人增加诉累。此外，由于案件范围并不限于简单的民事纠纷，有一部分恰恰是疑难案件，或是法律适用困难，解决起来棘手的案件。[1]而这部分案件并不适宜调解解决。以上法院民事先行调解的经验与教训，对警察民事调解范围的界定，具有参考价值，主要基于以下几个原因。

1. 诉前调解与警察民事调解对象相同

警察民事调解与诉前调解一样，调解对象都是民事纠纷。相比于法院诉前调解，警察接警的民事纠纷一般处于前端，纠纷的初发阶段，即矛盾纠纷刚刚发生。正因为如此，诉源治理强调把矛盾纠纷解决在萌芽，及时解决，避免大量纠纷涌入法院。

2. 诉前调解与警察民事调解，同属于大调解机制的一部分

诉前调解，与警察民事调解一样，是政法委领导下的大调解机制中的一部分。于社会整体而言，大调解机制是对矛盾纠纷的综合治理，是多部门联动，诉讼内外共同解决，促进社会的和谐稳定。法院与公安机关都是大调解中的一员，于公安机关而言，在矛盾纠纷发生的端口，解决纠纷，防止和减少纠纷转化成治安甚至刑事案件，维护社会治安稳定和良好，同时也减少涌入法院的案件，缓解法院"案多人少"的压力。于法院而言，诉前调解是诉前分流，即在正式立案前，分流一部分简单的民事纠纷，采用简易、方便、快捷的调解方式，节约司法资源，解决"案多人少"的同时，也使审判法官力量集中在普通或者复杂案件上，实现"繁简分流""简案快审、繁案精审"。所以，二者有相通之处。

---

[1] 参见周艳萍：《法院调解制度改革研究》，中国政法大学出版社2020年版，第189~190页。

3. 诉前调解发生的阶段是在立案前，严格说尚不属于诉讼调解

诉前调解发生在立案前，在法院案件系统中单独列"诉前调"字号，严格来说，尚不属于诉讼，性质上属于法院附设调解，即司法 ADR。而警察民事调解性质上是非讼调解。所以，这一点上，二者也有近似之处。

4. 诉前调解的主体，与警察民事调解主体发展趋势有相似之处

如前所述，我国法院诉前调解，经过调解法官亲自调解的阶段后，目前较为普遍地采取法院特邀调解模式，即法院吸收社会调解组织或者调解人进行调解。法院在立案前认为适宜调解的，将案件分流至诉前调解系统，经征询当事人同意后，诉调对接中心将案件分配给特邀调解组织或者调解员独立进行调解。法院的调解法官主要负责对委派调解的案件进行指导、监督，对达成的调解协议进行审查。

当前，我国警察民事调解的主体主要是警察。有些派出所限于立法规定，只能由警察进行调解，这种做法相对保守。而有些派出所突破立法局限，解放思想，启用辅警进行调解。还有些派出所与人民调解合作，建立起警民联动下的人民调解模式，或者聘请律师驻所提供咨询、调解等服务。如前所述，以上将调解主体不断进行拓展，形成多元化调解主体的做法，是警察民事调解主体的发展趋势。这一点，与诉前调解具有相似之处。

综上，笔者认为法院诉前调解的经验与教训，值得警察民事调解借鉴与思考。警察民事调解范围必须根据实际情况合理限定，不能毫无限制，也不能一概不调。

（三）适当参考域外做法，但不盲目照搬

通过考察可见，域外的警察民事调解范围十分广泛，甚至可以用无所不包来形容。例如，美国警察民事调解的范围则不受治

安处罚类案件的局限,而是由警察本身的服务职能和维护社会治安的职责所决定,大到聚众骚乱,小到邻里矛盾,无所不管。美国社区警务主要是为社区居民之间的纠纷解决提供服务与帮助,并且调解范围广泛。据统计,在进入社区警务阶段以后,警察有75％的时间是用在与犯罪活动不直接相关的社会服务上,包括调解家庭纠纷,照顾老人儿童等[1]。美国律师协会制定的《城市警察职责规范》中,有关警察职责方面的内容共有11项,调解当事人纠纷亦在其中。

又如,英国警察在新公共服务理论指导下,注重对社区公民的服务职能,将解决公民的困难作为重要任务,该职能涉及当事人的民事权益,涉及警察化解民事纠纷。

再如,日本对于警察民事调解的范围无所不包,从家庭纠纷到合同与债务问题,以及专门的少年、暴力、交通、高利贷等方面的纠纷。

但以上这种做法,是与该国警察民事调解制度立法完善程度、社区警务发展程度、配套制度及人员保障程度,以及警察对民事调解工作的认可程度等紧密联系在一起的。照搬到我国,对所有求助的民事纠纷进行调解,不现实也不可行。现阶段必须对警察民事调解范围进行合理限定,随着我国警察民事调解制度的成熟,可以将调解范围不断扩大作为一个远期目标。

三、警察民事调解范围的界定

如前所述,民事纠纷是指平等主体间发生的关于民事权利和民事义务的社会争议。民事纠纷具有普遍性,且种类繁多,复杂程度不一,因此,限于以上界定警察民事调解应当考虑的因素,

---

[1] 参见高文英:《我国警察调解运行机制的现状与展望》,载中国法学会行政法学研究会编:《服务型政府与行政法 中国法学会行政法学研究会2008年年会论文集》(下册),浙江工商大学出版社2009年版,第669页。

并不是所有的民事纠纷均适合警察调解，应当予以合理限定。综合以上因素，笔者认为，当前我国警察民事调解的范围，主要从以下三个方面进行界定。

（一）纠纷类型限制——限于普通类型的民事纠纷

这里的民事纠纷，是与治安案件无关的民事纠纷。为与治安调解相区别，这类警察民事调解对象，通常又称为纯民间纠纷或普通民事纠纷。如前所述，实践中，民事纠纷警情呈现多样性特点，涉及范围广泛，基本涵盖了日常生活的方方面面。其中，有传统的纠纷类型，包括邻里纠纷、婚姻家庭纠纷、宅基地和相邻关系纠纷、债务纠纷、人身财产赔偿纠纷等，相对来说比较简单的类型。也有新的纠纷类型，包括买卖、租赁、建筑施工等各种合同纠纷，物业纠纷、道路交通事故纠纷、医疗损害责任赔偿纠纷、公司权属争议等，相对来说比较复杂的类型。这些纠纷的共同特点是当事人之间仅就民事权益发生争议、尚未引发其他法律责任，但以上纠纷类型并不全部适合警察调解。考虑到前述我国警务实际情况，即警察民事调解作为制度在立法上的依据尚不具体明确、理论界与实务界对警察民事调解职能尚存在认识上的分歧、社区警务推行时间较短尚处于初期阶段，以及警力数量上的人员不足和质量上调解能力的不足等情况限制，笔者认为，警察民事调解限于普通类型的民事纠纷较为适宜。

至于何为普通类型的民事纠纷，笔者认为，主要包括：损害赔偿纠纷、婚姻家庭纠纷和继承纠纷；较为常见的合同纠纷；宅基地和相邻关系纠纷；劳务争议纠纷；物业纠纷；医疗纠纷；消费者权益纠纷；小额债务纠纷等九类。

1. 损害赔偿纠纷

包括人身损害赔偿和财产损害赔偿纠纷。这类纠纷较为常见，法律规定清楚、责任比较明确，较好把握。

2. 婚姻家庭纠纷和继承等家事纠纷

需要指出的是，家事纠纷不仅数量巨大，而且案件类型也日趋多样化，是否都属于警察民事调解的类型，还需要根据实际情况加以区分。

3. 较为常见的合同纠纷

例如，房屋租赁合同纠纷、买卖合同纠纷等，属普通的合同纠纷类型，较为常见。

4. 宅基地和相邻关系纠纷

此类纠纷发生在熟人之间，一般事实清楚、权利义务关系明确，适宜警察调解。

5. 劳务争议纠纷

如拖欠农民工工资，是较为常见的纠纷类型。

6. 物业纠纷

此类纠纷一般具有事实比较清楚、法律适用简单，权利义务关系较为明确的特点，也适宜警察调解。

7. 医疗纠纷

此类纠纷应当具体案件具体分析。对于其中是非责任较为清楚、不需要鉴定的医疗纠纷，适宜警察调解。

8. 部分权利义务关系明确的消费者权益纠纷

应当注意的是，某些消费者权益纠纷，如金融消费者保护问题等新类型案件不适合警察调解。

9. 小额债务纠纷

例如民间小额借款纠纷，权利义务关系相对明确，也较为常见。[1]

之所以认为以上纠纷类型适宜警察调解，主要基于以下几个

---

[1] 参见赵蕾：《先行调解案件的类型化研究》，载《法律适用》2016年第10期。

方面的原因：

一是有选择地参照法院先行调解的案件范围。如前所述，警察民事调解，与法院诉前调解具有一定的可参照性。经过立法回溯，发现最早有关先行调解的案件范围是2003年《简易程序若干规定》第14条的规定，主要包括：婚姻家庭纠纷和继承纠纷；劳务合同纠纷；交通事故和工伤事故引起的权利义务关系较为明确的损害赔偿纠纷；宅基地和相邻关系纠纷；合伙协议纠纷；诉讼标的额较小的纠纷等6类。可见，最初先行调解的案件范围案件类型较为传统、普通，均是应当适用简易程序审理的简单民事案件。笔者认为，以上案件作为先行调解的案件范围较为合适，同时也适宜警察民事调解。其中，交通事故损害赔偿纠纷专属于交警部门调解，属于独立的一类警察调解，不在本书警察民事调解范围之内。

2017年《最高人民法院关于民商事案件繁简分流和调解速裁操作规程（试行）》第9条，将应当引导当事人委托调解的案件范围扩大至家事纠纷、相邻关系纠纷、劳动争议纠纷、交通事故赔偿纠纷、医疗纠纷、物业纠纷、消费者权益纠纷、小额债务纠纷、申请撤销劳动争议仲裁裁决纠纷等9项，并同时规定，其他适宜调解的纠纷，也可以引导当事人委托调解。其中，笔者认为有些适宜先行调解，如物业纠纷、医疗纠纷，有些并不适宜。鉴于实践中法院将先行调解的案件范围扩大化，导致先行调解成为"口袋程序"[1]，与立法初衷相悖。因此，警察民事调解应当引以为鉴，不宜将调解范围扩大化。

二是以上纠纷类型与警察日常工作联系较为密切。例如，婚姻家庭纠纷和继承纠纷、宅基地和相邻关系纠纷，与警察的治安

---

[1] 参见周艳萍：《法院调解制度改革研究》，中国政法大学出版社2020年版，第204~206页。

管理工作关系较为密切,是警察治安管理中接触的常见纠纷类型。由于纠纷与警察治安管理工作密切相关,警察较为熟悉,因而适宜警察调解。

三是以上纠纷类型性质上适合警察调解。以上纠纷类型一般发生在普通公民之间,亲属邻居同事之间,纠纷类型比较传统,属于普通常见的民事纠纷。纠纷性质本身不复杂、专业性不是很强,对调解主体的专业性要求不高,警察调解可以很好地把握。

四是从调研结果显示,实践中警察民事调解的纠纷类型多样,但也主要集中在以下类型。例如,济南市公安局某派出所统计的民事调解案件类型结果显示,依数量多少依次主要集中在损害赔偿纠纷、宅基地和邻里纠纷、合同纠纷、婚姻家庭纠纷、其他物业和劳务争议纠纷等。例如,2020年损害赔偿纠纷32件、宅基地和邻里纠纷8件、合同纠纷6件、婚姻家庭纠纷2件。2021年损害赔偿纠纷62件、宅基地和邻里纠纷24件、合同纠纷5件。2022年1月至5月:合同纠纷16件、宅基地和邻里纠纷8件、损害赔偿纠纷6件。

再如,山东省招远市公安局A派出所警察民事调解的纠纷依数量多少依次主要集中在婚姻家庭纠纷、损害赔偿纠纷、宅基地和邻里纠纷、合同纠纷、农民工工资纠纷、其他物业和劳务争议纠纷等。其中2020年婚姻家庭纠纷370件、损害赔偿纠纷321件、合同纠纷134件、宅基地和邻里纠纷112件、农民工工资纠纷54件。2021年婚姻家庭纠纷781件、损害赔偿纠纷621件、宅基地和邻里纠纷533件、合同纠纷285件、农民工工资纠纷101件。2022年1月至5月婚姻家庭纠纷298件、损害赔偿纠纷253件、宅基地和邻里纠纷167件、合同纠纷86件、农民工工资纠纷61件。

而作为乡镇派出所,山东省招远市公安局D镇派出所民事调解的纠纷类型,依数量多少依次主要集中在宅基地和邻里纠纷、婚姻家庭纠纷、合同纠纷、农民工工资纠纷、损害赔偿纠纷、其他小额债务和劳务争议纠纷等。例如，2020年宅基地和邻里纠纷46件、婚姻家庭纠纷28件、损害赔偿纠纷19件、农民工工资纠纷8件、合同纠纷2件。2021年宅基地和邻里纠纷59件、婚姻家庭纠纷32件、合同纠纷18件、农民工工资纠纷4件、损害赔偿纠纷2件。2022年1月至5月宅基地和邻里纠纷25件、合同纠纷4件、婚姻家庭纠纷3件。

此外，如前所述，笔者所收集的典型案例，基本上是传统的民事纠纷类型，主要包括租房合同纠纷、拖欠工程款债务纠纷、人身损害赔偿纠纷、宅基地和相邻关系、财产损害赔偿纠纷、婚姻家庭拖欠抚养费和侵犯财产权纠纷、婚姻家庭赡养纠纷等，皆是较为传统的民事纠纷类型，也是较为普通、常见的纠纷类型。

反而言之，有些民事纠纷与警察治安管理工作关系不大，警察并不熟悉，或者从纠纷性质上看专业性强、案情复杂，警察难以驾驭的，并不适合警察调解，应当予以排除。例如，专利纠纷、著作权纠纷、金融纠纷、证券假陈述民事赔偿纠纷、公司强制清算、反垄断纠纷等，以及票据纠纷、公司纠纷等，均不适合警察调解，应当排除于警察调解的民事纠纷范围。

(二) 纠纷难易程度限制——警察民事调解应当限于简单的民事纠纷

除了属于以上民事纠纷类型限制外，警察民事调解的纠纷，还应当限于简单的民事纠纷，即纠纷事实清楚、权利义务关系明确、争议不大。这同样是基于前述界定警察民事调解范围须考量的因素，包括警力不足、警察调解能力不足。由于警察承担的职能主要是社会治安管理和刑事案件侦查，并不是专职的纠纷解决主体，而且目前还没有专职调解的人员与队伍，因此，相比于人民调解委员会、律师等专业调解主体，警察调解的专业能力，以及可用的精力均存在不足，因此，警察调解的对象，宜为简单的民事纠纷。

反而言之，虽然属于以上纠纷类型，但如果纠纷事实不清、权利义务关系不明、争议较大，属疑难复杂案件，则不适宜由警察进行调解。如果案情复杂，则需要专门机关通过法定专门程序去解决。例如法院，通过开庭程序，一系列举证质证认证等审理活动，查明事实，分清是非，在此基础上才能进行调解。在难以做到查明纠纷基本事实的情况下，无法做到公正调解，也很难调解成功。例如，涉及群体利益、纠纷主体人数众多、案情复杂当事人矛盾激化、相关法律法规规定不明确、在适用法律方面有一定困难的案件，以及敏感性强、社会关注程度大的案件，均不适宜警察调解。

如前所述，笔者所收集的典型案例显示，警察民事调解的纠纷，纠纷事实相对比较简单。双方争议的事实经过警察了解后，基本能够查明，不需要复杂的鉴定、勘验、评估等程序，双方当事人争议也不大，纠纷事实相对比较简单，属简单的民事纠纷。实践情况也说明，警察适宜调解简单的民事纠纷。访谈时，四川省遂宁市公安局一位负责矛盾纠纷解决的警察对笔者说，基层警情接警的民事纠纷多如牛毛，警察参与度有限，法律素养也有限，精力也有限，因此，简单的纠纷警察可以调解，但是涉及融投资领域，知识产权等专业领域，金额又大的，警察也解决不了这些纠纷，反而导致久拖不决，最终还是只有走诉讼环节。可见，实践证明复杂的民事纠纷不适宜警察调解。

（三）是否向公安机关紧急求助限制——限于向公安机关报警或紧急求助解决的民事纠纷

民事纠纷解决的一个特点，是不告不理。这与行政执法不同，不是依职权主动启动的行为。法院解决纠纷限制于不告不理，人民调解解决纠纷也限于不告不理。警察民事调解，也应当受此限制，即限于向公安机关报警或求助解决的民事纠纷范围。公安机关不能依职权主动涉足民事领域，插手民事纠纷的解决。实践中存在警察主动插手经济纠纷，帮助企业或债权人追讨债款的问题。这里面涉及公权力与私权之间的界限问题，公安机关作为国家公权机关，对于民事纠纷这一私权领域，不主动介入，只有在纠纷主体提出解决纠纷的请求时，才予以帮助解决。

此外，警察的服务职能是有限的，应当是"最低限度"的服务，即限于"危难"之时。

因此，与法院调解与人民调解不同，居民报警或者向警察求助解决的民事纠纷，往往须具有一定的解决急迫性，即可能具有向治安案件甚至刑事案件转化的隐患或者危险性。这些纠纷当前仅是普通的民事纠纷，主体行为尚不触犯治安处罚法或者刑法，但纠纷主体之间有现实的冲突，具有不及时求助警察调解，可能升级为治安案件或刑事案件的危险。相反，非紧急解决的民事纠纷，不在警察民事调解范围之中。

例如，前述实务考察中的典型案例1，租客与房东间因财产损害问题发生争执，情绪激动，租客摔了杯子，这种情况下就有发生打架升级暴力冲突造成人身财产侵害的治安案件的风险。警察接警后及时进行调解是十分必要的。再如典型案件2，债权人将拖欠劳务费的债务人堵在家里，双方对峙，剑拔弩张，也有转化升级为治安案件或刑事案件的风险。此种情况下债权人求助警察解决，也是因为意识到双方的冲突有升级的急迫性，自己处于"危难"之中。警察赶到现场，首先要控制局势，避免冲突升级，然后对双方进行劝解，协调解决。实践中，警察接警调处的民事纠纷，通常具有这种急迫性。接警或求助公安机关解决的普通民事纠纷，是否具有违法或犯罪的风险或者可能性，以及这种风险大小，需要警察根据纠纷的具体情况，进行评估。对此，警察会谨慎认真对待。因为一旦转化为治安或刑事案件，涉及警察的责任问题。风险等级越高，警察调解的必要性越大。对于风险性大的，警察需要及时控制局势，现场调解或带回派出所调解。

以上是警察民事调解范围的三个方面的界定，基于此，将警察民事调解范围限制在一定的合理区间。一方面立足于我国警力不足与警务活动繁重这一矛盾突出的现实，解决了实践中调解范围过大无所不包给警察造成的无法承受之重负；另一方面也避免了调解范围过小，将民事纠纷拒之门外的极端做法，因此，针对实践中将民事调解拒之门外的做法，需要扩大警察调解纠纷范围。既履行了警察为民服务的职责，发挥警察民事调解的作用，满足群众需要，同时，又具有现实可行性。从长远发展来看，随着社区警务的发展、警力的提升，我国警察民事调解范围也可以借鉴域外国家的做法逐渐扩大。但目前限于警务现实，不宜操之过急，不宜将警察民事调解范围无限制扩大。

四、限制警察民事调解范围与"有困难找警察"间的关系

值得一提的是，对于警察民事调解范围的限制，是不是违背了"有困难找警察"的口号？首先，对警察民事调解范围的限制，是从法律角度对警察调解制度在立法方面提出的完善建议。而"有困难找警察"是公安机关依据为民服务的宗旨，而对社会作出的承诺。二者不属于一个层面。其次，对于法律制度的确定，需要从法理上、理论与实践等多方面进行理性分析与论证，最终得出结论，是否具有合理性、现实性和可行性。而一个承诺与口号，更多的是宣示一个态度、一个决心，至于合理性、现实性和可行性，需要实践来摸索和探讨。最后，对警察民事调解范围的合理限定，并不违背"有困难找警察"的本质要求，而是使后者更合理、更现实可行。

学界和实践中，许多人对"有困难找警察"提出了质疑，认为当前，"有困难找警察"口号，或"有警必接、有难必帮、有险必救、有求必应"的社会承诺，在实际工作中不合理地扩大了110接处警事务的范围。从处警效果看，大量非紧急的民事纠纷求助占用有限的 110 应急警力资源，导致公共资源的浪费。据统计，2016 年浙江省全省 110 无效报警 1300 万起，占总警情的 50%。[1]

访谈中，基层警察提出，实践中，很多无效警情，浪费了有限的警力。例如，夫妻吵架，两口子报警说是纠纷，其实就是争论了几句，或者是动了一下手，警察还没开始调解，他又喊警察走，不用调解了。还遇到过有几次，刚打电话报警说纠纷，一分钟不到，就说没有纠纷了，已经化解了。还有的警察刚登上车，就说不需要了。这些都是无效警情，耗费了警察的很多精力。

实际上，"有困难找警察"的承诺不仅造成公安机关警力过度消耗，同时，也使群众对公安形成过度依赖，而有些问题公安机关也无法解决。有学者指出，从处警效果上看，群众对公安的过度依赖，不仅造成了警力资源的浪费，而且不利于公民合法权益的实质性保障。例如，在公安警情中有大量的警情是关于自来水漏水、暖气管道漏水、停电、小区违章搭建、消费者投诉、家庭内部争执等求助，警务吸纳和解决的纠纷十分庞大，在一定程度上可以视为当代中国城市纠纷解决系统的金字塔之基。但现实中这些公共求助都有相应的政府职能部门负责。例如，市规划局管理小区违章搭建，供电公司负责停电求助，工商行政管理部门负责消费纠纷的调解等。以上大量求助涌入报警系统后，接处警由于职权的限制往往很难从根本上解决群众的诉求。

对此，有学者提出，警察权是行政权，但并不是普遍的行政权，而是执行特定职能——维护社会治安秩序的行政权。因此，警察权与其他行政权力间存在界限。"有警必接、有难必帮"在

---

[1] 参见浙江公安官网：《2016 年，全省 110 无效报警高达 1300 万起，占接警总量 50%》，载 http://www.zjsgat.gov.cn/jwzx/jsyw/201701/l2017010_1275042.htm，最后访问日期：2017 年 5 月 2 日。转引自王炎、汪进元：《110 接处警事务的范围界定与运行原则——兼评〈人民警察法（修订草案稿）〉》，载《法学》2017 年第 12 期。

强调服务型公安理念的同时，容易模糊警察权与其他行政权的界限，使警察权成为其他行政权的托底权力。[1]

当然导致上述接处警工作现状的原因从表面上看可以归咎为政策口号与法律法规之间的冲突，但是通过更深层次的观察可以发现，这其实是新型警务模式所面临的必然矛盾。现行的接处警呈现出种新型的警务模式，在这种警务模式中警务活动的范围是公民主观诉求的现实反映，学者布莱克将其概括为反应型警务或公民主动型警务。在应对社会结构快速转型过程中日益凸显的安全问题时，反应型警务无论是在危机防控抑或公共服务方面都体现出积极的作用。但在反应型警务中由于警察缺乏界定自身管辖边界的机会和空间，公民却拥有界定失序状态划定警察管辖范围的权利，因此公安法定职权的界限在实践中必然会被虚化。[2]

从以上二者关系的分析中，再次证明了合理界定警察民事调解范围的必要性。合理界定警察民事调解范围，一方面，使其在警力所能承受的范围内，不冲击110报警处理紧迫治安或刑事警务，不冲击警察治安执法与刑事打击职能，从根本上保障社会治安秩序的稳定和人民群众生命财产安全，实现为民服务。另一方面，警察民事调解界定在合理范围，也使其真正符合警察权本质，符合警察权与其他行政权的职能界限，在警察职责和能力范围内实现为民服务。合理界定警察民事调解范围，从根本上有利于促使"有困难找警察"口号更具有合理性、现实性、可行性。

五、正确把握警察民事调解与治安调解间的界限

派出所调解主要包括民事调解与治安调解两类。如前所述，

---

[1] 参见李海峰：《〈人民警察法〉修改的宪法审视——兼评〈人民警察法（修订草案稿）〉》，载《河南警察学院学报》2018年第2期。

[2] 参见王炎、汪进元：《110接处警事务的范围界定与运行原则——兼评〈人民警察法（修订草案稿）〉》，载《法学》2017年第12期。

当前警务实践中，存在着民事调解与治安调解不清，导致警察民事调解范围把握不当的问题。由于警察民事调解与治安调解都是在警察主持下进行的调解，并且没有专门从事民事调解的警察，警察一般身兼二职，既从事治安调解，也进行民事调解，因此，实践中常出现二者混淆导致"以调代罚"或"以罚压调"的问题。访谈中笔者也注意到，笔者访谈的内容是关于民事调解，但许多警察谈的都是治安调解，以为治安调解解决的就是民事纠纷、民事调解。一些警察在二者处理方法和程序上，也没有明显区别，都是批评教育，兼以罚款拘留等治安处罚震慑。可见，准确把握二者间的界限具有重要意义。

如前所述，二者是性质不同的两类调解，差别是显著的。对于民事调解与治安调解间的区别，本书第一章中已经有详细阐述，在此需要着重强调的是，从警察的角度，如何对二者进行区分，以及处理上如何分别对待。

（一）区分标准

1. 调解对象不同

调解对象是区分二者的首要标准。警察民事调解的对象是单纯的普通民事纠纷，即平等主体之间因民事权利义务而引发的争议，纠纷主体的行为并未触及行政违法。调解的对象具有单一性，具体范围如前所述在此不赘述。

而治安调解的对象则具有民事纠纷与行政违法行为所致侵权损害赔偿的双重复合属性。《治安管理处罚法》第9条规定，对于因民间纠纷引起的打架斗殴或者损毁他人财物等违反治安管理行为，情节较轻的，公安机关可以调解处理。《调解规范》第3条规定，对于因民间纠纷引起的殴打他人、故意伤害、侮辱、诽谤、诬告陷害、故意损毁财物、干扰他人正常生活、侵犯隐私等违反治安管理行为，情节较轻的，经双方当事人同意，公安机关可以治安调解。据此，治安调解的对象具体剖析如下：一是纠纷主体实施了打架斗殴或者损毁他人财物等侵害他人人身权、财产权的治安违法行为，此行为具有行政违法性。二是该行为是因民间纠纷而引起。根据《调解规范》第3条第2款，民间纠纷是指公民之间、公民和单位之间，在生活、工作、生产经营等活动中产生的纠纷。例如，双方之间存在债务纠纷，追讨中打了起来，债权人把债务人打成轻微伤害。三是该违反治安管理的行为情节较轻。例如，如果债权人殴打债务人情节较重，构成轻伤以上，则不能进行治安调解。四是治安调解时，既要对行为人违反治安管理行为给他人造成的人身、财产损害进行调解，也要对引起行政违法行为的民间纠纷本身进行调解。也就是说，治安调解的对象具有复合性。例如，前述案例中，警察治安调解时，既要对债权人打伤债务人的人身侵权损害进行调解，也同时要对双方的债权债务纠纷一并进行调解。

2. 性质不同

民事调解的性质是民事纠纷解决，体现的是警察的服务职能，性质单一。

治安调解的性质是行政执法，体现的是警察的行政职能。虽然行政违法行为是因民间纠纷而引起，但因行为具有轻微治安违法性，因此行为人的行为属受治安管理处罚的具体行政违法行为。在治安调解中，警察需要解决的问题实际上包括两方面：一是违法行为人的行政责任，二是民事责任。从这个意义上，可以理解为行政附带民事争议。正因为如此，也有学者认为，警察治安调解中具有双重身份，行使双重职能，既行使行政职能，又行使调解职能。[1]

可见，治安调解的性质相对复杂。有学者指出，就治安调解

---

〔1〕 参见孙振雷：《论公安行政调解的非警察权属性及其制度完善》，载《中国人民公安大学学报（社会科学版）》2009年第2期。

而言，调解的直接对象是因违法嫌疑人轻微违反治安管理行为所引发的民事赔偿，它是与违反治安管理行为密不可分的民事关系。也正因为如此，公安机关才有了以公权介入私权利领域的现实基础。因行为人违反治安管理产生的行政处罚关系，是公安机关应当依法作出法律评判的社会关系。但是如果进行调解，就不能同时对违法嫌疑人进行处罚。此外，"可以调解处理"的表述，而不是"应当调解处理"。这就意味着对于符合条件的治安案件，是选择处罚还是调解结案，立法将自由裁量的权限赋予了办案的公安机关。公安行政调解是公私法不断融合而形成的一种新型社会管理手段，谓"公法私法化"和"私法公法化"。这种公私法相互融合的趋势带来的一个直接影响是，公权力主体开始对私法关系进行适度干预，以确保更好地维护公共秩序和公共利益。公安行政调解正是这样背景下的产物。从公安行政调解的发展历程看，它可以说是公安机关的警察权向私权领域渗透和扩张的结果。[1]

(二) 区别处理

1. 依据不同的规范进行调解

民事调解依据有关民事纠纷的调解规范进行。在当前，警察民事调解没有单独法律规范的情况下，应当主要参照《人民调解法》和《民事诉讼法》规定的调解原则、程序、后果等进行。治安调解主要依据《治安处罚法》《程序规定》和《调解规范》，以上规定中有关调解程序规范性方面，民事调解时可以作为参照，如制作调解书以及调解卷宗等，但在其他主要方面如调解范围、调解后果等，不具有参照性。

2. 是否启动行政处罚权不同

行政处罚权的应用与否正确，是判断能否正确对待民事调解

---

[1] 参见孙振雷：《论公安行政调解的非警察权属性及其制度完善》，载《中国人民公安大学学报（社会科学版）》2009年第2期。

与治安调解的分水岭。民事调解的对象是普通民事纠纷,调解目的仅仅是解决民事纠纷,不涉及行政违法,故不启动行政处罚权。治安调解针对的违法行为虽然危害性较轻,但从本质来讲,仍然属于违法行为。对于此类行为属于可调可罚,并且调解不成或者行为人不履行调解协议规定的义务时,公安机关一定要予以治安处罚。

3. 是否有强制威慑不同

民事调解氛围相对宽松,由于民事主体行为不触及行政违法,因此,警察民事调解不能以治安处罚权为威慑,否则就是非法加重民事纠纷主体的行政责任,侵犯民事纠纷主体的合法权益。

治安调解由于行为人的行为触及行政违法,面临调解不成或不履行调解协议时,则需要承担治安处罚的强制与心理威慑,因此,警察调解必然是在行政权威慑之下进行的。调解氛围相对严肃。此外,由于治安调解未达成协议或调解协议未履行的处罚具有强制性。这一规定,有助于促成民事纠纷的解决,因为有行政处罚的威慑和加持,会迫使治安违法行为人屈从。

4. 调解后果不同

民事调解是在纠纷主体完全自愿的情况下,经协商双方达成协议的,签订《民事调解协议》。调解不成的,告知当事人向法院起诉或向人民调解组织申请调解处理。民事调解不具有强制力,且较为单一。

治安调解后果区分不同情况,较为复杂。根据《治安管理处罚法》第9条,经公安机关调解,当事人达成协议的,不予处罚。经调解未达成协议或者达成协议后不履行的,公安机关应当依照本法的规定对违反治安管理行为人给予处罚,并告知当事人可以就民事争议依法向人民法院提起民事诉讼。可见,治安调解的后果有如下几种情况:一是治安调解达成协议的,签订《治安调解协议》,免除行为人的治安责任,不予治安处罚。二是调解不成的,对行为人违反治安管理的行为进行治安处罚。对其中的民事争议部分,当事人可向法院诉讼解决。三是对于虽达成调解协议但事后不履行的,仍需对行为人追加治安处罚。对其中的民事争议部分,当事人可向法院诉讼解决。

综上所述,针对警察民事调解范围存在的问题,应当考虑本国警务实际情况、合理参照法院诉前调解范围和域外做法,当前不适宜无限扩大,也反对将民事纠纷一概拒之门外。具体应当从三个方面进行合理界定:即纠纷类型限于普通类型的民事纠纷;纠纷难易程度限于简单的民事纠纷;纠纷解决的迫切性限于向公安机关报警或紧急求助解决的民事纠纷。此外,限制警察民事调解范围,还要注意处理好其与"有困难找警察"口号间的关系,正确区分警察民事调解与治安调解间的界限。

第八章 构建警察民事调解程序

除警察民事调解主体、范围外，调解程序亦是警察调解制度的重要组成部分。构建完备的程序不仅能丰富、支撑警察民事调解制度，而且有利于促进民事调解规范化、法治化，对于警察民事调解实践具有重要指导意义。实践中，对接警的民事纠纷，如果说调不调靠的是责任心，那么怎么调基本上就是凭经验。因此，构建民事调解程序，已经是迫在眉睫。本章将分别从构建警察民事调解程序必要性、总体思路、原则，以及警察民事调解程序主要阶段与内容等几个方面，探讨警察民事调解程序的构建。

一、构建独立警察民事调解程序必要性

（一）丰富、支撑警察民事调解制度

警察民事调解制度运行过程，是一套程序性的操作，例如调解如何启动、如何进行、结果怎样等，该制度实际上是一项程序性制度，因此程序对其来说是基本的，必须具备的。如前所述，当前对我国是否建立起警察民事调解制度，理论界尚存在争议。原因之一，就是缺少独立完整的警察民事调解程序。程序是制度的主要内容，构建独立的警察民事调解程序，才能丰富警察民事调解制度，使其获得支撑，从而真正地建立起来。

(二）警察民事调解的性质要求其在规范的程序下进行

通过前述分析可见，不同于治安调解等其他警察调解，警察民事调解有自己独特的任务与宗旨，履行特有的服务职能，应有其独立的调解主体、范围、程序，因此，相应地应当有独立的警察民事程序。

此外，警察民事调解不同于普通的民事调解，由于其是由有关机关主持的，是在有警察权为后盾和加持之下进行的调解，不同于民间组织进行的调解，因此更需要专门的调解规范。调解规范化，有利于防止警察民事调解中可能发生的警察权介入民事纠纷领域的问题，有利于防止强制调解，侵害公民的民事权利等问题的发生。有警察指出，警察依法依规调解，事半功倍。

(三）从公安机关规范化建设的要求看，警察民事调解应当从基于自由裁量权的调解转变为基于规则和目标的调解

在实务工作中，由于没有程序规范，警察调解民事纠纷自由裁量权较大，处于一种很随意的状态。这种规范性较差、自由裁量权较大的警察民事调解很显然不能适应当前的形势，很难满足民众对警察帮助化解日常矛盾的期望。警察民事调解应当从基于自由裁量权的调解转变为基于规则和目标的调解。所谓基于规则和目标的调解，就是既要讲程序和规则，也要坚守调解的目的和任务。程序和规则是外在的保证。警察民事调解的核心是应当坚守民事调解的目的和任务。简单地说，警察民事调解的任务是应当查明纠纷事项的基本情况、引发纠纷的原因、纠纷性质、双方的诉求及其依据，引导双方沟通并就纠纷所引发的权益事项达成一致的解决方案。警察民事调解的目的就是调解纠纷、化解矛盾，恢复健康、和谐的社会关系（邻里、家庭、同事等人与人之间的关系）。警察民事调解比人民调解更有权威性，比司法调解具有更高的效率。但是，无论是权威还是效率，都应当遵循合理、合法

的程序与规则要求,以完成明确的任务并实现最高的服务目标。[1]

(四) 解决警察民事调解无法可依的问题

如前所述,当前立法对于民事调解程序尚无专门规定。调查问卷显示,对当前警察调解存在的问题,认为警察民事调解规范不足的有135人,占比37.6%。而对于警察调解的建议方面,位居第二的,有22人,占比23%的警察提出,应当规范警察调解工作,制定出台调解程序规定,使警察调解活动合法合规进行。有的警察具体提出,应当建立完整的一套调解流程,出台具体的操作规范。希望可以出台更为合情合理合法的调解规范指导书,为警察调解工作提供技术指导,更好地保障警察的合法权益,提高调解工作的效率。

对警察民事调解典型案例考察可见,实践中警察民事调解程序随意性较大,虽然可以发现一些规律性的东西,但基本上处于无法可依的状态。

(五) 理论界注意到警察民事调解程序缺乏

当前,理论界对警察民事调解程序研究亦发现,实践中,警察民事调解为非程序性调解。例如,学者调研发现,实践中对普通民事纠纷,实行的是一种非正式程序,也被称为"当场调解程序",此类纠纷调解没有固定程序,不同警察调解的程序差别较大。学者努力寻找到一些共性做法。例如,首先,当场调解一般在派出所值班室或者纠纷现场内进行并由值班警察负责。其次,当场调解完全遵循自愿原则。最后,调解达成协议时只有涉及经济赔偿才制作调解书。[2]有学者指出,如何在法治进程中认识和利用

---

[1] 参见周艳萍:《新时期警察民事调解:意义、挑战与完善路径》,载《湖北警官学院学报》2021年第5期。

[2] 参见高文英:《警察调解制度研究》,载《中国人民公安大学学报(社会科学版)》2008年第4期。

调解这一中国传统纠纷解决方式，是当前调解研究的课题。实践中，在程序层面上，纠纷调解并不遵循法治原则，调解过程充斥着各种策略和权力技术。化解纠纷调解困境，需要在规范警察权与提高警察纠纷解决能力、制度建设与价值内化、法治目标与治理目标之间兼顾平衡，弥合规范化纠纷调解体系与现代性纠纷解决能力之间的裂痕，在推动基层法治建设的同时实现社会治理。[1]

（六）当前警察调解实践显示，警察调解主要凭经验

调查问卷显示，对于调解依据，调查问题回答称主要依法定的程序和方式进行调解的有212人，占比59%。主要凭经验调解，程序方式灵活掌握的有155人，占比43%。可见，有几乎达到一半的警察，主要凭经验调解，在调解程序方式等方面，采取灵活掌握的策略。而虽然绝大多数警察的法律意识较强，调解时意识到应当依法定程序和方式进行，但由于目前无专业警察民事调解程序规范，因此，如何依法定程序和方式调解，要么是参照治安调解的程序，要么是表达一种良好的愿望。这也从另外一个侧面，反映了制定警察民事调解程序规范的必要性与迫切性。而警察对于愿意调解的原因，认为在治安处罚权威慑下调解协议容易达成的，有150人，占比42%。这从另外一个侧面也反映出警察调解的非规范性，对警察权威的依赖。

（七）基层派出所对警察民事调解程序相关数据缺乏跟踪统计

2022年5月，笔者曾就警察民事调解程序对某直辖市某派出所调研，该派出所位于某直辖市主城区，具有一定的代表性。在笔者期待收获满满的数据时，反馈的结果令人吃惊：该所只能提供在警务平台上调取到的110接警民事警情数量和显示的结案数

---

[1] 参见于龙刚：《法治与治理之间——基层社会警察"解纷息争"机制分析》，载《华中科技大学学报（社会科学版）》2016年第3期。

量，其他数据如民事纠纷类型等一概没有，而且该所很多关系到民事调解程序的关键数据均无统计，例如，程序的启动，案件的来源、调解主体、调解地点、调解是否达成协议，是否有书面调解协议，是否形成调解卷宗以及后续调解协议履行情况，是否申请司法确认等，系统均无统计，均为不详。至于结案是否进行了调解，调解不成告知当事人起诉，或者是调解成功，也并没有明确。系统显示的结果"结案"具体指什么，没有明确。据警察介绍，凡是110接警的，都出警进行了处理，出警后无论调与不调，是否达成调解协议，都算结案。因此，该所所称的调解成功，实际上是结案。

反馈回来的几乎空白的调研数据表明，对于警察民事调解程序，实践中，基层派出所基本上是一种无序、放任、自由的状态，不重视、也不掌握相关情况。而此种情况并不是个例，经调研发现，有相当数量的公安机关，对于接警民事纠纷的处理，没有进行相关统计。但与此同时，仅110接警的民事警情数量，也是可观的。这些民事纠纷的调解是如何进行的，是否解决了问题，是否维护了当事人的合法权益，以上种种，均不得而知。可见，构建警察民事调解程序，具有何等紧迫而重要的意义。

二、警察民事调解程序构建总体思路

构建警察民事调解程序，一方面，需要借鉴参考与其存在密切联系的其他调解程序规范的内容，以及域外相关程序中的合理内容；另一方面，须考虑警察民事调解的独特性，并需要总结警察民事调解工作经验。总体思路如下：

（一）参考与警察民事调解密切联系的其他调解程序规范

1. 参考《人民调解法》相关调解程序规范

警察民事调解与人民调解之间，存在着密切的联系，二者调解的对象都是普通民事纠纷，且都属于非讼调解，因此，警察民事调解可以一定程度上参考人民调解法律规范。在我国，有专门的《人民调解法》，其中程序内容规定较为完备。例如，《人民调解法》第四章"调解程序"第 17 条~第 27 条，分别规定了调解原则、调解员的指定、特邀调解，第五章"调解协议"第 28 条~第 33 条，规定了调解协议的内容、效力、向法院申请司法确认等内容。以上内容，对于警察民事调解程序的构建具有较大的参考价值。

2. 参考《民事诉讼法》等相关调解程序规范

警察民事调解与诉讼调解之间，同样存在着密切的联系。二者调解对象均为普通民事纠纷，诉讼调解的民事纠纷范围广，没有限制，而警察调解对象较诉讼调解窄，是其中的一部分。更有对比价值的是法院的诉前调解。诉前调解，严格来说，也属非讼调解，且与警察民事调解同属于大调解机制，因此，对警察民事调解程序构建具有参考价值。当前，法院诉前调解立法，主要是针对诉前调解主体出台了一些规定，例如 2016 年《最高人民法院关于人民法院特邀调解的规定》，尚无专门的程序规范。诉讼调解的法律规范亦较为完备，除《民事诉讼法》的相关规定外，还有最高人民法院发布的许多有关调解的司法解释、文件等。例如，《民事诉讼法》第 9 条规定调解须遵循自愿合法原则。《民事诉讼法》设专章，即第八章"调解"第 96 条~第 102 条，对调解主体、特邀调解、调解协议的内容、调解书生效等作了规定。以上内容，亦对警察民事调解程序具有参考价值。此外，2016 年《最高人民法院关于人民法院特邀调解的规定》对法院与特邀调解组织与人员的关系、特邀调解程序等作了比较细致的规定，对于警察民事调解警民联动下的人民调解、律师调解程序，具有参考价值。

3. 参考治安调解法律规范

警察民事调解与治安调解，都是在警察主持下进行的调解，这种密切联系，使二者程序规范的借鉴成为合理与可能。关于警察治安调解法律规范，主要有《治安处罚法》《程序规定》《调解规范》，前者是法律，对公安机关化解民事纠纷的问题作了若干规定。后者是行政法规与部门规章，对治安调解程序规定得较为具体。例如，《程序规定》设专章即第十章"治安调解"，第 178 条~第 186 条对治安调解程序作了较为细致的规定。包括治安调解的对象、当场调解规定、调解原则、居委会协助调解、调解次数与二次调解的期限、调解需制作调解笔录，调解协议应当载明案件情况的具体内容，以及调解达成协议须保存证据材料入案卷。此外，2007 年公安部出台《调解规范》，进一步细化规范治安调解工作。例如，从正反两方面界定治安调解的对象、规定治安调解的基础、原则、调解主体、特邀调解、调解次数与期限、调解协议及内容、调解协议的履行后续跟踪、现场调解、卷宗归档等。以上程序规范，对警察民事调解程序，具有一定的参考价值。

（二）立足警察民事调解的独特性，构建专门的调解程序规范

尽管警察民事调解与人民调解、诉讼调解，以及治安调解等存在诸多密切联系，使二者在程序规范上可以互相借鉴，但鉴于警察民事调解的独特性，其他调解程序规范并不完全适用，或者取代警察民事调解程序规范。如前所述，警察民事调解与其他调解不同，在调解主体、调解对象、调解范围等方面，与其他调解存在一定区别。因此，在构建警察民事调解程序规范时，须立足警察民事调解的独特性，具体问题具体分析，具有针对性。

总体而言，警察民事调解与人民调解之间的契合度更高，借鉴价值更大。而警察民事调解的非讼性质，与法院调解不同，警察民事调解程序规范应当比诉讼调解更灵活、宽松。同样，警察民事调解与治安调解也存在性质上的区别，民事调解程序应当比治安调解更简化和宽松，灵活性更大。

（三）适当参考域外经验

域外警察民事调解制度中的一些做法，对于我国警察民事调

解程序构建，有一定的参考意义。例如，在接警民事纠纷的渠道上，可以设立专门民事纠纷接警通道，设立求助咨询专线。此外，对于警察民事调解解决的方式，可以拓宽，不限于当面调解，可以采取电话、线上咨询、调解等多种方式。

（四）总结警察民事调解实践程序经验与做法

警察民事调解实践，形成的一些做法都是被认可的经验。通过对实践中警察民事调解典型案例考察，可以发现一些规律性的做法，可以对之进行总结，上升为法律规范。例如，警察接警后到现场，首先要了解情况，分清是民事纠纷还是治安案例，然后启动调解。调解地点上，一般在现场进行调解。如果现场调解不成，双方又有调解意愿的，则将当事人带回派出所进行调解。调解方式上，绝大多数都是当面调解，在双方当事人均在场的情况下，对双方进行说服劝导。个别案件，如果双方争执较激烈，情绪抵触较严重的，则采取分别做工作的方式。采取比较灵活的调解方式。调解次数上，一般为一次，当天调解完毕。调解时间较短。调解结果的履行上，一般在现场当场履行调解协议。尤其是达成口头协议的，基本上当即履行。以上做法，使警察民事调解及时、高效地完成，具有合理性，应当总结上升为法律规范。

三、警察民事调解原则——自愿原则

原则是警察民事调解制度的核心内容，也是构建具体调解程序的基础。笔者认为，警察民事调解应当毫不动摇地遵循、坚持自愿原则，立法应当明确警察民事调解遵循自愿原则

1. 法理上要求警察民事调解遵循自愿原则

自愿原则的内容包含两层意思：一是纠纷主体是否选择调解方式解决的自愿；二是纠纷主体能否达成协议，以及调解协议的内容，必须完全出自真实意愿。从法理上，自愿原则是民事调解必须遵循的基本原则，这是调解具有正当性和合法性的基础。之

所以民事调解必须遵循自愿原则，这是由民事纠纷的性质决定的，是民事主体行使处分权的表现。如前所述，警察民事调解的对象是民事纠纷，由于民事纠纷是平等主体间发生的，以民事权利义务为内容的社会纠纷，基于民事权利的私权性，而由于民事主体基于意思自治而享有可处分性，其他人无权干涉。因此，对于民事纠纷的调解必须坚持自愿原则，这是民事调解一个普遍性的基本原则。

正是基于以上原理，以民事纠纷为对象的调解，如人民调解、法院调解，均无一例外以自愿为调解的首要、基本原则，并在《人民调解法》《民事诉讼法》等法律中明确予以规定。例如，根据《人民调解法》第3条第1款规定，人民调解委员会调解民间纠纷，应当遵循在当事人自愿、平等的基础上进行调解的原则。《民事诉讼法》第9条规定，人民法院审理民事案件，应当根据自愿和合法的原则进行调解；调解不成的，应当及时判决。该法第96条规定，人民法院审理民事案件，根据当事人自愿的原则，在事实清楚的基础上，分清是非，进行调解。因此，警察民事调解以民事纠纷为调解对象，也不例外应当遵循自愿原则。

2. 警察民事调解实践反映出的问题，要求明确调解自愿原则

从警察民事调解实践看，存在强制调解或隐性强制调解的问题，这些使群众对警察调解合法性产生怀疑，影响调解工作的开展。

（1）在调解程序启动上，存在依职权主动调解的情况。调解中的自愿，首先是指选择调解这一纠纷解决方式的自愿。如前所述，实证调研中反映出的问题，调查问卷显示，从调解启动程序方面对待当事人自愿性问题上，回答如下：第一，选择如果当事人提出申请则进行调解，当事人不提申请则不主动调解的有103人，占比53%。第二，选择不管当事人是不是提出申请，认为符合条件的，均主动进行调解的有92人，占比47%。可见，在调解

启动上，尊重当事人自愿的虽然人数略多，占比略高，但与选择依职权强制启动调解的相比，相差并不多。甚至可以说，势均力敌。可见，在实践中，在警察民事调解的启动是否应当尊重当事人自愿问题上，存在较大分歧。

（2）实践中存在治安调解与民事调解不分的问题。这一问题的存在，导致警察在民事调解时，以治安处罚相威胁，迫使当事人接受调解。这是一种隐性强制调解。警察民事调解是否运用了警察权？与公安调解运用治安处罚权这一警察权相比，警察民事调解并没有动用警察权。这也是当前对其是否是警务活动具有不同认识的一个原因所在。

如前所述，警察民事调解的对象是普通的民事纠纷，不涉及行政违法行为，因此，警察不能动用行政处罚权，也不能以行政处罚相威胁。

（3）实践中存在警察以为自己是裁判者，强迫当事人接受调解协议的行为。警察权不是司法权，正因为如此，对于民事纠纷警察不能作出行政裁决来解决。这也是治安处罚法废除了以行政裁决方式处理民间纠纷，而改用治安调解方式对因民间纠纷引起的治安案件进行处理的原因。即对民间纠纷从权威型解决，到合意型解决。对于普通民事纠纷，当事人享有完全的意思自治。民事纠纷的是非曲直，双方争议的民事权利义务，公安机关没有裁决权。但可以在当事人自愿的前提下，进行调解提供解决建议。因为调解是当事人对其权利行使处分权的表现，当事人自愿，是公安机关调解获得正当性的前提和基础。

以上做法产生的原因，实质上是对警察民事调解的服务职能认识不清，导致将民事调解与行政执法相混淆，导致将民事调解与司法权相混淆。在调查问卷中，关于警察民事调解建议一项，有3%的警察提出调解应当尊重当事人自愿，不强迫调解。说明实践中，警察也关注到了这个问题。

3. 域外警察民事调解普遍尊重当事人自愿

如前所述，域外普遍推行社区警务，强调警察的服务职能，警察在民事调解中的职能定位非常清晰，即警察民事调解是服务，并不是执法。因此不能动用行政处罚权。此外，因为警察民事调解是服务，警察在民事调解中注意尊重纠纷主体的意见，以便获得纠纷主体的满意评价，这种评价也是对警察考核的依据之一。

另外，警察在民事调解中的主要作用是了解事实、提供意见，促成合意达成。如前所述，美国警察民事调解主要是以合意性的调解为基本方式。警察在调解中的主要作用在于快速掌握争论点，帮助参与者理解双方的法律立场和不能达成调解的后果，推进调解的进展。或者在调解中权衡利弊，为当事人提供建议或观点。或者对当事人最大限度地"授权"，依靠当事人自身参与调解过程中去并营造氛围转变他们的表现，使一方当事人对另一方当事人的需求、利益、价值和观点加以承认。在这个过程中，当事人的自愿性受到尊重，当事人的有效参与对于合意的达成起到决定性作用。

总之，警察民事调解，以尊重当事人自愿为原则。无论通过何种方式求助解决的纠纷，警察在启动调解时首先须尊重当事人自愿，不能强制调解。此外，在调解过程中，警察作为主持者，了解事实，提供建议，促成双方达成协议，但并不是强迫当事人接受，更不能以实施行政处罚相威胁。警察民事调解仅仅是一种服务，而不是行政执法，不能动用警察的强制权。

4. 强迫调解有历史与现实原因，须有意识地加以杜绝

警察民事调解实践中有违当事人自愿性的做法，有历史原因，也有现实因素。

（1）警察强迫调解的历史原因。通过前述警察调解制度历史发展考察，可以发现，警察民事调解与治安调解不分具有历史原因。如前所述，我国警察调解制度最初设立的就是治安调解，

1986年《治安管理处罚条例》第5条是对轻微违反治安行为的治安调解的规定，此后，治安调解不断得到发展。2006年《治安管理处罚法》规定了对治安纠纷以及所关联的民事纠纷采取"双轨制"处理模式，即对于调解解决的，如果调解成功并履行了调解协议，则对违反治安管理的当事人不再予以处罚，可以调解代替行政处罚的"处罚交易"模式。随着警察治安调解工作的不断开展，警察对这一模式较为熟悉，也习惯了依靠警察权威作为主要调解手段。相比之下，警察民事调解出现得比较晚，且由于1995年《人民警察法》第21条的模糊规定而对警察民事调解是否真正确立产生分歧。实践中，警察民事调解开展得也比较晚，主要出现在近年来，社会治安综合治理政策的背景，以及大调解机制、多元化纠纷解决机制的构建，"讼源治理"的强调，要求警察积极参与民事调解，客观上警察民事调解日益增多。此外，公安机关社区警务战略的推广、对"群众路线"的强调，强化了基层警察的调解责任。求助于公安机关调解的民事纠纷，以及警察民事调解纠纷的数量增多。警察民事调解作为一个新鲜领域，调解的主体是治安警察，是习惯于行使行政处罚权的治安警察，是习惯于"处罚交易"模式的治安警察，因此，难免会模糊二者间的界限，以惯性方式处理民事纠纷。

(2) 警察强迫调解的现实原因。实践中将民事调解与治安调解相混淆，甚至与司法裁判权混淆，究其现实原因，实质上是警察对警察权的认识不清，对警察民事调解的服务职能认识不清。警察权是行政权，治安管理和部分司法辅助工作是其主要职能，即行政职能。但同时，在当前社区警务背景下，强调警察的另一职能，即服务。实际上，从我国警察制度的发展历史上同样可以看到，在我国，"服务"很早就被确定为公安工作的宗旨。1957年《人民警察条例》第3条即确定了"为人民服务"这一公安工作基本宗旨。1995年《人民警察法》规定的警察民事调解，就是在新时期，随着社区警务模式得到认可与推行，警察执法理念从管理到管理与服务并重的转变，为充分体现人民警察为人民服务的根本宗旨而确立的。但现实中，立法上的模糊欠缺，实务部门乃至理论界，对警察服务的职能认识不清，存在歧义等因素，均影响了警察对民事调解的认识，其中包括对警察民事调解自愿性的认识。

综上，警察民事调解应当强调，必须遵循自愿原则。对于是否调解、调解协议的内容如何等，均应当尊重当事人自愿。警察是主持者、居中者，在民事调解中的主要作用是了解事实、提供意见，促成合意达成，不能动用行政强制权作为威慑。

此外，鉴于当前警察民事调解中存在强迫或以治安处罚相威胁的隐性强迫等问题，有历史影响惯性原因，也有对警察职能认识不清的原因，尤其是对服务职能的重要性没有充分认识。因此，警察必须从思想上转变观念，认清警察民事调解的实质，分清治安调解与民事调解的界限，执法与服务两种职能的界限，在民事调解中，尊重当事人自愿。其实，即便是治安调解，根据《程序规定》也必须遵守当事人自愿原则。《程序规定》第180条规定，调解处理案件，应当查明事实，收集证据，并遵循合法、公正、自愿、及时的原则，注重教育和疏导，化解矛盾。民事调解中，更应当旗帜鲜明地强调自愿原则，应当将自愿原则贯彻体现得更为彻底。

四、警察民事调解程序主要阶段与内容

在厘清警察民事调解程序构建必要性、构建总体思路，以及基本原则等宏观问题的基础上，以下笔者尝试从微观层面具体提出警察民事调解程序的主要阶段与内容。

（一）调解程序的启动

1. *启动方式*

警察民事调解程序的启动，主要有以下几种方式：

（1）通过110接处警启动。当前，治安调解的案件来源与普通民事纠纷调解的案件来源并没有区别，主要渠道都是110接处警。通过110接警，警察到现场，发现警情属群众求助解决的民事纠纷，从而启动民事调解程序。当前实践中，民事警情主要来源于110。例如，前述某直辖市某区派出所接警的民事调解，全部来源于群众110报警。典型案例显示，警察民事调解的纠纷来源，主要是110报警。

（2）群众到派出所求助启动。通过在派出所设立专门调解窗口，接待群众申请，而启动民事纠纷。实践中，有的群众到派出所求助解决民事纠纷的，但许多派出所对此无统计，也不计入案件。此外，限于实务中设立专门调解窗口解决民事纠纷的派出所较少，因此，群众到派出所求助启动警察民事调解程序的较少。

（3）警察通过巡逻，对求助解决的民事纠纷启动调解。这也是启动民事调解的一种方式。前述某直辖市某区派出所接警的民事调解，通过巡逻启动调解的也有，但没有统计，结果不详。

（4）通过专门的民事纠纷解决求助通道。针对当前实践中民事警情主要通过110报警，并且挤占治安与刑事警情的情况，借鉴域外经验，笔者建议，开辟专门的民事纠纷解决求助通道来启动民事调解。例如，在公安机关设立民事调解专线、咨询电话、网上民事调解平台等，专门接待民事求助。

开辟专门的民事纠纷解决求助通道的必要性，主要有以下几个方面：

第一，普通民事纠纷与治安案件性质不同，二者调解的对象不同。相比之下，一个不具有违法性，一个具有违法性；前者不紧急，而后者紧急。因此，如果二者均来源于110，不合理。

第二，普通民事纠纷警情来源于110，与《110接处警工作规则》不符。110接处警是一种应急的公安行政，是一种稀缺资源，因此，其接处警范围须有一定限制。应当限于紧急性和公共事务的接处警。根据《110接处警工作规则》，110报警服务台的主要职责分为"报警"与"服务"两方面。该规则第14条规定了受理"报警"的范围：一是刑事案件；二是治安案（事）件；三是危及人身、财产安全或者社会治安秩序的群体性事件；四是自然灾害、治安灾害事故；五是其他需要公安机关处置的与违法犯罪有关的报警。该规则第29条规定了受理"求助"的范围：一是发生溺水、坠楼、自杀等状况，需要公安机关紧急救助的；二是老人、儿童以及智障人员、精神疾病患者等人员走失，需要公安机关在一定范围内帮助查找的；三是公众遇到危难，处于孤立无援状况，需要立即救助的；四是涉及水、电、气、热公共设施出现险情，威胁公共安全、人身或者财产安全和工作、学习、生活秩序，需要公安机关先期紧急处置的；五是需要公安机关处理的其他紧急求助事项。可见，普通民事纠纷并不属于以上110报警求助范围。

第三，从处警效果看，大量非紧急的民事纠纷求助占用有限的110应急警力资源，导致公共资源的浪费。110接处警能力有限，大量非紧急的民事纠纷挤占110报警资源，必然弱化接处警对紧急公共事件的处置能力，影响公安机关维护治安秩序，打击违法犯罪。

最后，治安调解与民事调解应当适用不同的程序解决是由治安调解与民事调解两种不同性质的警务活动决定的。两种警务活动分开运行，符合对不同性质的调解对象，用不同程序解决的原则。其中首先是二者案件来源分开，从而有助于使性质不同的警务活动分开，互不影响，并行不悖。

综上所述，鉴于以上实践中存在的问题，借鉴域外的做法，笔者建议开设公安机关专门的民事纠纷解决求助通道，并可以采取多种方式、多渠道获得民事纠纷来源，随时提供帮助。如民事调解专线、网上民事调解平台等，专司群众民事纠纷求助的受理与解决。

2. 启动调解时的审查

（1）分清是治安调解还是民事调解

接警后，启动调解前，首先应当对纠纷性质进行审查判断，确定是治安案例还是普通的民事纠纷。实践中，存在治安调解与民事调解混淆的问题，导致对民事纠纷，以治安调解的手段来解决。这从调解问卷中，警察对于愿意进行调解原因，即警察调解的优势中的回答上可见一斑。例如，占比41.78%的警察回答愿意调解的原因，是在治安处罚权威慑下调解协议容易达成，这是治安调解与民事调解混淆的体现。治安调解，可以治安处罚权为威慑，但是民事调解，当事人的行为没有行政违法性，不能以治安处罚威慑。

典型案例分析显示，警察接警后到现场，首先要了解情况，分清是民事纠纷还是治安案例，然后启动调解。因此，接警后，警察启动调解前，要对于纠纷的性质进行甄别，作出准确判断，这是启动调解时的必经程序。

（2）审查是否属适合警察调解的民事纠纷范围

在排除行为具有行政违法性，不属于治安案件后，警察接下来要对民事纠纷是否属于警察民事调解的范围进行审查。如前所述，并不是所有的民事纠纷都适宜警察民事调解，警察调解的民事纠纷应当有范围界定。不宜过宽，也不宜过窄。既不能如济南市某派出所、山东省招远市公安局A、C派出所一样对申请调解的民事纠纷全部都予以调解，也不能如山东省招远市公安局E镇派出所一概拒之门外，告之寻求其他途径解决。如前所述，适宜警察调解的民事纠纷应当从三个方面进行掌握：类型上为普通民事纠纷，案件难易程度上为简单案件，以及具有紧迫性和可能升级为治安或刑事案件的风险等。对此，本书第七章"警察民事调解范围"有详细论述，在此不赘述。警察在启动调解时，应当从以上三个方面对纠纷是否适宜调解进行审查。

经审查后，对警察民事调解范围以外的纠纷报警，接警工作人员应当向报警人说明，并告知其向其他相关组织或法院寻求支持解决，从源头上对纠纷向其他解纷机关组织进行分流。

（3）征求当事人调解意愿

无论何种方式启动调解，在确认属民事纠纷且属适合警察调解的民事纠纷后，警察正式启动调解，还有一个重要的程序，即征求当事人的调解意愿，询问当事人是否自愿接受调解。

如前所述，警察民事调解应当坚持尊重当事人自愿原则，这也是警察权这一公权力介入民事纠纷领域所具有的正当性的基础。对于警察民事调解自愿性原则，前面已有论述，在此不赘述。

实践中，在调解程序启动上，存在依职权主动调解的情况。如前所述，调查问卷显示，从调解启动程序方面对待当事人自愿性问题上，选择如果当事人提出申请，则进行调解，当事人不提申请，则不主动调解的，共103人，占比53%。选择不管当事人是不是提出申请，认为符合条件的，均主动进行调解的，共92人，占比47%。可见，在调解启动上，尊重当事人自愿的虽然人数略多，占比略高，但与选择依职权强制启动调解的相比，相差并不多。甚至可以说，势均力敌。可见，实践中，在警察调解的启动是否应当尊重当事人自愿问题上，应当予以关注和重视。

当前实务中，法院诉前调解，也存在类似的情况。对于法院认为适宜诉前调解而分流至诉前调解系统的民事纠纷，在诉调对接中心法官启动调解时，有专门的必经程序——征询当事人是否同意调解的意见，以不违背调解自愿原则。此外，《人民调解法》也有类似规定，该法第17条规定，当事人可以向人民调解委员会申请调解；人民调解委员会也可以主动调解。当事人一方明确拒绝调解的，不得调解。笔者认为法院诉前调解的做法和人民调解的相关规定值得借鉴。对于警察依职权主动调解的，在正式启动调解程序前，需要征求当事人的调解意愿，对于一方当事人不同意调解的，警察不予以调解。对于此种情况，可以告知当事人提起诉讼或通过其他途径解决。

(二) 调解的进行

1. 区分不同纠纷分派不同的调解主体

启动调解程序后，对不同的纠纷分别分派给不同的调解主体，调解主体程序分流。具体来说，即根据对接警的民事纠纷进行评估，确定由警察主持、辅警主持，或者分流由人民调解员、律师等主持。这是因为，不同调解主体，调解能力有所不同。例如，警察、人民调解员、律师的调解能力相对较强。辅警的调解能力相对较弱。此外，不同的调解主体，强制威慑力不同。警察、辅警，强制威慑力较强，人民调解员由于是普通群众，强制威慑力较弱。因此，区分不同的纠纷，分别由三种不同调解主体进行调解，更有利于调解质量和效率的提高。至于区分的标准，笔者认为，可以从以下两点掌握：

(1) 区分案件的难易程度。根据不同的调解主体的调解能力不同确定调解对象。警察、人民调解员、律师调解能力相对较强，适宜调解相对复杂的民事纠纷。辅警调解能力相对较弱，适宜处理相对简单的民事纠纷。例如，如前所述警察调解典型案例7——婚姻家庭赡养纠纷，纠纷类型传统、争议不大、法律关系明确，可以分配给人民调解员，或者辅警进行调解。而典型案例1——租房合同民事纠纷，双方争议较大，法律上的权利义务关系专业性相对较强，可以由警察或者律师调解。

(2) 区分案件的安全等级。根据不同纠纷存在的安全隐患高低程度确立不同的调解主体。安全隐患较高，存在暴力冲突，危及人身、财产安全，可能上升为治安案件，甚至刑事案件的；评估安全等级较低、风险较高，分别由警察和辅警进行调解。对于无以上安全隐患，风险较低的，可以由人民调解员、律师调解。例如，如前所述警察调解典型案例1，双方争执较为激烈，承租人情绪激动摔坏了杯子，存在危及人身、财产等治安危险，因此，由警察或者辅警调解较为合适。典型案例2——拖欠工程款民事债务纠纷，债权人将债务人堵在家里，双方对峙，存在矛盾升级的风险，由警察或者辅警调解较为合适。而案例4——相邻纠纷、案例5——婚姻家庭抚养纠纷、案例7——婚姻家庭赡养纠纷，双方争执不激烈，冲突升级的可能性不大，可以交由人民调解员、律师调解。

以上区分，需要由负责接警的警察根据纠纷的具体情况，进行评估，然后分配给不同的调解方体进行调解。

当前实践中，有的派出所，全部由警察调解。也有的派出所，扩大了调解主体，吸收辅警、特邀人民调解员、律师调解，形成了警察调解为主，吸收辅警、特邀人民调解员、律师调解为辅的民事调解主体格局。这与案件分析显示出的情况相一致。委托律师调解的案件，相对来说法律关系复杂一些，如合同纠纷，律师理清双方权利义务关系后，主要依法律规定调解，效果更好。

此外，对于人民调解员、律师主持的调解，如果调解过程中发现存在冲突升级的风险，可以申请警察在场，共同调解。在警察在场情况下共同进行调解，适用于比较复杂的民事纠纷，或者当事人双方情绪比较激烈，存在肢体冲突可能的。此种情况下，警察在场，可以起到维持秩序和威慑的作用。

2. 调解地点

由于纠纷多样、调解形式多样，调解地点也不局限于一处。但基于调解启动方式不同，以及有利于获取案件信息、发挥警察调解快速高效优势、及时解决民事纠纷的需要，警察民事调解地点应当以在现场调解为主，警察局调解为辅。[1]

（1）以现场调解为原则。之所以以现场调解为原则，基于以

---

[1] 参见周艳萍：《新时期构建有中国特色的警察民事调解制度初探》，载《中国人民公安大学学报（社会科学版）》2022年第5期。

下原因：

第一，现场调解有诸多优势。主要表现：一是当场调解，有利于警察及时获得案件信息，收集相关证据材料，及时查清纠纷事实。二是当场调解，有利于快速解决民事纠纷，这也是警察调解所具有的优势。三是从接处警流程上看，警察接警后，需要出警去现场。去现场后如果判定是民事纠纷，就可以当场进行调解。此外，通过巡逻接受群众求助解决的民事纠纷，一般也需要警察到现场。因此，从当前警察民事调解来源，调解的启动方式上看，警察当场调解具有便利条件，有利于纠纷的及时快速解决。四是当场调解，有利于提高警察调解规范性，解决警察调解实践中存在的调解不规范的问题。如前所述，实践中，我国警察调解过于依赖警察权威，即警察调解主要不是依据法律来进行评判，而是基于纠纷双方当事人对于公安机关公正性、权威性的服从，警察常常运用治安处罚的自由裁量权给当事人施加心理压力，迫使当事人接受调解。对警察权威的依赖也使警察调解中忽视规范的程序与方式，而主要依靠生活经验、工作经验、调解技巧的运用。因此，警察调解必然加强规范化建设，实现从权威性调解手段转向合意性调解手段的过渡。当场调解一方面有利于及时充分获取纠纷信息，调取相关证据，快速解决纠纷，改善警民关系；另一方面也使警察调解处于群众社会监督之下，调解公开进行，从而有助于提高警察调解规范性。

第二，《人民调解法》《程序规定》等当场调解的内容，值得适当借鉴。根据《人民调解法》第21条第2款的规定，人民调解员调解民间纠纷，应当及时、就地进行，防止矛盾激化。此外，在总结实践的基础上，2013年《程序规定》修改新增第153条第3款，即当场调解的内容，对情节轻微、事实清楚、因果关系明确，不涉及医疗费用、物品损失或者双方当事人对医疗费用和物品损失的赔付无争议，符合治安调解条件，双方当事人同意当场调解并当场履行的治安案件，可以当场调解，并制作调解协议书。这一规定反映出立法上对当场调解的鼓励与肯定。但以上当场调解的规定，针对的是治安调解，范围较为严格，限制了当场调解的适用。民事纠纷当场调解，可以不受此规定的范围限制，而应当以当场调解为原则，凡是能够当场调解的，尽量当场调解。这是因为，民事调解不同于治安调解，其要解决的问题较为单一，并且相对来说冲突程度并不激烈，更具备当场调解的条件。

第三，域外国家警察调解主要是当场调解，或者深入社区进行调解。例如，美国徒步巡逻取代警队警务，警察走进社区，对接触到的各种民间纠纷进行现场调解。在纠纷现场进行调解，聆听双方当事人以及其他在场证人、见证人的陈述，获取相关纠纷信息和证据，从而全面、快速、准确了解纠纷事实，公正、及时处理纠纷。再如，日本社区警察走访解决纠纷。日本的城市警察在交番的主要工作是巡回、巡逻、调查访问和定点联系等，全面了解辖区民众的意见和建议。交番警察一般采取24小时值班巡逻制度，接受辖区民众的报警和求助。日本警察对居民的愿望要求经常举办答复活动。这种答复活动是定期的，已经形成制度。形式上包括派出所和驻在所的联络协议会和开展所在管区内解决一事一案运动，[1]通过各种方式走进居民中去，了解矛盾解决矛盾，使得居民更乐于选择警察民事调解。[2]社区警察走访解决纠纷，调解地点是现场进行。此外，日本随处可见的警哨亭接访、街头警务相谈。警哨亭是街头警务形式，在街头与求助民众开展警务相谈，随时解决求助的民事纠纷。借鉴域外的做法，应当扩大当场调解的纠纷范围。除此之外，加大社区调解，警察每日进

---

〔1〕 参见孙悦：《以社区警务为纽带的治安防控体系构建研究》，甘肃政法学院2016年硕士学位论文。

〔2〕 See Ames W L., "Police in the Community: Community Involvement in Japan in the Prevention and Solution of Crimes", *The Police Journal*, Vol. 52, 1979, pp. 252-259.

行社区巡逻中发现的纠纷，以就地在社区解决为宜。

实践中，我国警察调解场所较为灵活。根据不同的纠纷的复杂程度、当事人冲突的激烈程度等，分别选择在现场调解，或者在派出所值班室、调解室调解。此外，在警民联动模式下，调解场所一般在驻派出所人民调解室进行，由专业调解员主持调解。一般来说，警察出警后，能在现场调解的，尽量在现场调解。如果纠纷事实复杂、当事人争执激烈，现场调解不了的，就带回到派出所进行调解。从前述典型案例的调解地点上看，7个案例中有3个是在现场进行调解，有3个是在派出所内进行的调解，有1个是在现场调解不成，双方又有调解意愿的，于是又将当事人带回派出所进行调解，即现场调解+派出所内调解。

(2) 以在派出所调解为补充，或者现场调解+派出所调解。以下情况，可以在派出所进行调解，或者现场调解+派出所调解两种场所并用：

一是纠纷情况复杂，现场调解有困难的，或者群众围观，不便现场调解的，可以带至公安派出所调解。以上情况下如果现场调解不成，双方又有调解意愿的，则将当事人带回派出所进行调解，即现场调解+所内调解。

二是群众到派出所求助解决纠纷的，值班警察可以在派出所内进行调解。在警察局设立咨询调解窗口的，对于前来派出所调解窗口进行咨询或提出申请解决的民事纠纷，可以直接在公安派出所调解。这种做法，在域外也较多见。例如，日本每个警察都有咨询部门，每个警察局都指派一名经验丰富的老警察，通常是警长，提供从家庭纠纷到合同与债务问题的广泛的一般咨询，纠纷解决方面的培训使日本警察都能够进行有益的、非正式的调解。[1]

---

〔1〕 See Toyomasa, "Forces of Order, Police Behavior in Japan and the United States. by David H. Bayley", *Pacific Affairs*, Vol. 50, No. 3, 1977.

当面咨询的，调解地点主要在警察局。

三是对于分流给人民调解员、律师调解的，在派出所下设的调解工作室调解。实践中，警民联动下的人民调解，基本上是在驻所调解室进行调解。

四是对存在安全隐患，安全隐患较高，存在暴力冲突，危及人身、财产安全，可能上升为治安案件，甚至刑事案件的，评估安全等级较低的，应当带至派出所调解。

案例分析显示，实践中，有一半以上的纠纷，是在派出所内调解，或者现场调解+派出所内调解。这一比例对于民事纠纷来说有些高。实践中，由于立法对于民事调解地点没有规定，加之警察担心现场调解把控不住局面，威慑力不够，带回所内调解的占相当大比例。

以当场调解为原则，以派出所内调解为补充，鼓励当场调解，但并不反对派出所内调解。应当说，有些情况下，派出所内调解具有特有的优势，可以促进当事人达成调解。对此，有学者分析指出，转换空间是警察经常使用的一种调解策略。在调解实践中，除非纠纷比较简单，可以当场处理，或是比较特殊、紧急，必须及时处理，警察大多倾向于在派出所处理纠纷，将纠纷处理场所从城市或村庄公共空间、私人空间转移至派出所，尤其是在面临较为复杂的纠纷时，在派出所内，警察可以掌握主动权，占据力量优势，当事人数量较警察少，就不会"仗着人多"，相反，警察可以"仗着人多"，可以较为从容地采取各种策略。而且，处于派出所这样一个陌生环境中，当事人无法知悉并掌控事件的进展，警察掌握了主动权。空间转换之后，警察与当事人的微观权力关系发生对调，警察处于支配地位，当事人则处于受支配地位，使用策略的空间和范围受到压缩和限制。

在警察所调解的大量民间纠纷中，包含了当事人的相互攻击行为。在纠纷调解过程中，之前存在的相互攻击可能继续发生，暴力矛头甚至可能转向作为调解主体的警察。已经停止了的攻击也可能重新发生，规模甚至会扩大，剧烈程度也会提高。将参与攻击活动的主要对象带至公安部门之后，警察可能通过正式法律制度和程序，对攻击行为进行制裁。[1]

3. 调解方式

（1）以当面调解为原则，以单独调解为补充。根据纠纷的实际情况，可以采取当面调解与单独调解等灵活的调解方式。但本着既有利于促进达成调解协议，同时避免欺骗性调解维护当事人自愿的原则，笔者认为，调解方式上，应当以当面调解为原则，以单独调解为补充。理由如下：

第一，实践中单独调解引发的欺骗性调解问题较突出。目前立法上，无论是《人民调解法》《民事诉讼法》还是《程序规定》《调解规范》，对于调解方式均采取了宽容、灵活的态度，即对双方当事人在场的当面调解，或者单独调解均予以肯定，立法上没有限制。实践中，调解方式由主持者灵活掌握，自由决定。但从实践上看，无论是人民调解、诉讼调解，还是行政调解，反映出的问题是存在欺骗性调解，违反当事人自愿原则。而之所以出现这种现象，与单独调解，即背对背调解方式存在直接关系。鉴于我国调解实践中，反映比较突出的欺骗性调解，违反当事人调解自愿性的问题，笔者认为应当以当面调解方式为原则。

第二，对二者的利弊分析，综合考虑，当前当面调解利大于弊。对面调解就是把纠纷当事人叫到一起，当面摆事实、讲道理，达成调解的方法。这种方法一般用于简单的、双方争执不大的纠纷。这种调解最大的优点是信息透明，公开公正，互相监督，保证调解自愿合法进行，更能体现和实现调解程序正义。而单独调

---

[1] 参见于龙刚：《法治与治理之间——基层社会警察"解纷息争"机制分析》，载《华中科技大学学报（社会科学版）》2016年第3期。

解，即背靠背调解法，是在调解时不让当事人进行直接地沟通，而是由调解员分别对当事人进行说服、教育，使双方不断让步，分歧逐渐缩小，从而达成调解的方法。这种调解法一般针对双方当事人对抗较激烈，"火气"大，双方对事实的认识分歧较大，难以沟通的纠纷。单独做工作有利于分别平息情绪，弥合分歧。但在单独调解场景下，调解主持者容易造成双方当事人调解信息不平衡，产生欺骗性调解。虽然有利于提高调解效率，但有损于程序正义。综合二者，笔者认为，程序正义，即公正地解决纠纷，是调解作为一种解纷程序的最重要价值追求，因此应当以当面调解为原则。

第三，警察主持调解，警察的身份不同于普通民间调解人员，代表着公正、公信力，因此，当面调解更适宜。此外，警察调解的民事纠纷，是简单的民事纠纷，适宜当面调解。

第四，通过考察域外调解方式发现，对于单独调解有限制规定。例如，日本法官劝告和解，通常采用对席方式。日本的法官劝告和解，采用辩论兼和解的方法，在以协商为主的期间里，将两个当事人分开，进行背对背的相互面试，听取案件有关情况；以争点整理为目的的时候，除了特殊情况，双方当事人同时出席同时接受面试，进行实质上的辩论。所谓同时面试方式是指，在法官面前双方当事人同时出席进行审理；交互面试方式是指，法官——会见双方当事人的方式。研究发现，不论是争点整理中心型还是和解中心型，只要采取对席方式就不成问题。采取交互方式最大的问题是，一方当事人在对方当事人不在场的情况下，有可能说不负责任的话或说谎或夸张等。此外，在适用交互面试方式的情况下，当事人争论的程序保障等程序公正得不到保障。辩论兼和解作为简便灵活的审判方式，在民事诉讼多发时期给法官带来了很多方便，但是它也留下了诉讼程序散漫而不透明的不良影响，将会导致牺牲《民事诉讼法》的公正性与透明性等问题。[1]有鉴于此，近年来，日本促进劝告和解中，倾向于保持对席方式。

典型案例分析显示，实践中，警察民事调解方式上，绝大多数都是当面调解，在双方当事人均在场的情况下，对双方进行说服劝导。个别案件，如果双方争执较激烈，情绪抵触较严重的，则采取分别做工作的方式。采取比较灵活的调解方式。

（2）调解以不公开为原则，是否公开依据当事人意愿。关于警察调解方式，还有一个问题是调解是否公开。笔者认为，警察民事调解应当以不公开为原则。理由如下：

其一，法院调解以及诉前调解关于特邀调解不公开原则，具有参考价值。当前，《人民调解法》《民事诉讼法》对于调解公开与否没有明文规定。从法理上来说，法院公开审判原则适用的是开庭审理，以判决方式解决纠纷的情况，而调解以不公开为原则。为此，根据《最高人民法院关于适用〈中华人民共和国民事诉讼法〉的解释》的规定，调解过程不公开，但当事人同意公开的除外。调解协议内容不公开，但为保护国家利益、社会公共利益、他人合法权益，人民法院认为确有必要公开的除外。当事人申请不公开进行调解的，应当准许。法院调解的这一规定对警察民事调解具有参考价值。

此外，诉前调解，立法上明文规定了不公开原则。例如，2016年《最高人民法院关于人民法院特邀调解的规定》第2条规定，特邀调解应当遵循以下原则：……调解过程和调解协议内容不公开，但是法律另有规定的除外。由于特邀调解是诉前调解的主要方式，因此，可以说，这一规定具有一定的普遍性。在警察

---

[1] 参见白迎春：《日本"辩论兼和解"的民事审判方式》，载《太平洋学报》2009年第11期。

民事调解中，由于实践中越来越多地采用警察调解联动人民调解模式下，存在特邀人民调解、律师调解的情况，因此，具有一定的参考意义。

其二，警察民事调解不适用政务公开原则。治安调解是一种行政执法活动，依据政务公开原则，应当公开。由于推进"阳光警务"，实践中，对治安调解提出要求公开进行。公安部强调公开调解治安案件，旨在将调解置于社会的监督之下，避免承办案件的警察向一方或者双方施压强迫接受调解，提高或者压低赔偿数额，利用职务上的便利收受他人财物或者谋取其他利益。[1]

但民事调解与治安调解性质不同，其本质上不是行政执法行为，而是为人民提供的一种服务。虽然主体是警察，但解决的对象是普通民事纠纷，并不动用行政执法权，因此，并不适用警察行政执法活动要求的公开原则。

其三，调解不公开，更符合民事纠纷主体意思自治，更尊重当事人私权的隐秘性。警察民事调解的对象是普通民事纠纷，是当事人私权范畴。因此，基于对当事人私权的尊重，除当事人申请公开的以外，应当以不公开调解为原则，尊重当事人意愿。

（3）积极开展电话咨询、线上调解。如前所述，当前调解，主要是到现场调解或者在派出所值班室或驻所人民调解工作室进行调解。除此之外，基层公安机关可以开展电话咨询、线上调解等，提供多种帮助解决民事纠纷的方式。

对此，域外如英国、日本、新加坡等国的做法，值得借鉴。如前所述，英国PAT24小时安排有较高社会问题解决能力与民事纠纷处理经验的警察值守，为民化解纠纷。再如，日本除了在警察署和警察本部设置了接受一般性咨询的咨询窗口外，还设有专

---

[1] 参见张立新、冯锁柱：《治安调解若干问题研究》，载《中国人民公安大学学报（社会科学版）》2006年第2期。

门的"暴力咨询所""交通咨询所"等咨询窗口,进而又开设"暴力——〇""高利贷——〇"等以专用电话形式进行咨询调解活动。再如,新加坡邻里警岗设有专门服务民众的答疑服务电话,24小时为民众提供服务性沟通与建议,也会给出调解建议帮助化解纠纷。

借鉴以上域外国家警察帮助解决民事纠纷的多种做法,结合我国实际,笔者认为,可以采用以下办法拓展警察帮助解决民事纠纷的方式:

一是在不同公安机关层级设专人提供咨询。包括:第一,每个派出所指派一名经验丰富的老警察,作为值班警察,提供从家庭纠纷到合同与债务问题的广泛的一般咨询。第二,对于复杂的案件则介绍到分局专门的接谈咨询窗口,接受疑难案件咨询。第三,设立专门的"损害赔偿所""家事纠纷所""债务纠纷所"等咨询窗口,对典型类、类型化纠纷提供咨询指导。

二是开通电话及网上咨询调解平台。包括:开通电话咨询,即以专用电话形式进行灵活的咨询调解活动。搭建网上咨询调解平台,公安机关可以充分利用信息时代互联网的便利条件,建立网上求助民事纠纷的调解网站,线上调解解决民事纠纷。

4. 调解方法:查清基本事实,明析法、理、情

(1) 查清基本事实。警察民事调解,首先要查清基本事实,这是调解的基础。无论用什么样的调解策略,只有查清事实基础才能分清是非,才能分清当事人的权利义务,从而达成公正调解。虽然调解是当事人的处分行为,但是这种处分,也在事实清楚的前提下,当事人自愿作出,才具有正当性。事实不清情况下的"和稀泥"式调解,有违基本的公正。而有失基本公正的调解,即便促成调解协议的达成,这种效率从本质上也是对纠纷解决体系的伤害。

参考诉讼调解的规定,在自愿原则的基础上,诉讼调解要求

查清事实分清是非。《民事诉讼法》第 96 条规定，人民法院审理民事案件，根据当事人自愿的原则，在事实清楚的基础上，分清是非，进行调解。这一规定对民事纠纷调解具有普遍规范意义。

治安调解也有类似查清事实的要求。根据《程序规定》第 180 条，调解处理案件，应当查明事实，收集证据，并遵循合法、公正、自愿、及时的原则，注重教育和疏导，化解矛盾。实践中，当事人达成意愿后，警察会向双方当事人宣布通过调查取证认定的基本事实和双方的责任，如果双方存在异议则提出事实证据和法律依据，总之，也须首先查明事实分清是非。

值得一提的是，调解对于事实的查清，标准低于判决，即基本事实查清即可。这里的基本事实，是纠纷的主要事实，直接影响到双方权利义务界定的关键事实。

实践中，接警后到达现场，在控制局面后，首先做的也是调查事实，通过询问当事人、证人、走访、提取相关证据资料等方式了解案情、收集取证。前述典型案例的调解过程基本上都能反映出这一点。例如，案例 1——租房合同民事纠纷，警察接到报警电话到达现场后，首先要求七天酒店老板出示营业执照，以便了解酒店是否存在违法经营行为。其次了解纠纷相关事实情况。一是询问相关知情人员调查纠纷争议的相关事实。警察向宾馆其他长住顾客询问近一周有无停电一事，其他顾客反映确有此事。二是查看双方签订的租赁合同，以了解双方权利义务关系。警察在获取以上事实信息，弄清纠纷基本事实后才进行调解。

（2）明析法、理、情。在查清事实的基础上，明析法、理、情，分清是非，晓之以理动之以情，促成当事人互谅互让，握手和解。警察民事调解，首先要讲法，明析法律上纠纷主体间的权利义务关系。在此基础上，讲理、讲情，以道德规范和人之常情等引导当事人自愿做出让步，弥合分歧，修补关系，促进和谐。这是调解之于判决，所具有的柔性解决纠纷方式的独特优势。这种方式,对于婚姻家庭、相邻、朋友合作伙伴等之间纠纷的解决,具有更好的社会意义和效果。

对此,《人民调解法》也有类似的规定,该法第21条第1款规定,人民调解员调解民间纠纷,应当坚持原则,明法析理,主持公道。这里的明法析理,讲的是法和理。此外,该法第22条规定,人民调解员根据纠纷的不同情况,可以采取多种方式调解民间纠纷,充分听取当事人的陈述,讲解有关法律、法规和国家政策,耐心疏导,在当事人平等协商、互谅互让的基础上提出纠纷解决方案,帮助当事人自愿达成调解协议。这里面的调解依据,不仅有法律,还有政策。

实践中,警察在查清事实基础,即找准问题根源后,通常依据情、理、法进行说服劝导工作,尤其是对相邻关系纠纷、婚姻家庭纠纷等,更是晓之以理动之以情。例如,案例5——婚姻家庭抚养纠纷,警察调解时,对马某说服教育,告知其一个离婚女子带着孩子生活不易,何况毕竟在财产分割时存在不公平,即使离婚也对孩子有抚养义务,其有能力支付却不支付抚养费是不对的。以常理人情,说服马某,支付抚养费。再如,案例7——赡养纠纷,人民调解员劝导老人子女"老人在无收入来源、生活困难时有要求子女负有赡养费的权利,谁都有老的时候,换位思考如果你老了你的子女也对你不闻不问,你是什么滋味。《民法典》第1067条,子女对父母履行赡养扶助义务,是子女必须履行的法定义务,也是每一个成年人对家庭和社会应尽的责任"。讲法、析理、动情,使子女真诚认识到行为的错误,把老人接回家履行赡养义务,弥合亲情,收到较好的调解效果。

5. 保障当事人的基本权利

警察民事调解中,当事人是调解的主体,而非客体。因此,调解中应当保障当事人的基本权利。有学者指出,调解是一种准司法行为,应当允许相对人充分发表自己的见解。在调解的整体程序设计中应当增加辩论程序，规定当事人提供证据、质证、辩论、异议权等，通过立法建立完善的调解辩论制度。[1]笔者赞同以上观点，调解是一种程序，在警察主持下查清事实分清是非基础上，当事人处分权利。为保证当事人自愿且合理地处分自己的权利，应当保障当事人的程序权利，以程序正义促进实体正义。而辩论权是其中最为重要的权利，对主持调解的警察，具有约束作用，应当予以保障。

当前立法中，对于调解中当事人的权利，只有《人民调解法》作出了规定。《人民调解法》第23条规定，当事人在人民调解活动中享有下列权利：（1）选择或者接受人民调解员；（2）接受调解、拒绝调解或者要求终止调解；（3）要求调解公开进行或者不公开进行；（4）自主表达意愿、自愿达成调解协议。以上权利，限制在调解的启动、结束与方式上的权利，尚未有关于当事人辩论的程序权利。因辩论权是当事人最重要的一项程序权利，应当在调解程序中予以体现。

6. 调解的期限和次数

由于警察民事调解的范围限于普通类型且简单的民事纠纷，此外，公安机关调解，具有及时高效的特点，因此，调解期限不宜过长，且次数不宜过多。笔者认为，可以参考对治安调解的相关规定。《程序规定》第183条规定，调解一般为一次。对一次调解不成，公安机关认为有必要或者当事人申请的，可以再次调解，并应当在第一次调解后的7个工作日内完成。此外，《调解规范》对明显不构成轻伤、不需要伤情鉴定以及损毁财物价值不大，不需要进行价值认定的治安案件，应当在受理案件后的3个工作日内完成调解；对需要伤情鉴定或者价值认定的治安案件，应当在

---

[1] 参见孙振雷：《论公安行政调解的非警察权属性及其制度完善》，载《中国人民公安大学学报（社会科学版）》2009年第2期。

伤情鉴定文书和价值认定结论出具后的3个工作日内完成调解。

由于治安调解的对象较民事调解的对象复杂，涉及行政与民事双重责任，因此，民事调解的期限应当较治安调解期限短。

综上，笔者认为，警察民事调解的期限，应当规定为启动调解后3日内完成。调解一般为一次，对一次调解不成，公安机关认为有必要或者当事人申请的，可以再次调解，并应当在第一次调解后的3个工作日内完成。

实践中，案例显示，警察民事调解次数上，一般为一次，当天调解完毕，调解时间较短。

(三) 调解协议的提出与调解结果

1. 调解协议的提出

在前述查清基本事实，明析法、理、情，分清责任的基础上，警察可以结合当事人诉求，提出和解或者调解方案。在调解协议的提出上，并没有主体限制。当事人可以自己提出调解协议，也可以警察提出调解建议。无论谁提出调解协议，只是一个建议与方案，最终是否达成一致，须协商讨论。因此，调解协议的提出并不影响当事人自愿原则。

实践中，调解协议一般由当事人自己提出。调查问卷显示，从调解协议的提出程序对待当事人自愿性问题上，选择调解协议由双方当事人协商确定的共146人，占比94%；选择调解协议内容一般是由警察提出的共10人，占比6%。可见，警察调解时，在调解协议的提出上，基本都是尊重当事人自愿的，警察一般并不主动提出调解协议，而是由当事人自主协商，自行提出调解协议。

而案例分析显示，警察经过说服、批评教育，通常会直接提出解决方案或建议。例如，案例2——拖欠工程款民事债务纠纷，警察查清基本事实后，对蔡某进行批评教育，从商业道德角度，批评其"人无信不立，商无信不行"。其次，考虑到疫情影响蔡某资金的确紧张的事实，提出调解方案，建议蔡某部分给付拖欠的工程款，先发一半的钱好让农民工回家过个年，年后资金到位赶快补全。警察提出的调解协议，最终是否接受，取决于当事人的自愿。

经过办案人员的劝说，双方当事人一般能够接受办案人员的意见，然后各方进入赔偿协商阶段。

2. 调解结果

调解结束有两种情形：一是达成调解协议，二是没有达成调解协议。

（1）达成调解协议。在警察主持下，或者人民调解、律师主持下，双方自愿协商达成调解协议。这是令人满意的结果，就是通常所说的调解成功。在符合自愿的基础上，调解协议的内容还不得违反法律规定，不得侵犯国家、集体或者是他人的合法权益。

达成调解协议，有书面与口头两种形式。

第一，书面调解协议。对于没有即时履行的，应当制作调解协议。一是有利于明确双方的权利义务关系，督促当事人履行。二是为后续可能发生的当事人向法院起诉，或者申请司法确认提供证据资料。如果一方当事人不履行或者反悔，另一方向法院起诉时，或者当事人向法院申请确认调解协议效力时，书面调解协议是法院审理案件重要的事实依据和诉讼资料。三是《民事诉讼法》《程序规定》等一般均要求调解后书面制作调解协议。例如，《民事诉讼法》第100条规定，调解达成协议，人民法院应当制作调解书。调解书应当写明诉讼请求、案件的事实和调解结果。调解书由审判人员、书记员署名，加盖人民法院印章，送达双方当事人。调解书经双方当事人签收后，即具有法律效力。《程序规定》第184条规定，调解达成协议的，在公安机关主持下制作调解协议书，双方当事人应当在调解协议书上签名，并履行调解协议。

第二，口头调解协议。并不是所有情况都制作调解书，能够即时履行的，可以不制作书面调解协议，但应当记录在案。例如，《民事诉讼法》第101条规定，能够即时履行的案件，可以不制作调解书，对不需要制作调解书的协议，应当记入笔录，由双方当事人、审判人员、书记员签名或者盖章后，即具有法律效力。此外，《人民调解法》也有类似规定，该法第28条规定，经人民调解委员会调解达成调解协议的，可以制作调解协议书。当事人认为无需制作调解协议书的，可以采取口头协议方式，人民调解员应当记录协议内容。第30条规定，口头调解协议自各方当事人达成协议之日起生效。

实践中，警察民事调解制作书面调解协议的较少，访谈中，警察介绍说，制作书面调解协议一般都是比较复杂、严重的纠纷。而绝大多数纠纷是调解成功后达成口头调解协议。例如，前述典型案例中，警察调解成功的7例民事纠纷，只有1例签订书面调解协议，其他均为口头调解协议。这是因为，警察调解的民事纠纷相对均比较简单，并且绝大多数都是可以现场调解，并即时履行的。因此，针对警察民事调解的具体情况，并不需要如法院调解或者治安调解一样，要求以制作书面调解协议为原则，可以采取宽松灵活的口头形式。

第三，调解协议的内容。参照《人民调解法》第29条，调解协议书可以载明下列事项：一是当事人的基本情况；二是纠纷的主要事实、争议事项以及各方当事人的责任；三是当事人达成调解协议的内容，履行的方式、期限。

《程序规定》对于治安调解协议的内容作了更加详细的规定，也可以作为参考。依据《程序规定》第184条，调解达成协议的，在公安机关主持下制作调解协议书，双方当事人应当在调解协议书上签名，并履行调解协议。调解协议书应当包括调解机关名称、主持人、双方当事人和其他在场人员的基本情况，案件发生时间、地点、人员、起因、经过、情节、结果等情况、协议内容、履行期限和方式等内容。警民联动下人民调解员、律师调解的，达成调解协议后的程序，可以参照最高人民法院诉前调解《关于人民法院特邀调解的规定》，[1]人民调解员、律师应当将调解协议送达双方当事人，并提交警察备案。此外，根据该规定第24条第2款，双方当事人和特邀调解员应当在调解协议书或者调解笔录上签名、盖章或者捺印；由特邀调解组织主持达成调解协议的，还应当加盖调解组织印章。

第四，调解协议的效力。警察民事调解达成的协议，具有法律约束力，当事人应当按照约定履行。公安机关应当对调解协议的履行情况进行监督，督促当事人履行约定的义务。对此，《人民调解法》有类似规定，[2]可以参照。但与法院调解书不同，警察民事调解协议并没有强制执行的司法效力。警察民事调解协议的效力与同是非讼调解的人民调解、诉前特邀调解相同。当事人之间就调解协议的履行或者调解协议的内容发生争议的，一方当事人可以向人民法院提起诉讼。[3]

第五，调解协议司法确认。调查问卷显示，警察不愿意进行调解的原因中，有65人占比18.1%的警察回答是因为调解书效力不高，感觉调解意义不大。有警察提出建议，制订相关规定，让调解更有效力。可见，提高调解协议的效力具有必要性。为提高非讼调解协议的效力，《人民调解法》以及《关于人民法院特邀

---

[1] 根据《关于人民法院特邀调解的规定》第19条第1款，委派调解达成调解协议，特邀调解员应当将调解协议送达双方当事人，并提交人民法院备案。

[2] 《人民调解法》第31条规定，经人民调解委员会调解达成的调解协议，具有法律约束力，当事人应当按照约定履行。人民调解委员会应当对调解协议的履行情况进行监督，督促当事人履行约定的义务。

[3] 《人民调解法》第32条规定，经人民调解委员会调解达成调解协议后，当事人之间就调解协议的履行或者调解协议的内容发生争议的，一方当事人可以向人民法院提起诉讼。

调解的规定》均规定了调解协议的司法确认程序，基于相同的非讼性质，警察民事调解协议也同样可以向法院申请司法确认。此外，2021年民事诉讼法修改，扩大了向法院申请调解协议确认的范围。该法第201条规定，经依法设立的调解组织达成调解协议，申请司法确认的，由双方当事人自调解协议生效之日起30日内，共同向人民法院提出。[1]警察（包括辅警）调解民事纠纷是一种职务行为，代表的是公安机关，因此经警察调解达成的调解协议，应当视为经依法设立的调解组织达成的调解协议，当事人有权向法院申请司法确认。此外，警察特邀人民调解、律师调解，由于人民调解员、律师均依托于相关组织开展调解工作属于职务行为，因此，经其调解达成的协议，当事人也有权向法院申请司法确认。即达成调解协议后，双方当事人认为有必要的，可以自调解协议生效之日起30日内共同向人民法院申请司法确认，人民法院应当及时对调解协议进行审查，依法确认调解协议的效力。人民法院依法确认调解协议有效，一方当事人拒绝履行或者未全部履行的，对方当事人可以向人民法院申请强制执行。[2]

典型案例显示，实践中，在警察民事调解结果上，通过警察劝导，基本上能够说服当事人达成协议，或者谅解。其中，达成口头协议居多，签订书面调解协议的较少。但对于警察来说，无

---

[1]《民事诉讼法》第201条规定，经依法设立的调解组织调解达成调解协议，申请司法确认的，由双方当事人自调解协议生效之日起30日内，共同向下列人民法院提出：（一）人民法院特邀调解组织开展先行调解的，向作出邀请的人民法院提出；（二）调解组织自行开展调解的，向当事人住所地、标的物所在地、调解组织所在地的基层人民法院提出；调解协议所涉纠纷应当由中级人民法院管辖的，向相应的中级人民法院提出。

[2]《人民调解法》第33条规定，经人民调解委员会调解达成调解协议后，双方当事人认为有必要的，可以自调解协议生效之日起30日内共同向人民法院申请司法确认，人民法院应当及时对调解协议进行审查，依法确认调解协议的效力。人民法院依法确认调解协议有效，一方当事人拒绝履行或者未全部履行的，对方当事人可以向人民法院申请强制执行。

论何种结果,都是结案。调解结果的履行上,一般在现场当场履行调解协议。尤其是达成口头协议的,基本上当即履行。此外,典型案例显示,实践中调解结束后,警察即结案,没有事后跟踪。当场没有履行的,派出所事后不跟踪。对于达成书面达成调解协议的,事后并不清楚双方是否履行,或者是否向法院申请司法确认。

(2)没有达成调解协议。没有达成调解协议,有两种情况:一是调解不成,没有达成调解协议的;二是当事人不愿意调解,没有进行调解的。以上两种情况下,均应当告知当事人寻求其他途径解决,如申请人民调解、诉讼等。以上处理结果,即对案件进行转移。调研中,警察表示,对于110报警求助解决的民事纠纷,警察出警后,即使没有达成调解协议的,对案件进行转移的,也是一种结案方式,即出警后无论调与不调,是否达成调解协议,都算结案。因此,也应当记录在案。

3. 卷宗形成与归档

警察民事调解结束后,无论是否达成调解协议,均应当记录在案。对于达成书面调解协议的,应当形成卷宗,并归档。形成卷宗与归档是警察民事调解规范化、法治化的要求,对此,《人民调解法》[1]《程序规定》[2]和《调解规范》[3]等均有相关规定,可以予以借鉴。具体来说,警察民事调解(包括警民联动下的人民调解、律师调解)应当记录调解情况。应当建立调解工作档案,

---

[1]《人民调解法》第27条规定,人民调解员应当记录调解情况。人民调解委员会应当建立调解工作档案,将调解登记、调解工作记录、调解协议书等材料立卷归档。

[2]《程序规定》第184条第3款规定,对调解达成协议的,应当保存案件证据材料,与其他文书材料和调解协议书一并归入案卷。

[3]《调解规范》第15条规定,经治安调解结案的治安案件应当纳入统计范围,并根据案卷装订要求建立卷宗。现场治安调解结案的治安案件,可以不制作卷宗,但办案部门应当将《现场治安调解协议书》按编号装订存档。

将调解登记、调解工作记录、调解协议书等材料立卷归档。对调解达成协议的，应当保存案件证据材料，与其他文书材料和调解协议书一并归入案卷。经调解结案的案件应当纳入统计范围，并根据案卷装订要求建立卷宗。现场调解结案的案件，可以不制作卷宗，但应当按编号装订存档。

实践中，民事调解基本没有形成卷宗，对于民事调解的相关数据亦没有统计。笔者调研中发现，这是较普遍现象，由此给调研带来很多困难。如前所述，笔者对某直辖市某派出所民事调解程序相关数据的调研表格，得到的数据基本都是空白，要么"不详"，要么"没有开展此项工作"。在调取典型案例时，发现基层民事调解没有可供查阅的案件卷宗，只能凭警察记忆整理提供。这种现状带来的后果：一是给警察民事调解后续调研、跟踪与监督等带来困难。二是无法统计警察民事调解工作量。随着警察民事调解相关配套制度的完善，例如，绩效考核制度的建立，必然要求警察民事调解形成卷宗与归档。三是对于未达成调解协议，或者虽达成但不履行调解协议或者反悔的，当事人事后向法院起诉的，由于未形成卷宗，无法向法院移送调解工作材料，前期调解过程工作与证据收集等成果得不到体现，形式上是空白，既浪费工作资源，也无法与诉讼形成有效对接。无论对当事人还是对法院来说，纠纷的解决均要从头开始。四是对于当事人申请调解协议司法确认的，同样无法移送前期工作成果，无法形成有效的诉调对接。

综上所述，基于丰富、支撑警察民事调解制度，促进民事调解规范化、法治化等需要，构建独立的警察民事调解程序规范势在必行。构建警察民事调解程序，需要借鉴参考与其存在密切联系的其他调解程序规范的内容，以及域外合理内容，同时，须考虑警察民事调解的独特性，并总结警察民事调解工作经验。构建警察民事调解程序，必须明确调解自愿原则这一核心内容。总体来说，警察民事调解程序包括程序的启动、进行、调解协议的提出与调解结果等三个大的阶段。每一阶段包含具体的内容。例如，启动中，包括启动方式、启动调解时的审查两个具体的程序；程序的进行中，包括分配调解主体、调解地点、调解方式、调解协议的提出、调解方法、当事人权利保障、调解次数与期限等具体内容；调解协议的提出与调解结果中包括调解达成协议、调解不成等具体内容。通过以上调解阶段及每一阶段包含的具体内容，构建起完整、具体、可操作性强的警察民事调解程序。

第九章 完善警察民事调解相关保障机制

警察民事调解制度能否有效实施，在很大程度上取决于是否有相关保障机制，以及该保障机制的完善程度。因此，制定出台相关保障机制措施，具有重要意义。如前所述，调查问卷显示，在不愿意调解的原因当中，位居第一的是，184 名警察，占比达 51.25% 认为调解风险大，费力不讨好。此外，因为调解工作不好做的，有 149 人，占比 41.5%。因为调解不计入工作量的有 44 人，占比 12.3%。以上反映出来的警察对调解的畏难情绪，实际上，就是缘于警察民事调解缺乏相关机制保障。而对于警察民事调解建议中，位居第三的，是对警察调解责权利、保障方面。有 15 人，占比 16% 的警察提出，应当增加绩效考评和奖励机制，调解与工作绩效挂钩等。因此，警察民事调解在基层警务工作中应当被赋予更多的资源，包括组织保障、警力资源保障、财务支持保障、绩效考核机制，以及与相关部门联动机制保障等。[1] 为此，需要建立以下相关保障机制。

---

〔1〕 参见周艳萍：《新时期构建有中国特色的警察民事调解制度初探》，载《中国人民公安大学学报（社会科学版）》2022 年第 5 期。

第九章　完善警察民事调解相关保障机制

一、建立专门组织、人员保障机制

（一）建立专门组织保障

警察民事调解，是维稳背景下由政法委领导下的大调解机制中的一部分。依据2011年《大调解指导意见》第19条规定，各级党委、政府加强对矛盾纠纷大调解工作的组织领导。党政一把手是大调解工作的第一责任人，要落实领导责任制，亲自指导协调和包案化解重大矛盾纠纷；加强人力、财力及物质保障，确保大调解工作需要；定期听取大调解工作进展情况的汇报，研究解决影响大调解工作发展的困难和问题。当前，为推进大调解工作，各地政法委设立纠纷解决领导小组，统一领导、协调各部门矛盾纠纷解决工作。但目前，公安机关内部尚未普遍建立起专门的矛盾纠纷解决领导组织。一是没有专门负责的领导小组，没有形成有力的领导机制。二是没有配备专门负责的工作人员。例如，四川省某市公安局牵头负责民事调解工作的就是一个老警察，之前是治安大队的副大队长，兼职负责矛盾纠纷解决工作。作为治安大队的副大队长，主业是繁重的治安管理工作，副业是负责抓各派出所的民事调解工作，分身无术，忙不过来。后来该警察调到基层基础大队去了，还是在负责这个工作。三是基层派出所民事调解没有专人，更没有专班。由治安警察或社区警察同时负责民事调解工作，力量单薄，单打独斗，疲于应付。

访谈中，四川省某市公安局曾负责过此项工作的警察认为，警察民事调解工作能不能做好，组织保障是关键，这也是基层警察的普遍认识。为此，该警察认真思考后向笔者提出书面建议：一是建立机制是前提。需要建立一个良好的领导责任机制、工作专班运行机制、各类经费人员保障机制。二是基层党政参与是关键。

在四川省某市公安局的一份矛盾纠纷化解工作总结中，笔者看到关于矛盾纠纷解决的设想有这样一段话：加强组织领导，强化法律宣传。建立工作领导小组和工作专班，坚持打防结合、预防为主、标本兼治的方针，把开展矛盾纠纷排查调处和法制宣传教育有机结合起来……促进矛盾纠纷预防工作取得实效。[1]

可见，公安机关建立专门负责矛盾纠纷解决的领导小组，配备专门负责的人员，形成专班，从而提供强有力的组织保障，对于警察民事调解工作的开展，具有至关重要的作用。调查问卷中，亦有警察提出，领导重视是关键，建议公安机关内部成立专门的领导小组，强化组织保障。

域外经验也能证明这一点。在美国，为了推进社区警务在全国范围内开展，1994年美国司法部专门组建了"社区警务办公厅"（Community-Oriented Policing Services Office），专门负责全国社区警务工作的开展，并同时为警察民事调解制度的建设提供了组织保障。在"社区警务办公厅"强有力的领导推动下，社区警务普遍推行，相应地，警察民事调解工作也普遍开展起来。可见，建立组织保障的重要性。

（二）建立专门人员保障

调查问卷显示，在不愿意进行调解的原因中，占据第二位的，有172名警察提出，是因为其他警务工作任务太重，没有精力进行调解。而在当前警察民事调解存在主要问题的问卷中，占据第二位的，有194人，占比54%的警察提出，是警力不足的问题。另外有96人，占比27%的警察，认为存在警察调解能力不足的问题。以上调研结果显示，警察民事调解存在严重的人员保障不足的问题。因此，警察民事调解落到实处，必须建立相应的人员保障机制。

---

〔1〕 数据来源于笔者调研，出自四川省遂宁市公安局提供的"全市公安机关2021年上半年矛盾纠纷化解工作总结"。

第九章　完善警察民事调解相关保障机制

1. 警力下沉到社区，配备专门社区调解警察

近年来，公安改革浪潮之下，警力下沉，更多的警力被配置到一线，被配置到办案单位，极大地改变了公安机关人员臃肿、效率低下的问题，提高了整体警务的工作效率。但是，如何合理配置基层派出所的警务资源到社区之中，帮助化解数量庞大的民事纠纷，积极有效地回应民众的需求，这是一项值得研究的新课题。如前所述，实践中，从事治安案件，以及110接处警的一线警察人员有限，而日常警务工作十分繁重，而民事调解的大量增多，使其分身无力、疲于应对。大调解要求开展纠纷源头治理，将社会矛盾和风险管控的端口前移，相应地增加了公安机关的工作负担。"案多人少"是当前公安机关调处民事纠纷面临的主要问题。由此会导致警察调解民事纠纷时转移案件，或求速效，忽视程序和规则，忽视当事人的合意。这些问题最终会影响警察民事调解的效果。要改变这些问题，基层公安机关应当把更多的警务资源配置到社区，警力进一步下沉到社区，根据社区民事纠纷的数量和类型，配置相应的警力。[1]

此外，如前所述，笔者建议，对社区警察进一步分工，设立专门社区调解警察，专门负责民事调解工作。调查问卷关于警察民事主体建议中，有14%的警察提出，在公安机关内部安排专人调解和增加警力，以保证不挤占警察治安工作和刑事侦查等工作。有的警察建议，"设立专门的调解队，培养善于化解矛盾的警力，不要消耗办案人员精力""建立专门调解委员会"。这些基层警察的建议值得认真对待。可见，安排专人调解，对于解决因警力不足而制约民事调解的现实问题，不失为一条解决之道。

除在社区配备专人负责民事调解的警察外，派出所以及分局，

---

[1] 参见周艳萍：《新时期警察民事调解：意义、挑战与完善路径》，载《湖北警官学院学报》2021年第5期。

应当抽调专门人员，配备专门负责民事调解工作的专人，从而在公安系统自上而下建立起专门从事民事调解的警察队伍。其中，主要警力设在基层派出所和社区，分局专人负责指导。基层派出所下沉专门警力到社区负责民事调解工作，保证社区调解警察分布于各个社区，形成一定数量和专业队伍，随时化解求助的民事纠纷，为警察民事调解提供专门的人员保障。

如前所述，域外也有配备专门警力以保障民事纠纷调处警力的做法。例如，在美国大多数警方都组建了专门从事社区警务的处室，安排专门人员从事社区警务工作，为警察民事调解提供了人力保障。

2. 建立辅警独立调解民事纠纷机制

（1）立法上明确辅警独立调解民事纠纷职权。如前所述，解决民事纠纷调解方面的警力不足问题，可以通过发挥辅警力量来解决。与治安调解或者其他执法行为不同，辅警解决民事纠纷，并不存在立法上的权限障碍。警察调解民事纠纷，是基于服务职能，对群众的帮助，并不是行使行政权，不是行政执法，因此，辅警独立调解普通民事纠纷，并不存在资格和权限上的障碍。但由于立法上没有明确，当前理论界与实务部门对此存在认识分歧与困惑，实践中很多公安机关尚限制辅警进行民事调解，因此，立法有必要明确辅警的地位与职权。

值得一提的是，2022年6月22日，《上海市公安机关警务辅助人员管理条例》表决通过。明确辅警履职行为不属于执法活动，其应当在公安机关及其警察的管理、指导和监督下开展警务辅助工作，其履行职责的后果由所在公安机关承担。一般勤务辅警根据公安机关的安排可以独立开展有关警务辅助工作。此外，该条例对辅警履职加强监督和管理，包括内部管理、教育培训体系、层级管理和考核制度、内部惩戒和举报投诉处理机制，加强对辅警的规范管理。地方性法规的出台先行，有望后续在全国范围内出台统一立法规范，从而为辅警独立调解民事纠纷机制的建立提供立法保障。

（2）扩充辅警队伍，安排负责民事调解的专人专班。当前，各地公安机关辅警招录处于扩充状态，辅警队伍不断壮大，为辅警独立调解民事纠纷机制的建立提供了人员保障。同配备专门负责民事调解的警察专人专班一样，辅警内部也须设置专门负责民事调解的专人专班。该专人专班接受警察的指导与监督。

3. 普及警民联动下的人民调解、律师调解机制

2007年，中央综治委第一次会议要求"建立健全人民调解、行政调解和司法调解相互衔接配合的大调解工作体系"，即"三调联合"。根据2011年《大调解指导意见》第9条的规定，派出所参与纠纷调处工作，通过在派出所设立人民调解室，邀请人民调解员参与矛盾纠纷联合调解工作，实现行政调解与人民调解的联合。当前，许多地方公安机关建立了警民联动的人民调解，如山东省招远市公安局A、B、C派出所。有的公安机关还聘律师驻所，参加咨询、调解等活动。例如，前述山东省济南某派出所。实践证明，警民联动下的人民调解、律师调解机制拓宽了警察民事调解主体范围，一方面，主体数量上的增加，缓解了警力不足的困难；另一方面，人民调解员、律师等专业调解力量的加入，也提升了调解质量，弥补了警察调解能力的不足。

相比之下，有一些尚未建立起警民联动下的人民调解、律师调解机制的派出所，警察民事调解工作裹足不前。例如，山东省招远市公安局E派出所、某直辖市某城区派出所。实践证明，单独依靠警察为主体进行调解，不现实不可行，无法推进调解工作的开展，无法发挥警察在基层化解矛盾纠纷的作用。必须建立警民联动下的人民调解、律师调解机制，提供充实的人员保障。

对于警民联动下的人民调解、律师调解机制的内容，当前法院诉前调解中，普遍推行的法官主导下特邀调解机制，可以提供

有益的参考。

一是公安机关同人民调解组织、司法局、行政机关等广泛建立合作，吸收更多符合条件的调解组织加入，成为公安机关的特邀调解组织，形成长效合作机制。

二是建立特邀人民调解、律师调解员名册。[1] 特邀调解组织推荐本组织中适合从事特邀调解工作的调解员加入名册，此外，公安机关还可以邀请符合条件的人民调解员、律师、专家学者、仲裁员、基层法律工作者、村干部等人员成为入册特邀调解员，并对名册进行管理。

三是警察与特邀人民调解、律师调解员的关系上，明确警察对特邀人民调解、律师调解员的指导与监督职责。[2] 派出所指定专人负责指导特邀调解工作，对适宜人民调解、律师调解的纠纷，分流给名册中的人民调解员、律师调解；指导特邀调解组织和特邀调解员开展工作；管理特邀调解案件流程并统计相关数据；提供必要场所、办公设施等相关服务；组织特邀调解员进行业务培训；组织开展特邀调解业绩评估工作。特邀调解员调解达成调解协议，应当将调解协议送达双方当事人，并提交警察备案。未达成调解协议的，特邀调解员应当将调解材料移交警察归档。[3]

访谈中，基层警察对建立警民联动下人民调解、律师调解机

---

[1]《人民法院特邀调解的规定》第5条规定，人民法院开展特邀调解工作应当建立特邀调解组织和特邀调解员名册。建立名册的法院应当为入册的特邀调解组织或者特邀调解员颁发证书，并对名册进行管理。

[2]《人民法院特邀调解的规定》第3条规定，对适宜调解的纠纷，指导当事人选择名册中的调解组织或者调解员先行调解；指导特邀调解组织和特邀调解员开展工作；管理特邀调解案件流程并统计相关数据；提供必要场所、办公设施等相关服务；组织特邀调解员进行业务培训；组织开展特邀调解业绩评估工作。

[3]《人民法院特邀调解的规定》第19条规定，委派调解达成调解协议，特邀调解员应当将调解协议送达双方当事人，并提交人民法院备案。第21条规定，未达成调解协议的，特邀调解员应当将当事人的起诉状等材料移送人民法院。

制表示认可,并提出,可以进一步发动社会调解力量,缓解公安机关调解资源不足的问题。例如,四川省遂宁市公安局曾负责矛盾纠纷解决工作的警察提出,当前,警察化解民事纠纷工作存在的一个问题,就是民间缺乏专业的调解协会。其实不是所有纠纷都必须耗费大量政府资源去参与,毕竟很多纠纷涉及的法律知识广度深度复杂度,调解人员可能自己都搞不清楚,只能推到诉讼环节。政法委可以指导成立专注于调解功能的协会,让那些专业法律知识的人员全职或者兼职、有偿或者无偿地来进行双方的调解,调解协议在公平公正自愿情况下报司法部门备案,成为三调联动的有益补充。可以有效缓解当前政府调解资源普遍不足的现状。

政府购买第三方社会力量,提供调解服务,从而更广泛地解决调解人员保障问题,这种方法值得研究与尝试。政策上也是支持与允许的。例如,《大调解指导意见》第 5 条规定,鼓励行业协会及其他社会组织设立调解委员会,调解协会成员之间以及协会成员与其他主体之间的民事纠纷,充分发挥社会组织参与调解的优势。其实,实践中派出所聘请律师驻所提供咨询与调解服务,就是基于这一思路。例如,山东省济南市某派出所聘请律师驻所,相当于政府购买第三方的专业法律服务。不同于警察调解以及人民调解的无偿性,一般来说第三方服务是有偿的,需要支付费用。那么,这笔经费如何解决,是政府支付,还是当事人支付?如果是当事人支付,群众是否能够接受?这也是需要进一步研究的问题。对此,接受访谈的警察提出,其实现在大家的经济好一些了,出点钱解决问题也是都能接受的,有报酬自然就有专业人士参与进来,特别是当前社会许多法律从业者,官司资源拿不到,但是从事这种活动还是可以的,不存在败诉的风险。简单的纠纷警察可以调解,但是涉及融投资领域,知识产权等专业领域,金额又大的,一般都能接受有偿调解。

二、加强专项经费保障

警察民事调解工作的落实,离不开财政支持、经费保障。否则,不仅配套制度建不起来,即便是已经建立起的制度,也会形同虚设,发挥不了应有的作用。例如,根据《大调解指导意见》要求,在政法委推动下,许多派出所设立人民调解室,人民调解与行政调解联动,共同解决矛盾纠纷。这是一个很好的纠纷解决机制。但一些地方由于经费不足,重视不够,这一基层矛盾纠纷机制形同虚设。访谈中,四川省某市公安局曾负责矛盾纠纷解决的警察不无遗憾地说,现在当地基本上每个派出所都有矛盾纠纷调解室,但是由于长期经费没拨下来,基本上都处于闲置状态。有些经费保障好的派出所,有调解员来上班,但是迟到早退是常态。有的调解员干脆是在家备勤,有案子了,通知打电话,再过来调。所以平时调解室好多都是空的,没什么人。对调解员要求太高了,又没人干,一个月就一千多块钱,给的补助确实太低了。造成这种现状的根本原因,还是经济实力差,经费不足,工作难以落实下去。

这是一个非常现实的问题。如前所述,警民联动下的人民调解机制,是解决警力不足、提高警察调解能力的一项重要机制,但受制于经费保障不足,调解员工作没有积极性,调解室形同虚设。《大调解指导意见》规定,各级党政一把手作为第一责任人,负责财力和物质保障。作为大调解中的一员,公安机关推进民事调解工作,需要政府给予调处民事纠纷的财政支持,需要提供专项经费保障。参照法院特邀调解的相关经验与做法,公安机关可以按规定向有关部门申请专项经费。例如,申请专项特邀调解经费。[1]此外,在公安机关内部,警务资源分配上,警察民事调解

---

[1]《人民法院特邀调解的规定》第 29 条第 2 款规定,人民法院可以根据有关规定向有关部门申请特邀调解专项经费。

在基层警务工作中应当被赋予更多的财务支持保障,并纳入专项预算。在经费保障支持的基础上,公安机关可以根据实际情况向特邀调解员发放误工、交通等补贴,对表现突出的特邀调解组织和特邀调解员给予物质或者荣誉奖励。[1]以此激发和调动特邀调解组织和调解员的积极性,使警民联动下的人民调解机制有效运转起来。

以上仅仅是警察民事调解工作需要经费保障的一个方面,警察民事调解工作涉及方方面面,工作的顺利开展,落实到位,需要强有力的经费保障制度。调查问卷中,有警察亦提出建议,加强调解经费保障。

借鉴域外的经验,域外对推进社区纠纷调处有专门的财政支持。例如,在美国,为了推进社区警务在全国范围内开展,美国司法部组建的社区警务办公室,为社区警务的推进提供财政支持,为警察调处民间纠纷提供财政保障。

三、完善有关绩效考评体系

(一) 公安机关绩效考评体系中缺乏对民事纠纷处理的考核

在公安机关,绩效考核机制对于警务工作效率具有十分重要的影响。当前,公安机关内部考核依据主要源于公安部于2016年发布的《公安机关执法质量考核评议规定》,各地方、各机关根据以上规定的原则,结合本地实际情况,制定实施细则。实践中,对公安执法质量考核评议主要是将执法质量、执法数量、执法效果相结合,考评机制是采用"平衡记分卡""赋分制",即对考核评议的指标,按照百分制进行打分,得分情况汇总整理后,进行后续的奖惩工作。据调研,当前公安机关绩效考核体系中,主要

---

[1]《人民法院特邀调解的规定》第29条第1款规定,人民法院可以根据实际情况向特邀调解员发放误工、交通等补贴,对表现突出的特邀调解组织和特邀调解员给予物质或者荣誉奖励。

针对刑事案件、治安案件和社区警务进行考核，没有单独的对于民事纠纷调处的考核。而业务部门对社区警察考核体系的制定，由于考核指标缺乏可操作性和制约性而使社区警务沦为鸡肋。比如说，目前社区警察的主要工作内容包括开展群众工作、掌握社情民意、管理实有人口、组织安全防范、维护社会治安等方面，但在具体实践过程中，由于考核指标的导向性作用，管控人口几乎成为社区警察的主业，其他服务性工作则变得可有可无。[1]由于缺乏对民事纠纷处理的考核，导致民事调解工作责任权利不匹配，受绩效考核功利化导向，民事纠纷调处在公安机关自上而下被忽视。

（二）缺乏相关绩效考核直接影响民事调解工作的开展

1. 缺乏相关绩效考核造成警察民事调解责权利不匹配

调查问卷显示，警察不愿意调解的原因中，有184人占比51.3%的警察选择"调解风险大，费力不讨好"，占据第一位。这表明的就是警察调解的责任权利不匹配的问题，这个不匹配直接源于公安机关内部绩效考评体系的不合理。同样，对警察民事调解中存在的问题的认识，选择位居第三的，有189人占比达52.6%的警察提出，当前存在的主要问题是警察民事调解责权利不匹配。而在对于警察民事调解制度的建议中，位居第三的，是对警察调解责权利、保障方面。有15名占比15.8%的警察提出，应当增加绩效考评和奖励机制，调解与工作绩效挂钩。

对警察来说，出警后，无论调解与不调解，都是结案。相比于直接告知当事人寻求人民调解或者向法院起诉，即转移案件，调解需要耗费更多的时间、精力，并且结果还可能当事人不满意。民事调解责任权利不匹配，是基层警察调处民事纠纷时面临的一

---

[1] 参见薛向君：《社区警务研究的文献解读》，载《中国人民公安大学学报（社会科学版）》2015年第5期。

个现实困境。访谈中，有的警察说出了切身体会："调解费力不说，往往最后还是警察自己作难。"出于现实利益和风险规避考量，警察自然会选择不调解。实践中，对民事纠纷调与不调，靠的是责任心，而不是制度。调查问卷中，有警察提出，"调解本质就是做群众工作的能力，有些警察不愿意调解单纯的民事纠纷，除非牵扯案件了，取证麻烦，才愿意调解，说白了还是责任心的问题。"

2. 不完善的绩效考核体系直接影响警察进行调解的积极性

调查问卷显示，警察不愿意调解的原因中，有44人，占比12.3%的警察选择因为调解工作不计入工作量。不完善的绩效考核体系，直接影响警察民事调解积极性。对此，警察纷纷提出自己的看法。例如，有的警察提出："警务调解工作也是公安的一部分，但上级部门不会去看你调解了多少案件，看的是基层的打击绩效。那么问题出来了，没有谁会不为绩效而努力？为什么不将警务调解工作也纳入绩效考核？"还有的警察提出："调解工作需要组织和单位的认可，调解在社会综合治理中发挥重大作用。""警察调解可以说是化解矛盾纠纷，消除社会安全隐患的最佳方式。但是由于警力不足，专警不能专职，无法计入绩效考核，调动不起积极性。"

以上来自基层警察的声音，真实地反映出当前绩效考核体系已经对民事调解工作的开展构成制约和阻碍。为此，许多警察提出建议："引入奖励机制及绩效考评机制""调解与工作绩效挂钩，避免警察出力不讨好，风险大""调解纠纷纳入工作量计算""建立奖励机制，提高基层调解率，将案件调解纳入考评成绩中"……

3. 缺乏相关绩效考核，也是导致警察民事调解规范性差的原因之一

警察民事调解也存在自由裁量权及其监督的问题。警察民事调解之于实施其他具体行政行为，具有更多的灵活性和自由裁量。

警察民事调解过程不可避免地充斥着各种策略和权力技术。但这种灵活性必须遵守基本的底线，即自愿与合法这一基本要求，也即法治化、规范化的要求。在立法上，对自由裁量权如何进行规制与监督，也应当是警察民事调解制度建设的重要内容。[1]因为没有相关的绩效考核，警察民事调解工作也处在不受监督、无序的状态，调不调凭责任心，怎么调凭经验，警察在调解过程中的自由裁量权较大，这也容易造成权力的滥用。而合理的绩效考核，除了可以调动调解积极性外，还对警察的调解工作具有监督作用。例如，群众的满意度，有利于促进警察依法依规调解，提高调解的规范性。

可见，构建合理的民事调解绩效考核体系，对警察民事调解工作具有多重保障作用。一是可以搭建起责任权利相匹配的考核规则，促进警察民事调解制度的完善。二是有利于调动警察调解积极性，推动民事调解工作的开展。三是有利于促进警察民事调解规范化，具有监督作用，提高调解质量。可谓一举多得。

4. 民事调解绩效考核构建思路

如何构建合理的民事调解绩效考核体系？最简单、切实可行的办法，是将民事纠纷化解体系嵌入整体公安绩效考核体系中，在现有刑事案件和治安案件等绩效考核指标之外，增加列出民事调解单项考核指标，将处理民事纠纷独立于治安考核或社区考核等其他考核指标，成为独立的一级考核指标，拥有独立的考核指标体系。对此，有学者提出了一些方案。例如，在坚持定量考核与定性考核相结合原则、坚持绩效管理的基本原则（"SMART"原则）[2]等基础上，在现有公安考核所采用的"平衡记分卡"大

---

[1] 参见周艳萍：《新时期警察民事调解：意义、挑战与完善路径》，载《湖北警官学院学报》2021年第5期。

[2] "SMART"原则，即 Specific（明确具体性）、Measurable（可测量性）、Attainable（可实现性）、Realistic（现实性）与 Time-bounded（时限性）。

体系指标的基础上,结合关键绩效指标即 KPI（Key Performance Index）,对处理民事纠纷关键履职行为的指标予以具体分解设计。首先,在警务资源运用与管理、处理各类纠纷与案件、群众满意度、反馈及方法改进四个维度间提取达成战略愿景的首要领域,即"处理各类纠纷与案件",在此领域中进一步提取目标领域,即"处理民事纠纷",同其他三个领域共同作为公安业务考核的一级指标,分列于公安绩效考核指标体系内。其次,将警察调解工作流程分解为"调查取证""与当事人沟通""和解、调解协商过程""结案情况"四个二级指标。最后,在结案考核中增加兜底性负面 KPI 三级指标"是否被投诉"。[1]

域外对警察的考核体系,比较重视社区居民的满意度。例如,近年来,美国警察的考核制度也在发生一些改变,将"客户"满意度纳入考核视野。警察要想使"客户"满意,就必须立足社区,解决群众遇到的问题。居民满意度,是促进警察服务社区,积极开展民事调解工作,以及提升调解质量的一个重要指标,在绩效考核指标中权重较高。

四、加强与相关部门联动机制

如前所述,公安机关参与矛盾纠纷调处,是政法委领导下的大调解机制的一部分。其中涉及的部门很多,很多矛盾纠纷需要多部门联动、协调、共同解决。2011 年中央综治委牵头出台的《大调解指导意见》,联合出台的部门达 16 个之多。概括起来,大调解机制中的联动,与公安机关有关的包括两大类:一是"三调联动",即人民调解、行政调解和诉讼调解联动,涉及公安机关与司法行政机关、法院间的联动。二是公安机关和其他部门间的联动,例如,公安机关与其他行政职能部门包括司法行政机关、人

---

[1] 参见吴道霞、孙艳鑫:《公安绩效考核中处理民事纠纷指标体系构建初想》,载《山东警察学院学报》2020 年第 2 期。

力资源和社会保障部门、卫生行政部门、国土资源部门、工商管理部门、民政部门、住房和城乡建设部门、信访部门等的联动。

（一）加强公安机关与相关行政职能部门的联动

根据《大调解指导意见》第 2 条规定，县（市、区）矛盾纠纷调处工作平台与同级人民法院、人民检察院、司法行政机关、政府法制机构、信访部门及其他行政机关调解矛盾纠纷实现衔接……通过县、乡、村工作平台，建立矛盾纠纷排查调处联动机制。

实践中，在公安警情中有大量的警情是关于小区违章搭建、自来水漏水、暖气管道漏水、停电、消费者投诉、被开除解除劳动合同拖欠工资、医患纠纷、家庭内部争执等求助，警务吸纳和解决的纠纷十分庞大，在一定程度上可以视为当代中国城市纠纷解决系统的金字塔之基。但现实中这些公共求助都有相应的政府职能部门负责。例如，市规划局管理小区违章搭建，供电公司负责停电求助，工商行政管理部门负责消费纠纷的调解、劳动合同纠纷由劳动管理部门负责、医患纠纷由卫生行政部门负责等。警察权是执行特定职能——维护社会治安秩序的行政权。因此，警察权与其他行政权力间存在界限。公安机关参与大调解，但不能包揽一切，不能模糊警察权与其他行政权的界限，使警察权成为其他行政权的托底权力。[1]

当以上大量求助涌入报警系统后，接处警由于职权的限制，无力协调其他职能部门，也往往很难从根本上解决群众的诉求。为此，需要各级综治委出面，与涉及的相关职能部门进行协调。对此，《大调解指导意见》有明确的规定，该指导意见第 20 条规定，各级综治委及其办公室在党委、政府的领导下，具体负责矛盾纠纷大调解工作的组织、协调、检查、督办工作，重点加强对

---

〔1〕 参见李海峰：《〈人民警察法〉修改的宪法审视——兼评〈人民警察法（修订草案稿）〉》，载《河南警察学院学报》2018 年第 2 期。

第九章 完善警察民事调解相关保障机制

县（市、区）、乡镇（街道）矛盾纠纷大调解工作平台的协调指导。此外，该指导意见第4条规定……对涉及多个部门的矛盾纠纷，由政府法制机构或者大调解工作平台指定的部门牵头调解……

调查问卷显示，在警察民事调解中存在的问题当中，有177人占比达49.3%的警察认为警察民事调解与其他调解、法院联动不足，这也是制约警察调解作用的发挥的原因之一。此外，警察民事主体方面，占比10%的警察提出，不赞成警察民事调解。有警察具体地说明，"派出所警察不能被逼着'包打天下'，况且就那么几个人。群众矛盾纠纷的调解工作不是公安一个部门能解决好的"。建议公安机关与其他职能部门联动，包括与其他单位联合办公，"统一各部门协调成立个组织或团体常驻公安机关最好"。在四川省某市公安局上报市政法委的矛盾纠纷解决工作报告中，指出实践中存在的一个主要问题，就是部门联动不足。公安机关处在化解矛盾纠纷的第一线，但是在实践中与相关部门协作配合不够密切，遇有其他相关单位部门为责任主体的矛盾纠纷，还存在推诿拖延等不够积极的现象，导致矛盾久拖不决，影响当事人的利益和幸福感。在笔者与负责矛盾纠纷解决的警察访谈中，该警察同样表达了这样的观点，所谓的创枫，化解矛盾在基层，光靠公安确实不行，整个社会面没形成基层政权参与的话，光靠职能部门远远不够。民事纠纷更是多如牛毛，警察参与度有限，法律素养也有限，精力也有限，必须联合多个职能部门，共同化解纠纷。

放眼域外，在美国，1979年首次提出问题解决警务模式（Problem Oriented Policing，POP）概念的美国人赫曼（Herman Goldstein）提出，警察面对的就是社区中的各种行为和社会问题，警察工作的最终目的就是解决这些问题。而很多问题之所以成为警察的工作内容，是因为没有其他途径可以解决这些问题。所以，当警察必须面对如此种类繁多、数量巨大的问题时，指望警察能解决或消除所有问题显然是不合理的。[1]问题解决警务模式，要求警察处理问题时，涉及其他职能部门的，其他职能部门有责任予以联动配合。

（二）加强公安机关与法院间诉调对接

关于"三调联动"，公安机关与人民调解间的联动，前述第六章"警察民事调解主体"，以及本章警察民事调解人员保障中，已经多有述及，在此不赘述。当前，需要做的是加强资金保障，将警民联动下的人民调解落到实处，真正发挥作用。

在此，需要重点强调的是公安机关民事调解与法院间的联动问题。前者是非讼调解，后者是诉讼调解，二者的联动，主要体现在警察调解结束后，与法院的诉调对接上。此外，也有的公安机关在调解过程中与法院建立对接机制。

如前所述，警察调解结束后，有三种不同的结果，不同结果所涉及的与法院间诉调对接程序不同。分述如下：

1. 调解成功，达成书面调解协议的，可以向法院申请司法确认

调解成功后达成的协议有口头和书面两种形式。其中即时履行的一般是口头协议；不能即时履行，纠纷相对比较复杂的，签订书面调解协议。即时履行，纠纷彻底解决，一般不涉及与法院间的对接问题。对于不能即时履行的纠纷，双方达成的书面协议，在效力上不具有强制执行的效力。调查问卷显示，在警察不愿意进行调解的原因中，有65人占比18.1%的警察回答是因为调解协议效力不高。如何提高警察民事调解协议的效力？途径就是向法院申请调解协议的司法确认——这是警察民事调解与法院诉调对

---

[1] 参见夏菲：《论美国社区警务的理论与实践》，载《河北法学》2005年第12期。

接的第一种程序。

依据《大调解指导意见》第3条的规定，经人民调解组织、行政调解组织或者其他具有调解职能的组织调解达成的调解协议，双方当事人认为有必要的，可以依法向人民法院申请司法确认。人民法院应当按照司法确认程序、管辖的相关规定，受理当事人的申请，及时对调解协议进行审查，依法进行确认。此外，2021年修改的《民事诉讼法》，亦为警察调解后达成的调解协议，可以向法院申请司法确认提供了法律依据。该法第201条规定，经依法设立的调解组织达成调解协议，申请司法确认的，由双方当事人自调解协议生效之日起30日内，共同向人民法院提出。可见，经警察调解达成的书面调解协议的，双方当事人可以选择向法院申请司法确认，以提高该调解协议的效力，获得司法上的强制执行力。此外，当事人向法院提出申请后，公安机关应当将包括调查收集的证据、询问笔录、调解笔录等调解卷宗相关材料移交法院，以便法院对调解协议进行审查确认，这也是诉调对接的一项重要内容。

2. 达成调解协议后，当事人向法院起诉

达成调解协议后，可能存在后续两种情况，涉及与法院间的对接。第一种情况，负有义务的一方当事人不按调解协议内容履行义务；第二种情况，一方或者双方对于达成的调解协议反悔。以上两种情况，当事人的纠纷可能会向法院诉讼寻求解决。此种情况下，当事人一旦向法院起诉，公安机关也应当将调解卷宗相关材料移交法院，公安机关已经完成的调查取证、调解过程笔录等为法院调解或者裁判提供了证据，当事人亦可调取这些笔录作为民事诉讼的证据，[1] 以完成诉调对接。

---

[1] 参见张立新、冯锁柱：《治安调解若干问题研究》，载《中国人民公安大学学报（社会科学版）》2006年第2期。

3. 不予调解，或者调解不成的，告知当事人向法院起诉

对于不属于警察民事调解范围，或者虽然属于警察民事调解范围，但当事人不愿意调解，公安机关告知当事人寻求其他途径解决，包括向法院起诉。此种情况下，由于调解工作尚未开展，公安机关与法院间基本不发生诉调对接问题。而对于经调解无法达成协议的，不强迫调解，也不反复拖延调解，而是及时告知当事人向法院起诉的。当事人向法院起诉后，前期公安机关调解中获得的证据材料、调解笔录等，对法院的诉讼具有一定价值，因此，也应当移交法院，完成诉调对接。

以上几种情况下，涉及公安机关与法院间的二调联合，诉调对接。为此，需要建立警察民事调解与法院立案相连接的内部通道，有效的诉调对接机制，包括卷宗移送机制，以便在警察民事调解成功当事人需要申请司法确认，或者调解成功当事人不履行或者反悔，或者调解不成当事人向法院起诉时，法院能够获取前期调解相关资料，快速进入司法程序。一方面有利于有效利用公安机关调解工作成果，节约司法资源，提高法院办案效率；另一方面降低了当事人解决纠纷成本，便利当事人诉讼，减少当事人诉累。[1]

4. 调解过程中公安机关与法院对接

实践中，有些地方公安机关在调解过程中与法院建立对接机制，共同配合解纷。即将二者间的对接，前移到公安机关调解过程当中。例如，山西省晋中市榆次区公安分局，建立"掌上派出所"解纷平台，与榆次区人民法院调解平台精准对接，推动构建行政调解、司法调解等多元解纷大格局，促进矛盾纠纷化解从终端裁决向源头防控延伸。[2]

---

［1］参见周艳萍：《新时期警察民事调解：意义、挑战与完善路径》，载《湖北警官学院学报》2021年第5期。

［2］参见最高人民法院发布：《人民法院一站式建设十大典型经验》，载 https://www.court.gov.cn/zixun-xiangqing-346821.html，最后访问日期：2022年2月24日。

五、形成系统的警察民事调解教育培训机制

如前所述，当前警察调解中存在的警力不足的问题，不仅仅是数量上的不足，还包括质量上的不足。调查问卷显示，当前警察民事调解存在的问题中，认为警察调解能力不足的有96人，占比26.7%。而对于不愿意调解的原因方面，有184人占比51.3%的警察选择因为调解风险大，费力不讨好；认为因为调解工作不好做的有149人，占比41.5%。以上反映出来的警察对调解的畏难情绪，实际上均与警察调解能力不足有关。

调查问卷中，有6人占比6%的警察提出建议，开展调解方面培训。"加强理论学习，每年有新的法律时，每个警察能参加培训，培训时讲实战内容，高深理论是既定的，实战运用才是真理。"还有警察提出应当对辅警也进行培训，辅警必须经培训后才能上岗。

综合以上建议，笔者认为，对于解决警察调解能力不足问题，可以从以下两个方面着手：一是从警察培养的源头入手，在公安院校普遍开设调解课程；二是对实务中的基层警察进行调解培训。

1. 从警察培养源头入手，在公安院校普遍开设调解课程

这是基于警察调解工作长远发展的需要。如前所述，警察民事调解具有理论的正当性与必要性、现实的迫切性与可行性，在发展趋势上，警察民事调解将成为一项制度，在立法上获得明确，并在实务中不断发展与完善。为此，需要以发展的眼光，从战略的高度，立足于长远，从警察人才培养的源头入手，在公安院校普遍开设相关课程。

如前所述，从公安机关专业化建设的要求看，警察民事调解需要从经验型调解转变为以知识为基础的专业化调解。调解需要运用专业化的沟通与谈判技巧与策略。调解所化解的争端（Dispute）、冲突（Conflict）或危机（Crisis）都是因权利、经济利

益、思想观念等原因导致的人际关系、组织关系面临的紧张状态。因此，调解不同于日常生活中的"劝架"，调解员也不是"和事佬"。在国外一些大学（如哈佛大学）的国际关系、心理学、犯罪学、刑事司法等专业都开设有"化解冲突"（Conflict Resolution）以及与此相关的"构造和平"（Peace Making）等课程。在这些课程中，调解是其中重要的内容。这些专业的学生通过这些课程的学习，可以系统掌握调解的技巧、策略、理论等知识，并将这些知识运用在国际冲突、劫持人质危机、家庭暴力事件、劳资纠纷等各种不同场景。

当前，我国高等院校"化解冲突"或相关的课程几乎没有。即便在公安院校，也没有专门针对民事纠纷开设的调解课程。公安院校毕业的学生入职公安机关后，由于在民事调解方面缺乏在校的系统学习，面对调解实务工作，知识储备是空白的，需要一点点摸索，一点点积累经验。由于系统知识的匮乏，使得警察遇到民事纠纷时，常常只能凭借经验，而不是专业性的知识来开展工作。而经验的积累需要有一个较漫长的过程，需要自己的摸索、领悟和积累，需要师父的传帮带。这个过程极其漫长，且代价很高。因此，警察民事调解要改变这种经验型调解的现状，就应当建立起规范的、专业化的知识学习和训练体系。在公安院校开设专门"警察调解规范与训练"课程，以法学（民事诉讼法、人民调解法、民法、警察法等）、心理学、社会学等相关理论为基础，构建全面、系统、规范的警察民事调解知识体系。

为此，笔者曾经发表文章，专门探讨在公安院校开设"警察调解规范与训练"课程的必要性与具体构想。值得一提的是，当前有的公安院校已率先作出尝试。例如，2019年公安大学法学院为研究生开设了"模拟调解训练"。该门课程的开设是对现实需要的回应，也是一种有益的尝试。"模拟调解训练"课程设置上作为实训课程，而且是法律硕士的必修课，课时为16个学时。该课程开设以来，受到学生欢迎，普遍反映课程具有较强的应用性与实战性，取得了较好的教学效果。

当然，仅仅在研究生层次开设这门课程是不够的。更多的基层警察来自公安院校本、专科层次培养，更需要在校获得相关专业知识的学习与训练。因此，公安院校有必要在人才培养源头上积极作出回应，在学科设置上进行调整，在本、专科层次，抓紧研究并增设"警察民事调解规范与训练"相关课程，以补足所培养警察知识上的短板，回应和满足警察民事调解实务的迫切需要。课程内容上，一方面，系统培养学生掌握调解的理论、原则、基本程序与规范等理论层面的知识。另一方面，培养学生掌握具体的警察民事调解技术、方式与方法等实践层面的技能，解决"召之即战"的问题。同时，也能解决实务急需。实现法学类人才培养具有扎实专业理论基础与熟练职业技能，复合型、应用型法治的培养目标。[1]

2. 对在职警察与辅警组织相关培训

对于在职警察与辅警，因为人才培养与现实需要之间存在时间差，可以通过定期组织培训的方式，提高调解技能，以解燃眉之急。如前所述，公安实务部门警察调解基本是处于摸着石头过河的状态。调查问卷显示，有155人占比43%的警察，调解主要靠经验。不同警察接触民事纠纷时是否进行调解、如何调解以及调解能否成功等方面差异极大。同一民事纠纷在不同的警察主持处理下，可能会有不同的结果。这种以经验为基础的民事调解，不利于警察民事调解工作的开展，远不能满足警察调解的法治化、专业化要求，因此，迫切需要对在职警察与辅警开展培训。

但一线警察因日常任务繁重、压力较大，难以在日常工作之

---

[1] 参见周艳萍：《公安院校开设"警察调解规范与训练"课程之构想》，载《公安教育》2021年第9期。

外抽出足够时间参加专项的民事调解方面的理论与实战训练,因此,这种培训只能是通过定期、不定期相结合的方式,灵活组织培训。培训可以采取多种灵活方式进行,并且结合实务案例,以案说法,更贴近公安实战,也更能在短期产生培训效果。例如,定期或不定期举办警察民事调解工作交流会、典型案例调解经验总结与示范。再如,可以与高校合作,请有关专家举办相关知识讲座,集中解答调解中遇到的法律知识、技巧与疑难问题。

最后,需要注意的是,无论是高校开设警察调解规范与训练课程,还是对在职警察与辅警组织相关培训,相关师资配置上需要满足以下条件:人员数量、学历和职称要求,以及实务工作经验的要求。为此,除了要求讲授课程的高校老师相关理论、法律知识扎实,具有实务工作背景或实务经验外,还可以把相关实务部门的专家请进来。例如,邀请从事警察民事调解实务的基层资深警察走进课堂进行实战讲解,或者邀请人民调解员、法官走进课堂传授调解知识与经验。一方面,可以满足教师队伍中应当包括一定比例实务部门专家的课程开设师资要求,实践性强的课程主讲教师应具有实务工作背景或实务经验的规定[1]要求。另一方面,实践中实务部门专家已积累了大量的调解经验,也有能力担当课程实训任务。

六、搭建线上智慧调解平台

(一) 公安机关搭建线上智慧调解平台的必要性

当前,很多派出所对民事调解尚未建立专门的台账,更没有专门的统计系统。笔者调研时发现,统计相关民事调解数据很困难。有的派出所对相关信息没有进行统计,除110接处警信息外,没有其他有关纠纷类型、调解主体、调解地点、调解协议、调解

---

[1] 参见法学本科专业教学质量国家标准,载http://edu.china.com.cn/2018-04/10/content_ 50855831.html,最后访问日期:2022年2月21日。

结果等信息数据统计。在做调研时，很多相关部门的警察不愿意参与、配合民事纠纷调解机制的相关调查，也提供不出相关数据资料。可见，当前公安系统关于警察参与民事纠纷调解的管理不够规范，办案系统内没有设置民事纠纷，也没有相关绩效考核系统，相关数据统计、分析系统尚没有建立起来，这一方面与重视程度不够有关，另一方面也说明相关的基础建设不够。最重要的是调解信息化平台建设空白，没有充分利用信息社会时代，科学技术的便利，构建线上智慧调解系统。

当前信息时代，公安机关应当充分利用科技化手段，运用大数据、互联网、云计算等新兴科技手段，搭建智慧调解平台，构建智慧调解体系，以此统计、整合调解数据信息，开通线上民事纠纷接警、调解通道，提高调解效率。新时期公安机关加强调解信息化平台建设，具有必要性。有学者以公安机关与人民调解、法院调解的"三调联合"为例，阐述了智慧调解平台所具有的优势。

1. 有助于增强调解的便捷性

一是可以丰富化解社会矛盾的途径。调解员和纠纷当事人可以直接在网上调解系统处理社会矛盾，由智能机器人或者调解员在网上调解系统中给出调解建议。二是可以利用电子调解协议储存社会矛盾相关材料和调解员给出的调解建议。如果纠纷当事人不认可优先选择调解方式产生的处理结果，后期被选定的调解员可以直接通过网络阅览社会矛盾相关资料和前期调解员给出的调解建议，避免重复劳动。三是有利于及时快速解决纠纷，降低解决纠纷成本。网上调解避免了当事人旅途往返车马劳顿、减少开支、便利当事人，更好地实现了"为人民服务"。

2. 大数据技术可强化调解预见性和精准性

一是能够增强对已发生社会矛盾的性质、类型以及易发生社会矛盾人员的特点的识别能力，在依托网络储存社会矛盾相关信息的基础上，调解员可利用大数据技术剖析需要着重关注的领域和人员，及时地开展排查与预防工作。二是可增强社会矛盾处理的精准性。在化解社会矛盾时，调解员可参考依托大数据技术产生的分析结果，使相同或相近类型社会矛盾的处理结果相对一致，避免出现差异化的处理意见，并可以将处理社会矛盾的法律依据及时地告知纠纷当事人，在综合考虑情理的基础上增强化解社会矛盾的精准性。

3. 人工智能技术可降低成本，提升调解便捷性和精准性

一是可将调解员从繁杂的事务中解放出来，通过算法将化解社会矛盾的工作交给智能机器人，由智能机器人根据法律法规和前期调解结果给出调解建议。如果能够通过人工智能技术有效地解决社会矛盾，就不再需要调解员出面，人工智能技术实则在化解社会矛盾中发挥着分流作用，从而降低了"三调联动"的人力成本。二是可缩减化解社会矛盾的时间。纠纷当事人可以在任意时间利用智能机器人获取调解建议。与调解员化解社会矛盾存在工作时间限制或同时应对多个社会矛盾的能力有限不同，智能机器人可以同时服务多个纠纷当事人，比调解员化解社会矛盾的效率更高。三是可以在一定程度上消除调解员主观因素的干扰，使调解结果更加客观、精准，降低外部环境对调解结果的影响。[1]

笔者赞同以上观点，公安机关搭建线上智慧调解平台，是推进警察民事调解开展、完善与发展的一个重要保障。加大现代信息技术在执法管理中的应用，以数字化、网络化、智能化为特征的现代信息技术是未来公安基础建设的主要方向，也应当在警察调解领域发挥重要作用。

---

〔1〕 参见张羽琦、何阳：《智慧调解：智慧社会驱动"三调联动"机制创新的机遇与路向》，载《内蒙古社会科学》2021年第1期。

(二) 如何搭建线上智慧调解平台

公安机关如何搭建线上智慧调解平台，这是一个技术性较强的工作。有学者提出搭建平台建议，包括：公安机关与大数据科技企业沟通合作，搭建智慧调解平台；开发汇总派出所调解数据，形成治安调解与民事调解分类统计台账；筛选调解案卷中的关键词，构建调解教学模型，形成智慧调解系统；更新智慧调解系统，开发智慧调解 APP。通过智慧调解系统，公安机关可以第一时间确定调解类型、调解起因，观察纠纷发展趋势和可能结果；快速合理分配调解人员；生成电子调解协议及卷宗；跟踪调解协议履行情况。通过宣传使用调解 APP，警察与当事人打破时空局限，随时随地建立紧密联系。[1]

此外，笔者认为，可以借鉴法院网上调解平台的建设经验。目前，法院系统网上调解平台建设已经较为成熟，除了最高人民法院调解平台外，各地法院相应地也建成了网上调解平台，让远隔千里的当事人不用往返奔波，就能在线上及时解决纠纷。例如，人民法院调解平台 2018 年 2 月上线以来，经过 4 年建设发展，已成为应用覆盖面最广、解纷功能最集约、调解资源最丰富、化解案件量最多、诉调对接最顺畅的强大平台。[2]

实践中，一些地方公安机关也为调解平台的建设做出了积极探索与尝试。例如，山西省公安机关将掌上派出所与人民法院调解平台、司法行政机关等智慧调解服务平台对接，其中汇聚 1457 个派出所 5085 名基层警察，133 个法院 1223 个专业调解组织的 3366 名专业调解员；矛盾调解从"线下跑"到"网上办"，调解

---

[1] 参见郑海、陈嘉鑫：《公安派出所调解的改进路径研究》，载《湖北警官学院学报》2019 年第 6 期。

[2] 参见《人民法院一站式多元纠纷解决和诉讼服务体系建设（2019-2021）》，载 https://www.chinacourt.org/article/detail/2022/02/id/6543854.shtml，最后访问日期：2022 年 3 月 20 日。

效率和调解效果实现双提升。[1]

综上所述,应当建立相应的配套机制,赋予更多的人力、物力和财力资源,为警察民事调解工作的落实、警察民事调解制度的完善与发展提供坚实的保障。其中包括:专门的组织保障、人员保障;专项财政经费支持保障;建立合理的绩效考核机制;加强与相关部门间,包括与人民调解、法院间的三调联动,以及与其他相关行政职能部门间的联动;形成系统的警察民事调解教育培训机制;搭建线上智慧调解平台,等等。

---

〔1〕 参见《人民法院一站式多元纠纷解决和诉讼服务体系建设(2019-2021)》,载 https://www.chinacourt.org/article/detail/2022/02/id/6543854.shtml,最后访问日期:2022年3月20日。

主要参考文献

1. 高文英：《警察调解制度研究》，载《中国人民公安大学学报（社会科学版）》2008年第4期。
2. 高文英：《我国警察调解运行机制的现状与展望》，载中国法学会行政法学研究会编：《服务型政府与行政法 中国法学会行政法学研究会2008年年会论文集》（下册），浙江工商大学出版社2009年版。
3. 向一苗：《基层公安机关调解制度研究——以深圳市A派出所为例》，西南政法大学2019年硕士学位论文。
4. 余凌云：《改进道路交通事故纠纷的解决机制》，载《清华法学》2017年第1期。
5. 李磊：《整体性治理视角下社区警察参与民事纠纷调解机制研究——以上海M镇为例》，上海交通大学2018年硕士学位论文。
6. 周艳萍：《新时期警察民事调解：意义、挑战与完善路径》，载《湖北警官学院学报》2021年第5期。
7. 吴道霞：《警察民事调解之法理和实证分析》，载《理论界》2014年第9期。
8. 郑海、陈嘉鑫：《公安派出所调解的改进路径研究》，载《湖北警官学院学报》2019年第6期。
9. 于龙刚：《法治与治理之间——基层社会警察"解纷息争"机制分析》，载《华中科技大学学报（社会科学版）》2016年第3期。
10. 周艳萍：《公安院校开设"警察调解规范与训练"课程之构想》，载《公安教育》2021年第9期。

11. 郭名宏、田祚雄：《纠纷解决的基层实践与运行逻辑——以公安派出所解纷功能运作为例》，载《学习与实践》2016 年第 3 期。

12. 周丽萍：《浅析人民警察执法中存在的民事调解问题》，载《西部法学评论》2013 年第 3 期。

13. 邢永刚、解永照：《公安调解研究》，载《山东警察学院学报》2016 年第 1 期。

14. 张磊：《公安派出所调解研究》，湘潭大学 2017 年硕士学位论文。

15. 武汉市警察学会编：《中外社区警务比较研究》，群众出版社 2005 年版。

16. ［美］Kenneth J. Peak、Ronald W. Glensor：《社区警务战略与实践》，刘宏斌等译，中国人民公安大学出版社 2011 年版。

17. JACKR. GREENE, *The encyclopedia of police science*, New York：Routledge, 2006, pp. 959-960. 转引自姚远：《中美警察调解比较研究》，中国人民公安大学 2018 年硕士学位论文。

18. Volpe M R., "Police and Mediation：Natural, Unimaginable orBoth", *Springer Netherlands*, 2014. 转引自金晶亮：《公安行政调解法律效力研究》，浙江工商大学 2022 年硕士学位论文。

19. Buerger M E, Petrosino A J, Petrosino C. "Extending the Police Role：Implications of Police Mediation as a Problem-SolvingTool", *Police Quarterly*, 1999, Vol. 2.

20. Spangler B., "Transformative Mediation", *Beyond Intractability*, 2013.

21. Cooper C., "Mediation in black and white：Mediation center - police partnerships—a dignified police response", *Conflict Resolution Quarterly*, Vol. 18, No. 3, 2001.

22. 日本警察制度研究会编著：《现代日本警察》，周壮等译，群众出版社 1990 年版。

23. 韩铁英：《日本町内会的组织和功能浅析》，载《日本学刊》2002 年第 1 期。

24. 赵志飞：《走进东瀛看警察：随中国公安部社区警务考察团访日纪行》，群众出版社 1999 年版。

25. Toyomasa, "Forces of Order. Police Behavior in Japan and the United States. by David H. Bayley", *Pacific Affairs*, Vol. 50, No. 3, 1977.

26. Ames W L., "Police in the Community: Community Involvement in Japan in the Prevention and Solution ofCrimes", *The Police Journal*, 1979, Vol. 52.

27. Hughes G, Mclaughin E, Muncie J., *Crime Preventionand Community Safety: New Directions*, London: Sage, 2002.

28. Peaslee L., "Community policing and social servicepartnerships: Lessons from New England", *Police Practiceand Research: An International Journal*, 2009, Vol. 2. 转引自邱雅娴:《协同治理视阈下的社区警务建设探析——以英国社区警务及伙伴协同治理为鉴》,载《公安学刊:浙江警察学院学报》2020年第5期。

29. 廖天成、范佳华:《回应性视野下的社区警务战略研究——以英国最新实验为鉴》,载《贵州警官职业学院学报》2019年第2期。

30. Bottoms, Anthony E., "Crime Prevention facing the 1990s", *Policing & Society*, 1990, Vol. 1.

31. Rule Colin., "Online Dispute Resolution and the Future ofJustice", *Annual Review of Law an Science*, 2020, Vol. 16, No. 1.

32. 朱志东:《新加坡、日本社区警务与我国社区警务的比较与思考》,载《公安研究》2001年第12期。

33. 文海、大启:《"交番"与"邻里警岗"——日本、新加坡的社区警务》,载《人民公安》1999年第6期。

34. 余寅同:《应用型法学本科教育体系建设研究》,载《安阳师范学院学报》2020年第4期。

35. 李辉:《创新公安调解工作于构建"大调解"工作格局作用之探讨》,载《公安研究》2012年第6期。

36. 姜晓东、陈复博:《派出所进行民事调解的作用与方法》,载《公安教育》2002年第8期。

37. 李小卓:《"枫桥经验"在公安调解工作中的传承与创新》,载《法制与社会》2021年第21期。

38. 朱玥屾:《公安派出所民事纠纷调解问题研究——以A派出所为例》,

山东大学 2021 年硕士学位论文。

39. 郑海、陈嘉鑫：《公安派出所调解的改进路径研究》，载《湖北警官学院学报》2019 年 6 期。

40. 吴道霞、孙艳鑫：《公安绩效考核中处理民事纠纷指标体系构建初想》，载《山东警察学院学报》2020 年第 2 期。

41. 乔建：《治安调解概论》，中国人民公安大学出版社 2011 年版。

42. 余寅同：《应用型法学本科教育体系建设研究》，载《安阳师范学院学报》2020 年第 4 期。

43. 夏菲：《论美国社区警务的理论与实践》，载《河北法学》2005 年第 12 期。

44. 栗长江：《美国警方如何走"群众路线"》，载《人民论坛》2015 年第 19 期。

45. 薛向君：《当代美国警务理念与模式创新》，载《中国人民公安大学学报（社会科学版）》2017 年第 1 期。

46. 程婧：《日本现代警务的主要特色》，载《江苏警官学院学报》2020 年第 6 期。

47. 栗长江：《英国最新警务改革：路径·趋势·启示》，载《山东警察学院学报》2017 年第 1 期。

48. 马顺成、于群：《英美警察的角色变迁》，载《中国人民公安大学学报（社会科学版）》2020 年第 5 期。

49. 余定猛：《新加坡社区警务制度研究——兼论我国大城市社区警务制度建设》，载《上海公安高等专科学校学报》2013 年第 1 期。

50. 杨斌：《新加坡警察制度及警务模式研究——兼论中国（上海）自由贸易区警务创新》，载《河南警察学院学报》2014 年第 6 期。

51. 姚舜：《社区警务：内涵与发展》，载《长白学刊》2016 年第 6 期。

52. 薛向君：《社区警务研究的文献解读》，载《中国人民公安大学学报（社会科学版）》2015 年第 5 期。

53. 王世卿、杨叶锋：《枫桥经验：历史、价值与警务模式创新实践》，载《中国人民公安大学学报（社会科学版）》2018 年第 6 期。

54. 解源源、史全增：《基层公安机关警力不足的类型化分析及改革路径》，载《中国人民公安大学学报（社会科学版）》2014年第4期。

55. 李春勇：《治理需要与制度空间：中国辅警的演进逻辑》，载《中国人民公安大学学报（社会科学版）》2021年第3期。

56. 陆强：《借鉴国际经验规范辅警管理》，载《中国财政》2015年第24期。

57. 金怡、丁勇：《我国现代辅警制度建设探析》，载《中国人民公安大学学报（社会科学版）》2015年第3期。

58. 史全增、解源源：《论辅助警察参与警察执法的正当性》，载《中国人民公安大学学报（社会科学版）》2015年第2期。

59. 马方、王仲羊：《"大刑侦"视域下专业警种的设置与规范》，载《中国人民公安大学学报（社会科学版）》2016年第4期。

60. 赵蕾：《先行调解案件的类型化研究》，载《法律适用》2016年第10期。

61. 李海峰：《人民警察法修改的宪法审视——兼评〈人民警察法（修订草案稿）〉》，载《河南警察学院学报》2018年第2期。

62. 王炎、汪进元：《110接处警事务的范围界定与运行原则—兼评〈人民警察法（修订草案稿）〉》，载《法学》2017年第12期。

63. 孙振雷：《论公安行政调解的非警察权属性及其制度完善》，载《中国人民公安大学学报（社会科学版）》2009年第2期。

64. 张立新、冯锁柱：《治安调解若干问题研究》，载《中国人民公安大学学报（社会科学版）》2006年第2期。

65. 白迎春：《日本"辩论兼和解"的民事审判方式》，载《太平洋学报》2009年第11期。

66. 马顺成：《警察角色定位的理论检视与属性分析》，载《济南大学学报（社会科学版）》2020年第5期。

67. 吴道霞、孙艳鑫：《公安绩效考核中处理民事纠纷指标体系构建初想》，载《山东警察学院学报》2020年第2期。

68. 张羽琦、何阳：《智慧调解：智慧社会驱动"三调联动"机制创新的机遇与路向》，载《内蒙古社会科学》2021年第1期。

69. 周艳萍、李晨曦：《新时期警察民事调解机制问题的比较法思考》，载

《公安教育》2022 年第 10 期。
70. 周艳萍:《新时期构建有中国特色的警察民事调解制度初探》,载《中国人民公安大学学报(社会科学版)》2022 年第 5 期。
71. [日]棚濑孝雄,王亚新译:《纠纷的解决与审判制度》,中国政法大学出版社 1994 年版。
72. 范愉:《非诉讼纠纷解决机制研究》,中国人民大学出版社 2000 年版。
73. 王大伟:《中西警务改革比较——从济南市派出所改革模式到世界警务改革的大趋势》,中国人民公安大学出版社 2000 年版。
74. 何兵:《现代社会的纠纷解决》,法律出版社 2003 年版。
75. [美]斯蒂芬·B. 戈尔德堡等:《纠纷解决:谈判、调解和其他机制》,蔡彦敏等译,中国政法大学出版社 2004 年版。
76. [日]小岛武司、伊腾真编,丁婕译:《诉讼外纠纷解决法》,中国政法大学出版社 2005 年版。
77. 吴道霞:《构建警察执法化解民事纠纷的机制研究》,法律出版社 2017 年版。
78. 郭鑫:《论英国警察执法中的平民化特征》,中国人民公安大学 2017 年硕士学位论文。
79. 周艳萍:《法院调解制度改革研究》,中国政法大学出版社 2020 年版。